# 兵战 事典 ⑤ 欧洲城郭篇

[日] 今村伸哉 等著  张咏翔 译

生活·讀書·新知 三联书店

Simplified Chinese Copyright © 2020 by SDX Joint Publishing Company.
All Rights Reserved.

本作品简体中文版权由生活·读书·新知三联书店所有。
未经许可，不得翻印。

Senryaku Senjyutsu Heiki Jiten 5 Europe Jyoukakuhen
© Gakken 1997
First publishing in Japan 1997 by Gakken Co., Ltd, Tokyo

**图书在版编目（CIP）数据**

兵战事典.5,欧洲城郭篇/（日）今村伸哉等著；张咏翔译.—北京：
生活·读书·新知三联书店，2020.11
ISBN 978-7-108-07194-1

Ⅰ.①兵… Ⅱ.①今…②张… Ⅲ.①战争史-欧洲-5—15世纪-通俗读物
Ⅳ.① E19-49

中国版本图书馆 CIP 数据核字（2021）第 126061 号

责任编辑　徐国强
装帧设计　康　健
责任印制　徐　方
出版发行　生活·讀書·新知 三联书店
　　　　　（北京市东城区美术馆东街 22 号 100010）
网　　址　www.sdxjpc.com
图　　字　01-2018-7725
经　　销　新华书店
印　　刷　天津图文方嘉印刷有限公司
版　　次　2020 年 11 月北京第 1 版
　　　　　2020 年 11 月北京第 1 次印刷
开　　本　787 毫米 × 1092 毫米　1/16　印张 11.5
字　　数　193 千字　图 307 幅
印　　数　0,001-6,000 册
定　　价　78.00 元
（印装查询：01064002715；邮购查询：01084010542）

# 目录

## 第 1 章 防御坚固的中世纪名城
文／西野博道·编辑部

| | | |
|---|---|---|
| 绪论 | 中世纪城郭各部位名称与解说／筑城规划的发展 | 002 |
| 伦敦塔 | 以主城楼为核心，拥有巍峨双重城墙的泰晤士河畔水城 | 008 |
| 康威城堡 | 以城墙保护城邑的坚固要塞 | 012 |
| 卡那封城堡 | 以连续多边形塔所构成的北威尔士王城 | 016 |
| 哈莱克城堡 | 凝聚于狭窄城地上的同心圆形城郭防御思想 | 020 |
| 博马里斯城堡 | 突破地形制约的理想型同心圆城郭 | 022 |
| 卡菲利城堡 | 在两翼设堰堵水，浮现于人工湖上的巨大水城 | 024 |
| 多佛城堡 | 在两千年的岁月中持续增强、守护着国家的大城塞 | 028 |
| 卡尔卡松 | 被双重城墙所包围的法国南部城郭都市 | 032 |

## 第 2 章 近代城塞的变革历程
监修／今村伸哉

- 城馆 ········ 036
- 棱堡式筑城 ········ 038
  - 从中世纪城郭转变为棱堡式要塞 ········ 040
  - 棱堡式要塞的完成 ········ 042
- 近代要塞 ········ 044
  - 马其诺防线 ········ 046
- 浪漫主义的城堡 ········ 048

## 第 3 章 攻击与防御的相克
监修／今村伸哉

- 中世纪的攻城战 ········ 052
  - 发展完备的城郭防御设施 ········ 054
- 攻城兵器 ········ 056
- 攻城炮的出现 ········ 058
- 野战工事 ········ 060
- 抗炸掩体设施 ········ 062
- 海岸防御 ········ 064

## 第 4 章　欧洲筑城发展史

文／今村伸哉

- 古代城寨的足迹／筑城的萌芽与地中海世界的建筑技术 — 066
- 中世纪城郭的发达／诺曼人与十字军的技术磨炼 — 070
- 攻城炮与棱堡的出现／因火药与大炮发展而革新的攻防技术 — 076
- 棱堡式要塞的完成／登峰造极的沃邦筑城理论 — 084
- 变为重视火力／棱堡式的问题与新要塞提案 — 091
- 进化为近代要塞／重视火力与以抗炸掩体强化要塞 — 096
- 壕沟战与永久要塞线／总体战时代的国境防御及其极限 — 100

## 传承历史与文化　欧洲名城探访

文／编辑部

- 英国城堡 — 106
- 德国城堡 — 108
- 法国城堡 — 110
- 十字军城堡 — 112

## 第 5 章　城郭的深层发展史

文／西野博道・鱼住昌良・红山雪夫・小林雾野

- ［威尔士］达成终极防御理想的中世纪城郭巅峰 — 114
- ［德国］从无数封建统治小区块发展出来的上万城堡群 — 122
- ［法国］自武装解放转换为优雅城馆 — 130
- ［十字军］由东西文化接触发展出的划时代筑城技术变革 — 138
  - 致力钻研城塞的阿拉伯的劳伦斯 — 148

## 第 6 章　四座坚城的攻防记录

文／小林雾野・佐藤贤一・铃木董

- 骑士堡的陷落／十字军最强的城堡为何会被攻陷 — 152
- 奥尔良攻防战／突破包围战术盲点的圣女贞德后援决战 — 160
- 君士坦丁堡沦陷／欧洲最大城塞屈服于大炮之日 — 166
- 维也纳包围战／挡住伊斯兰帝国侵略的近代要塞实力 — 174

# 第1章

## 丰富骑士时代的坚固城郭群
## 防御坚固的中世纪名城

卡那封城堡（英国）

# 绪论

重现于加的夫城（英国）的罗马城塞门

点缀着水鸟的水面，映着潜藏深远历史的华丽古城身影。实际映入眼帘的城堡，着实比照片或图画更为美丽。

今天我们所能见到的这些城堡，大多建于王权强大的中世纪末期或近代初期这种政治比较稳定的时代，与其说是军事设施，不如说更具有行政中心的色彩。在这个时代中，城堡的功能是用来统治征服的地区，当作行政或警察活动的中心、法院、纳税所，以及军队的召集场所。除此之外，城堡外观非常显著，因此当民众每天看到它时就会想到王侯的威权，使其成为统治机关的象征，让民众见识王侯的权力。

不过像这些对于城堡的印象与功能，却都跟城堡原本具有的机能毫无关联。城堡原本是以防卫为目的而生的军事性防御设施，其本质为顺应本能保护自己不受外界攻击。自从人类于史前时代开始进行群体生活之后，就会构筑城寨抵御外敌。而筑城的基本原则，就是在攻者与防者之间设置障碍物。

早期的城寨是以简单的壕沟与壁垒（土制防护壁）形成此障碍物，而随着时代的演进，在各时代、各地域产生出不同的战略、战术问题之后，城堡也就顺应情况而持续发展。也就是说战略、战术问题就是致使筑城产生变化、发展的主要原因，其中包括威胁性质、战争频率、攻城技术与攻城兵器的发展、建筑技术与建筑样式的发展、交通、运输与都市的发展，以及地势、地质等要素。

而在这些要素当中，会对筑城变化产生最直接影响的就是攻城兵器。特别是在15世纪中叶出现的攻城炮，使得欧洲中世纪城堡发生巨大变革，让城堡急遽推展为要塞，这可说是筑城史上最大的革

◀英国的哈德良长城。罗马的筑城技术随着帝国的扩大而推展到各地

▼残留于卡那封（英国）罗马军团驻扎城塞的兵舍础石

### 罗马军的城塞

罗马军在各地建设供罗马军团驻扎的城塞。特色是会建在军用道路的要冲，并且把交叉点包进城内，是一座方形的阵地。在中央置有司令部，周围则整齐排列着兵舍，城内的街道两旁还会设置商店

*Illustration by Ito Ten'an*

命。自史前时代至中世纪末期，形势大多是对守军比较有利，但是在大炮出现之后这种状况就开始逆转。而伴随此种大变革，筑城的进化也因此加速，等到近代要塞出现之后，攻守之势再度反转。在此之后，攻击方与防御方的优越关系，也一直伴随兵器发展与其利用方法不断展开拉锯战。

影响筑城的要素，另外也会跟政治经济上的社会基础、社会制度、科学技术、地区特性、民族、宗教等这些所谓的大战略因素有着密切的关系，虽然在每个时代这些因素会有程度上的差别，不过却无法被忽略。一如前述，"在攻方与守方之间设置障碍物"是筑城的基本原则，即使障碍物的数量与内容会因为时代和地域而有所差异。在兵器发达的现代，这依然是不变的道理。

## ● 古代和中世纪的筑城

欧洲城郭一般来讲是从9世纪左右开始发展，而作为基础的则是古罗马的筑城技术。

位于意大利中部、由拉丁人建国的罗马，一边吸收伊特鲁里亚（Etruria）等周边各部族的建筑技术，一边在迈向大帝国的过程中，采用希腊、中东等先进文化，使土木、建筑技术得以高度发展。不过这个大帝国却在4世纪末时分裂为东西两半。

土垒内庭堡

诺曼人传统性的简易城塞。他们先用土堆出土垒（motte），并在上面建造主城楼（keep），下方则有用木制栅栏围起来的内庭（bailey）。10—11世纪普及于法国与英国

Illustration by Kagawa Gentaro

木造城楼最后发展为耐久性较高的石造城楼，内部有居住用的小屋

壳形主城楼

罗马的筑城技术被继承西罗马帝国范围的日耳曼各族以及东罗马帝国（拜占庭帝国）所承袭。且在7—13世纪时，入侵中近旧罗马帝国领域的伊斯兰帝国也成了旧罗马城塞的新主人，借此吸收了罗马的筑城思想与建筑技术，并且加以改良。而他们就以这种独特的加强化筑城方式，在阿拉伯领域的要冲构筑城堡。

拜占庭帝国从7世纪开始受到伊斯兰帝国的强烈压力，而皇帝查士丁尼所构筑的帝都君士坦丁堡则靠着大城墙撑过好几次猛烈的围攻。在与伊斯兰军队的作战历程中，拜占庭的筑城就演进出种种新防御设施。但这种由拜占庭与伊斯兰交织出的武装防御设施与强化筑城，却几乎不为西方世界所知。西欧在演进至中世纪封建社会的过程中，甚至还让罗马培育出的大规模筑城呈现一时性的衰退。

在10世纪初的法国，诺曼人自北方入侵，并带来了诺曼传统式的筑城法，也就是以土工和木造建构出的简易木造城寨。这在11世纪时随着征服者威廉跨海来到英格兰，终于靠着石造技术的进步而演进为更加坚固的城堡。靠着十字军传来的东方世界发达筑城技术，终于使得西方世界的城堡也能采用武装防御设施以及强化筑城法，这是发生于12—13世纪西欧筑城史上的一大革命。就这样，拥有洗练防御思想的西欧特有中世纪坚固城郭终告完成。

# 中世纪城郭 各部位名称与解说

**融合西方传统筑城方式与十字军所带回来的东方先进技术之后**
**中世纪的欧洲城堡终于展现出完备的样貌**

　　将诺曼传统的简易土垒内庭堡以石造技术强化之后发展而成的中世纪早期筑城，最后是吸收了通过十字军远征所带来的东方先进地区强化筑城技术，于13世纪发展成完备的中世纪城郭。在这样的筑城技术当中，不单是在建筑材料与加工建造技术上有所进步，就连影响筑城本质的防御思想也都变得洗练。而且不只是既有城堡的改造，在此时期新建的城堡，在筑城计划上都是传统规划所无法比拟的，在防御方面可说是相当理想。

　　右边的插图是以诺曼人所筑的土垒内庭堡为基础、古老石造主城楼为中心、于内城墙的外侧加上一道新外墙的13世纪城堡模式图。各处设置有中世纪城郭特有的种种武装防御设施，且因为是把新技术加进古老城堡中，以随时补修、增建的方式修改，使得古早形式与新样式的建筑物混合在一起出现。现在留存于欧洲的古城，有很多城堡都是类似这种形态。

⑩外城墙（outer wall）

❸突廊（hoarding）

❷箭孔（arrow slit）

❶城堞（battlement）

⑳坑道（mine）

⑱破城槌（ram）

⑰掩护小屋（sow）

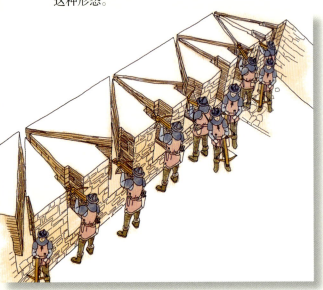

　　守城方在面对进攻之敌时，首先要以❶城堞与设置于各处的❷箭孔应战。不过在城墙与城塔的正面却会出现死角，因此就会设置木造的突廊❸作为解决手段。但由于这种构造不仅强度不足，撑不久也不耐火，所以后来就发展成石造的❹突堞口，组合进入城塔与城门当中。耸立于入口的❺双塔城门上，设置有各种武装防御设施。守城方会把入侵城内的敌兵以❻开合吊桥与❼吊闸困在突廊当中，然后通过开在天花板上的❽屠孔对其进行攻击

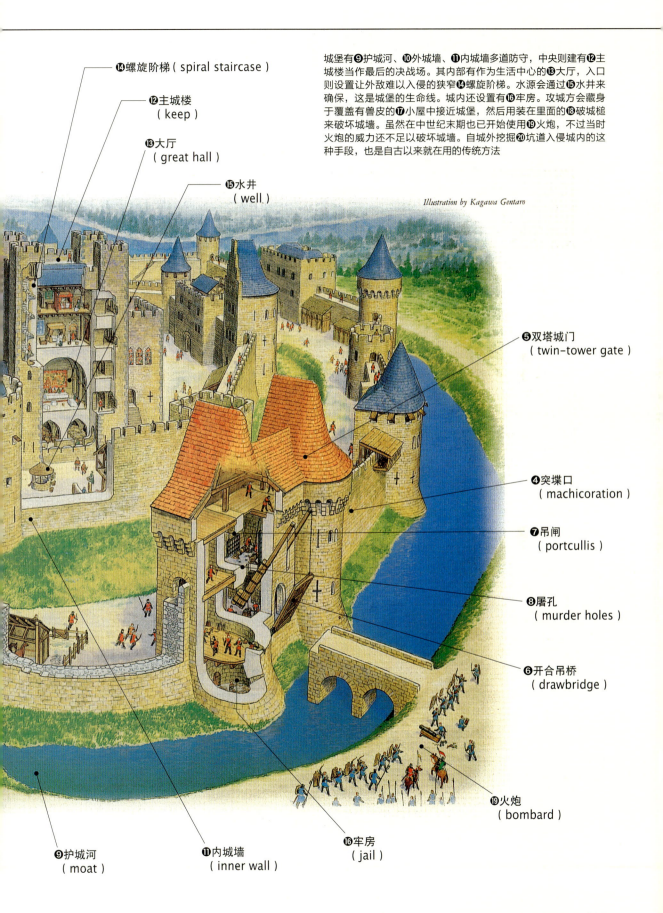

# 筑城规划的发展

在从木造简易城寨发展成石造坚固城塞的同时
筑城设计也会不断为追求理想防御而持续进化

## 主城楼与城墙的变化

诺曼人的土垒内庭堡，是以土堆与木头建成的简易城寨。在这种筑城方式中开始引进石造技术，除了主城楼进化为石造之外，包围城堡的栅栏也改成较坚固石制材质，发展成中世纪欧洲常见的典型城堡。后来，主城楼的居住性也获得改善，变成可以让城主居住的设施，并且在以前的城墙外侧又新建城墙以扩大地盘。

另外，作为城堡出入口的城门会成为意图入侵之敌军的攻击目标，因此除了有强化武装之外，也会在城门上直接设置居住设施，发展成可以在困守时撑很久的门楼。这种门楼最后还兼备了主城楼的功能，进化为城门主楼。像这样，新建于中世纪后期的城堡便跳脱了以往的规划形式，采用了从一开始就没有主城楼的独特设计。

土垒内庭堡

➡ 由木造的主城楼与被木栅包围起来的城区所构成，形态相当简朴，在四周挖有壕沟

壳形主城楼

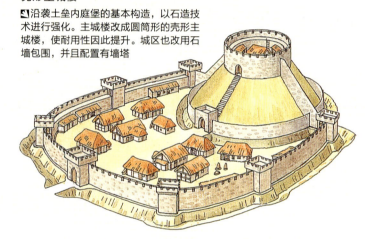

➡ 沿袭土垒内庭堡的基本构造，以石造技术进行强化。主城楼改成圆筒形的壳形主城楼，使耐用性因此提升。城区也改用石墙包围，并且配置有墙塔

矩形堡垒

➡ 虽然壳形主城楼的耐久性、防御性很高，不过居住实用性却不佳，因此就出现了矩形的堡垒。建筑技术的发达，使得主城楼能越建越高，并充分确保居住空间。且随着主城楼的大型化，高耸的小山丘也不再需要。其他方面，不仅设置外城墙以扩大城域，就连城门也变得更大，使防御力进一步提升

城门主楼

➡ 主城楼是领主的居所，因此施予了厚重的防御，具备城内最强的战力。不过真正在打围城战的时候，因为它位于城堡的最里侧，所以在敌人攻到主城楼之前，它都没有机会发挥威力。而城门则位于最容易遭受敌军攻击的位置上，为了让它能在一开始就积极攻击敌兵，就有人把主城楼的功能移至城堡的正面，形成了城门主楼

## 规划的变迁

中世纪的城郭在规划上也有独特的变迁。罗马军驻扎的城塞，以及继承这些城塞的东方伊斯兰、拜占庭城堡，都设计成利于部队出击的基地，不过像土垒内庭堡这种封建领主的居城，在规划上却是以据守作为基本要求。而将两者的技术融合之后，在13世纪诞生了为数众多的名城。

这些城堡的其中一项特征，就是拥有双重城墙，并特别缩小外墙与内墙的距离，以集中发挥防御能力。除了以扩大城域与加强防御纵深为目的的一般双重城墙城堡之外，还有一种具备更积极防御思想的城堡。如果说多佛城属于前者的话，那卡尔卡松和伦敦塔就可说是反映后者的思想了。这种双重城墙是以骑士堡为嚆矢，并在卡菲利城堡等处可以看见其影响，最后到了哈莱克城堡和博马里斯城堡时则是最完备的形式。

不过卡那封城堡却不是双重城墙，而是保留土垒内庭堡的规划。与它被视为同系统的康威城堡，虽然形状很类似，但也能解释为把哈莱克城堡拉成横长形的变形版双重城墙。像这样，依据理想化的防卫思想及其应用，许多颇具个性的规划陆续出现。

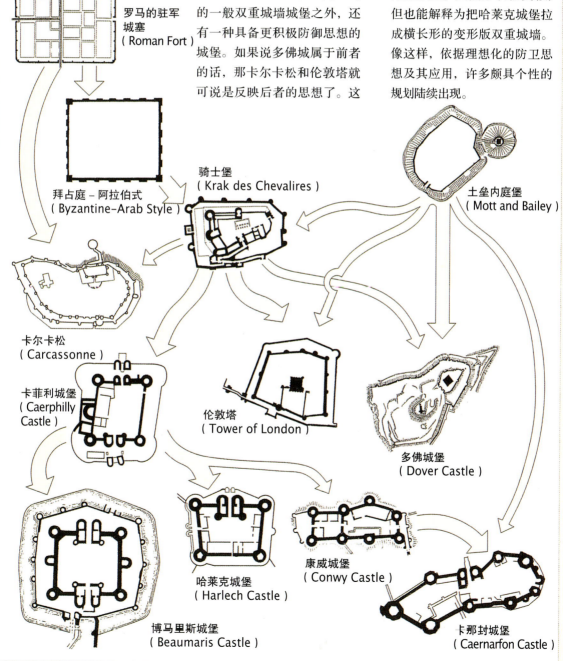

# 以主城楼为核心，拥有巍峨双重城墙的泰晤士河畔水城

# 伦敦塔

文／西野博道（城郭研究家）

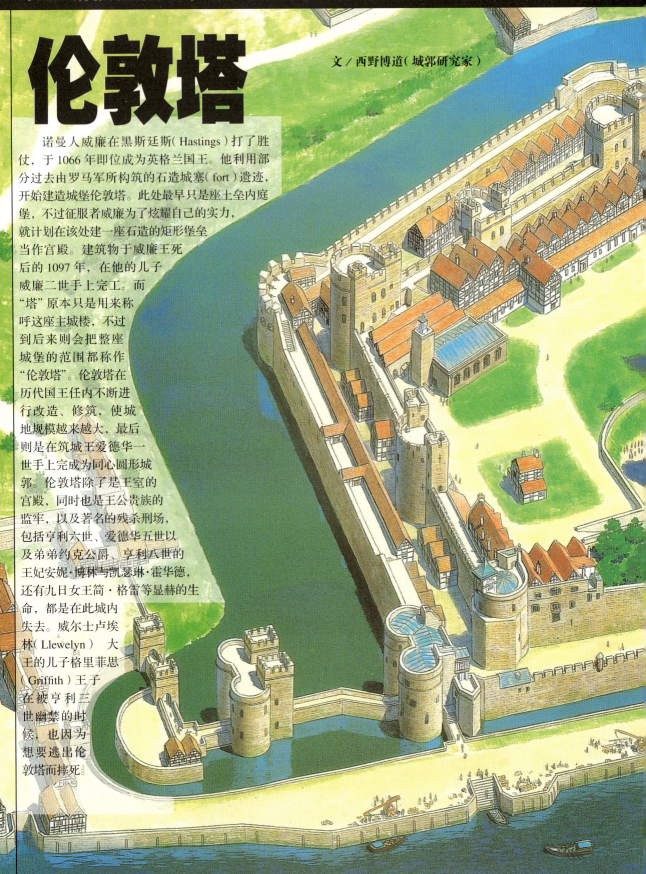

诺曼人威廉在黑斯廷斯（Hastings）打了胜仗，于1066年即位成为英格兰国王。他利用部分过去由罗马军所构筑的石造城塞（fort）遗迹，开始建造城堡伦敦塔。此处最早只是座土垒内庭堡，不过征服者威廉为了炫耀自己的实力，就计划在该处建一座石造的矩形堡垒当作宫殿。建筑物于威廉王死后的1097年，在他的儿子威廉二世手上完工。而"塔"原本只是用来称呼这座主城楼，不过到后来则会把整座城堡的范围都称作"伦敦塔"。伦敦塔在历代国王任内不断进行改造、修筑，使城地规模越来越大，最后则是在筑城王爱德华一世手上完成为同心圆形城郭。伦敦塔除了是王室的宫殿，同时也是王公贵族的监牢，以及著名的残杀刑场，包括亨利六世、爱德华五世以及弟弟约克公爵、亨利八世的王妃安妮·博林与凯瑟琳·霍华德，还有九日女王简·格雷等显赫的生命，都是在此城内失去。威尔士卢埃林（Llewelyn）大王的儿子格里菲思（Griffith）王子在被亨利三世幽禁的时候，也因为想要逃出伦敦塔而摔死。

# TOWER OF LONDON

**伦敦塔**

# 在不断扩大之后终于宣告完成的同心圆形规划

在伦敦塔的城外还留有罗马时代的城墙,高度相当雄伟,令行人显得渺小

耸立于伦敦塔中心的主城楼被称为白塔,是因为它所使用的石材是白色的肯特石,并且表面还用石灰整个涂成白色。这除了美观之外,还具有能够防止石墙风化的效果。墙壁厚度最厚处4.6米、高度约30米的主城楼,要经由外部的木制楼梯从2楼进入内部。内部有大厅、礼拜堂、卧室、厨房等,各房间都附有大型暖炉。大厅是供国王与贵族、骑士们用餐、宴会的场所,同时也是重要的会议场,早期这个大厅还是仆役就寝的地方。最上层是国王与其家人的寝室,具有从南侧采光的大型窗户。主城楼的四个角落分别有三座矩形塔以及一座圆塔,最上层有城堞围绕。

经历过理查一世、约翰王、亨利三世之后,城堡的总面积变大为构筑白塔时的四倍之多。在周围建有石造的D形塔以及城墙,被宽阔的护城河围绕,现在的城堡内郭部分在那时几乎已经确定。爱德华一世为了让伦敦塔变成真正的同心圆形城郭,就把父亲亨利三世时代的壕沟填平,然后把该处当成外郭部分,重新在外侧构筑城墙与护城河,使城堡获得双重防护。伦敦塔因此变成一座保留有早期矩形主城楼,却又将外郭改造成适合实战之同心圆形的代表性城堡。到了亨利八世的时代,又建了许多在白石灰墙上镶黑色边缘的美丽都铎式建筑物。不过此时国王在伦敦的王宫已经改为威斯敏斯特附近的白厅,这使得伦敦塔变成武器库、造币所、公文保管所、政治犯监狱等,而此城目前依然为女王陛下所拥有的王城之一。

白塔过去的英姿。塔身的建材使用的是白色肯特石,在表面又用石灰涂料漆成白色,完全就是一座矗立于伦敦泰晤士河畔的"白色巨塔"。石灰涂料是为了防止石材风化而会定期涂布,此举也使得美观上的效果更为显著。由于此塔是王权的象征,看起来就必须体面大方。塔从1078年征服者威廉的时代开始构筑,在威廉王死后又经过了十年,才于1097年完成。工程的监督指挥是由诺曼僧侣切斯特主教甘道夫负责,入口设置在破城槌撞不到的高处,必须靠木制阶梯才爬得上去。当初塔的上层部是被当作国王的住所使用,不过后来则改成幽禁王公贵族等重要人物的地方。1715年因为扩大窗户的关系,外观跟创建之初有很大的差异

今日白塔,可惜跟名称不一样,它已经不白了。虽然跟画中的白色样貌相比有些不对味儿,但它依然是伦敦数一数二的观光胜地。塔的内部收藏有武具、甲胄等物,可以进去参观

◆ 伦敦塔的城地扩大与变迁

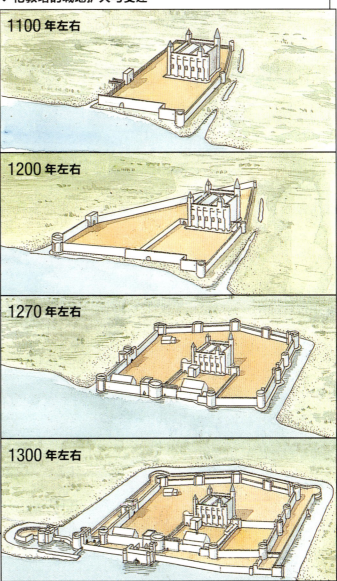

1100 年左右

1200 年左右

1270 年左右

1300 年左右

▲现在的伦敦塔对外开放，可以付费参观。游客可沿着内城墙的城垛，从南墙一直走到东墙，内部则有展示中世纪城堡的生活场景。**1** 盐塔及 **2** 兰森塔负责内郭东南角的防御。**3** 中塔与 **4** 拜沃塔形成供出击的结构，防卫城堡的主要干道。**5** 叛徒之门面向泰晤士河，让船可以直接驶入城内。**6** 是从填起来的外面看过去的样子

➡当初的伦敦塔是采用以主城楼白塔为中心，只用一道城墙围绕的简易规划。之后经过历代国王的增建修筑，逐渐变成今日留下的样貌。通过自 1275 年到 1285 年由爱德华一世所执行的扩张工程，其作为中世纪城塞的样貌便接近完成。以前的外壕此时被填平变成外郭，改建成拥有两道城墙的同心圆形城堡

Illustration by
Itagaki Makoto

◆ 规划

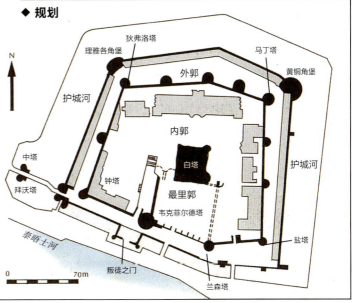

第 1 章 防御坚固的中世纪名城 **011**

## 以城墙保护城邑的坚固要塞

# 康威城堡

发誓要完全征服威尔士的爱德华一世,在1282年的第二次远征中把英格兰军的主力部队送往北威尔士,并将威尔士最后的王族卢埃林王子赶进了斯诺登山(Snowdon)。他陆续攻下圭内斯(Gwynedd)地区,在展开统治的过程中,取得康威地区的爱德华国王马上就命令筑城家詹姆斯在河口附近的岩壁上构筑王城。包括外墙工程在内,从1283年3月动员了多达1500位工匠,并花费了五年的

# CONWY CASTLE

岁月建设，于 1287 年秋季完工。以其规模来说，建设的速度可说是相当惊人，就当时而言是项划时代的工程。爱德华国王当初是想要把康威城堡当作英格兰统治威尔士的据点，在建造时是规划成政治中心，因此如此大规模的工程施作，也可说是反映了这点。不过这个计划到后来则有变更，王城改至卡那封城堡。

康威城堡的城邑是靠着一道称为都市城墙（Town Wall）的坚固石造城墙围起来作为保护，从英格兰过来的商人与工匠会住在城墙的内侧，以借此支配威尔士的经济。当然，这座城墙也能强化城堡本身的防卫，相当于日本城堡总构的功能，不过其规模比日本城堡要小，但是更为坚固。

在 1294 年发生叛乱时，爱德华国王率领手头仅有的部队据守康威城，并在此向筑于威尔士各地的英格兰军前哨基地下达指令。这道坚固的城墙，时至今日依旧以几近完整的样貌保留了下来。

第 1 章 防御坚固的中世纪名城 013

# 康威城堡

## 以城堡为枢纽 城墙形成扇形 保护城镇

康威城堡在细长的城地东西两端设有瓮城（barbican），并有八个大圆塔与幕墙连接在一起。被厚实城墙分隔的东内郭与西外郭，是通过开合吊桥与密门连接，使内郭成为可在非常时期形成独立的矩形城郭。在规划上有很多地方都是双重守备，采用同心圆形的手法。面对大河的东侧设有水门，附近随时都有船舶逗留。城堡北侧衔接大海，爱德华国王的得意筑城手法，就是这种在困守的时候也能通过水运来补给物资的规划。

康威城堡建在两条河流交汇处的岩山上面，并从该地延伸出近似一个大三角形，长达1300米的城墙，把城镇围起来形成城郭都市。从爱德华一世建造康威城堡开始，城郭都市便开始推展至整个英国。因为受到地形影响而极富上下高度变化的都市城墙，是用厚重的石头打造，拥有三座巨大门楼构造的城门以及21座D形塔，以幕墙连接在一起。城墙外侧有宽广的河与人工壕沟保护。城墙内侧则有六条大路与一条小巷，所有的住家、房屋都是沿着这些道路兴建。城镇的中心部位有座圣玛丽亚教堂，这座看起来像是矩形主城楼的石造教堂在紧急的时候应该是可以发挥望楼的功能。虽然留下来的城墙是偏黑的褐色，不过筑城当时应该是跟伦敦塔的白塔一样，整个都用石灰涂成白色。

康威城堡的都市城墙保留得相当完整，今人可以享受城墙散步的乐趣。**1**是从第13塔上方望向第6塔方向。**2**是从上城门（Upper Gate）延伸至第13塔的城堞现状。就像照片中所看到的那样，都市城墙的上方有多处皆非常狭窄，甚至还有一些地方只能容纳一人通行，而且这个高度万一跌下去可不是开玩笑的。**3**是第6塔至第7塔附近。右手边现在因为变成道路而被铲平，以前会更高一些，绿色的部分则是壕沟。**4**为上城门的外观。康威城的城邑整体来说是往城堡方向逐渐变低，因此第13塔与上城门附近是整座城最高的地方

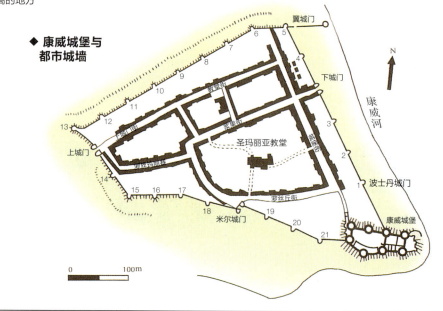

◆ 康威城堡与都市城墙

◆ 规划

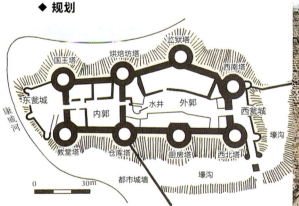

康威城堡建在城邑东端的巨大岩盘上,基本构造是在矩形内郭西侧建有五角形的附属外郭,不过从外面看过去只能看到用幕墙连在一起的八座巨大圆塔,无法得知内部的构造分布。城堡要从西侧的瓮城进入内部,而城内的地基在此处是最高点。也就是说,它的内郭会比外郭还要低,属于典型的穴城规划。外郭与内郭被巧妙分隔,如果不绕过外郭最里面的水井,就没有办法进入内郭。如此一来,入侵西瓮城的敌人就无法发现内郭要从哪里进去,万一城堡快要被攻陷的话,就能从东瓮城进入河川塔乘船只逃离。右边的照片是从塔的最上方俯瞰城堡内。前方为内郭,连接左边烘焙坊塔与右侧仓库塔的城墙后面则是外郭。不论塔还是城墙都很高,因此士兵可不能有恐高症

## 卡那封城堡

以连续多边形塔所构成的北威尔士王城

# CAERNARFON CASTLE

卡那封城堡是爱德华一世在北威尔士海岸线连续构筑的城堡群当中的本城，也是象征征服威尔士的王城。此处最早由罗马军建有城塞，11世纪时由诺曼贵族建了土垒内庭堡。1282年12月，杀害了卢埃林王子并把威尔士几乎全部征服的爱德华国王，命令詹姆斯于1283年6月开始筑城，包含海岸线城镇在内的外墙工程同时展开。爱德华国王把卡那封城堡当作王室在威尔士的居城，同时也是政治、经济中心，因此筑城方法与建在威尔士其他地方的城堡都不一样。

举例来说，它的巨大城墙有如重现君士坦丁堡，塔也不是圆塔而是多边形，在白色的城墙上使用红砂岩做出数条红线条纹当作装饰。它在规划上是像康威城堡一样充分利用地形，不过卡那封城的规模比较大，不仅拥有国王城门与王后城门两座巨大的城楼，以及七座巨大的多边形塔，并以最厚达到7米的幕墙连接在一起。内部分为两个郭，城郭里直到19世纪都还留有诺曼贵族所堆的小丘。

威尔士已经失去卢埃林王子，爱德华国王就封了另一位王子给他们。这位王子就是1284年出生于卡那封城堡内的爱德华一世之子，也是之后的爱德华二世。1301年，城内举行了相关仪式，从此之后，英国王室的长男在此冠以威尔士王子称号的传统便定了下来。实际上，在1911年（爱德华国王之子）与1969年（现在的查尔斯王子）都曾于卡那封城堡中举行过仪式。这座城堡的工程持续了很长的一段时间，不过最后却因为财政困难的关系而没有完工，就这样摆到现在。

## 卡那封城堡

△从南城外眺望卡那封城堡。要把垂直矗立的高耸城墙全部映入眼帘，就必须渡河来到南岸才行。模仿君士坦丁堡的城墙横纹颜色依然有若干残留

△国王门楼。壕沟大多被填平，改成了道路

### 以联袂林立的塔楼让整座城变成一座巨大主城楼的独特想法

◆ 卡那封城堡与都市城墙

↑仿佛是土垒内庭堡一样的城堡与市镇配置。原本实际位于卡那封的土垒内庭堡，其小丘部分是位于现在城堡的上郭部分，而王后门楼的东边则是城区

　以海为背景，细长形的城内可分为上郭与下郭。具有双塔的巨大门楼、超乎想象高耸的十数座多边形塔，以厚实坚固的幕墙连接在一起，但是并没有主城楼。这些门楼和塔，不论是在造型还是机能、规模方面，都可以将之视为各自独立的壳形主城楼（变形版），整座城的压迫力使观者备感震撼。以日本的城堡来说，就像姬路城、和歌山城、伊予松山城等那样，以联立天守群来形成天守曲轮的想法。虽然卡那封城堡并没有独立的特定主城楼，不过其实是已经把整座城都变成一座巨大的主城楼了。

　鸟瞰包含城郭都市的卡那封城堡，可以看出它的规划其实跟在诺曼征服前后确定于英格兰的土垒内庭堡相类似。相当于小丘的部分就是卡那封城堡，而相当于围栏城区的则是被城市围墙包围起来的城郭都市。可见爱德华一世与詹姆斯除了不断构筑以哈莱克城堡为代表的那种完成度极高的同心圆形城堡之外，也没有忘记自从征服者威廉以来的传统式土垒内庭堡。而这座卡那封城堡，就是把过去的土垒内庭堡转变为理想的城郭，使用石头来取代以前的木头材料，并且将之巨大化。国王会把位于威尔士的王室本城从康威城堡变更为这座卡那封城堡，就是因为这座城比较接近他们心中理想的城郭，也就是传统式的土垒内庭堡。

△从王后门楼往下郭方向眺望。多边形塔之间以幕墙连接起来，使得城内看起来很像日本城堡的天守曲轮

◁现在的查尔斯王子也曾经在卡那封城堡执行过成为威尔士王子的仪式。照片中的椅子是实际在典礼上用过的，现在展示于城堡内

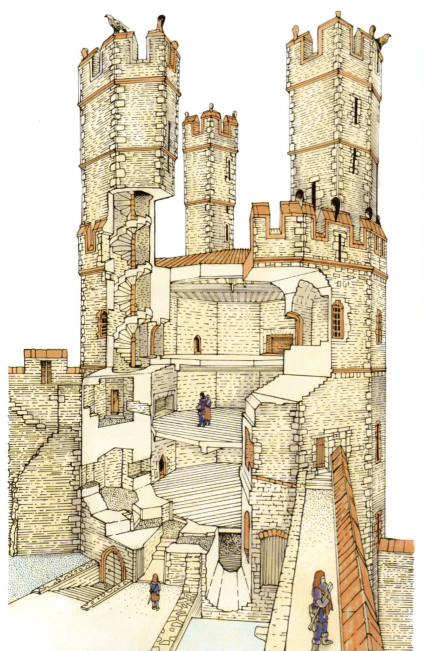

▲ 从城堡南墙的黑塔往侍从塔眺望，曲折的城墙上方有两层式的通路。城堞非常高，可供士兵藏身，并且由此对城外之敌进行攻击

◆ 规划

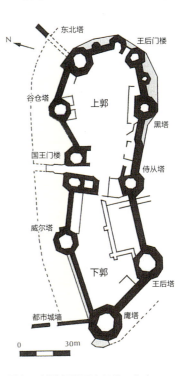

▲ 位于城堡西端的鹰塔，是城内最大的一座塔。推测这是因为城的西侧地形较低的关系，会形成弱点，所以才需要建造此塔。再加上鹰塔是位于城堡内最靠近海的地方，最适合对海上瞭望。鹰塔具备了足以统括靠船只连接的爱德华一世威尔士城郭网之威容与风范，塔内为四层构造，各层楼以附属的螺旋阶梯相连。这座螺旋阶梯从四楼开始又继续往上延伸，在塔的最上层突出一根像角一样的纤细小塔。这是从康威城堡开始，在其他城堡上也能看见的形态。

不只有塔而已，连接塔的城墙也具有共通性，不过构成欧洲城郭外形的石造建筑物，并不能只用单纯的"墙"来表现，它的内部其实相当复杂，简直就跟迷宫一样。即使城堡的规划乍看之下好像很容易理解，不过如果在眺望它的时候能意识到这一点，就会有另一番理解

▲ 城墙内的通路，跟微血管一样错综复杂

▲ 卡那封城堡以两座门楼、七座D形塔所构成。上郭与下郭之间有明显的高度落差，之所以会这样，是因为现在的上郭是以前土垒内庭堡的小丘部分

第1章 防御坚固的中世纪名城　019

## 凝聚于狭窄城地上的同心圆形城郭防御思想
# 哈莱克城堡

　　哈莱克城堡是在康威城堡开工之后、卡那封城堡开工之前的 1283 年开始建造，于 1289 年完成。它位于可以俯瞰海洋的险峻岩山（61 米）上，虽然规模不是很大，但是在同心圆形（爱德华式）的要塞坚城当中，却是一座完成度特别高的知名城堡。城内备有大小厅堂、礼拜堂、厨房、面包工坊、谷物仓库、水井等。面向海那边的陡峭悬崖上有石阶梯，使其在困守之际可以从海上自由运补救援物资进入城内。

　　在完全征服威尔士之后的 1294 年，因为卢埃林王子的堂兄弟马杜克·阿波·卢埃林（Madog ap Llywelyn）发动叛乱，使得城堡面临攻击，不过在卡那封城堡与康威城堡以船只补给物资之下，依旧能够力挺苦战，成为一座难攻不落的名城。1404 年，威尔士叛军的指挥者欧文（Owain）进攻此城，因为法国海军夺取了制海权而增长叛军势力，城堡才不得不被攻陷，欧文并于哈莱克城堡即位成为威尔士王子。不过在四年之后，另外一位威尔士王子哈利（后来的亨利五世）却率领着英格兰士兵来到了哈莱克城堡，并且攻陷该城，使得城堡再度回到了英格兰国王手中。以开合吊桥与瓮城把守的巨大门楼，其城墙厚度高达 4 米，拥有三道铁门、三组吊闸、七个屠孔，是座坚固的城门。此座门楼事实上兼具了主城楼的功能，把原本是城堡弱点的城门变成了最强的城楼，因此理论上并非会遭集中攻击的弱点。城堡的规划左右均匀对称，内郭、外郭宽度与两城墙的高度都保持相当的平衡性，因此在爱德华一世与詹姆斯于威尔士所构筑的同心圆形城堡当中知名度相当高。詹姆斯也从 1290 年开始担任三年的哈莱克城城主，住在城门主楼的最高层。

▲▲由于此城是以最低限度的构造物来作最有效率的配置，城的内郭看起来会令人感觉很狭窄

▲城墙上部的宽度只能容纳两名士兵擦肩而过

# HARLECH CASTLE

▲ 从东方山丘遥望哈莱克城堡。由于海岸线在以前是直逼城堡下方，连接山尾的东侧预计就会形成防御的弱点，所以具备最强防御能力的城门主楼才会面向东方建造。隔着海峡在对岸建造有克里基厄斯（Criccieth）城堡，可以靠着船只相互联络。哈莱克城堡除了是因为把同心圆形筑城理论付诸实行而闻名之外，它如此有名，也是导因于爱德华一世与詹姆斯构想中以船只连接的城堡网络这个大前提。一旦遭到海上封锁，城堡很快就会被攻陷的这个事实，也说明了这点。尽管如此，只要海上联络网还能发挥功能，威尔士的城堡群就依然具有无可比拟的防御力，其中哈莱克城堡无非一座特别坚固的据点

▶ 哈莱克城堡的城门主楼。木制的桥梁是现代加上去的。攻城士兵如果不经过这座城门的话就没有办法进入城内，它跟东侧的山尾之间用壕沟切开，使敌军不易靠近

▶▶ 城门主楼的内部。通道用好几道门扉隔开，想要突破简直难如登天

◀ 哈莱克城堡是由高耸的内城墙与围在外侧的较低外城墙所构成。通过这种双重城墙的规划，就可以从内城墙越过外城墙头上攻击城外的敌人。虽然"双重城墙"这种词汇会让人联想到纵深防御，不过就哈莱克城堡而言，却包含有把最大的防御力配置于最前线的前置性防御筑城思想在内。而被称为同心圆形的城堡，全部是基于相同的思想来构筑的

◆ 规划

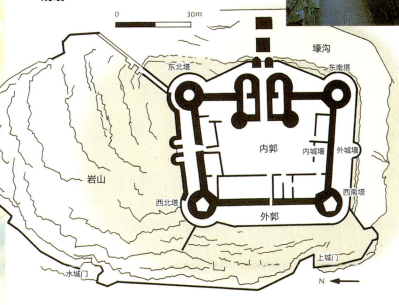

第 1 章 防御坚固的中世纪名城 **021**

## 突破地形制约的理想型同心圆城郭
# 博马里斯城堡

爱德华国王为了强化沿着北威尔士海岸线构筑的城堡网络,便命令詹姆斯于1295年开始建造博马里斯城堡。此时詹姆斯已经年过六十,筑城技术也进入了圆熟期。他动员了大约2600人,在1295—1298年与1306—1313年分两次构筑城堡。博马里斯城堡是建在四周什么也没有的平坦绿地上,因此可以不受地势制约,建构出理想中的同心圆形城堡。

其内郭几乎是呈正方形,南北两座巨大的门楼会令人联想到卡菲利城堡,它有一座瓮城,六座大圆塔(其中有两座是D形)以幕墙连接在一起。八边形的外郭有十二座小圆塔与两座门楼,同样以幕墙相连。与哈莱克城堡和卡菲利城堡相比,其外郭的圆塔数量略多一点,外城墙也很高,这或许是天才筑城家詹姆斯为了呈现出城堡的美观以及雄伟英姿而做的设计演出。他也许是想用美感来掳获威尔士的人心,抑或要对他们造成心理上的威吓,才想出这种巧妙的设计。设置于外郭的极小型圆塔,应该是为了衬托出耸立于内郭圆塔的巨大感。

依照当初的计划,在外郭四周会有既宽且深的护城河围绕,使敌兵无法采用挖地道或以攻城塔接近等攻击手段逼近城堡。另外,为了供船舶出入,在靠海那边的门楼下方也会设有船渠。不过最后因为爱德华一世远征加斯科涅(Gascony)和征服苏格兰时陷入苦战,造成财政困难的关系,就不得不中止以上的筑城工程。

在之后的内乱(清教徒革命)中,城塞遗迹被重新武装,成为王党派的军事据点,但在1646年被议会派攻陷,城堡就这样直到今日都没有完工。

# BEAUMARIS CASTLE

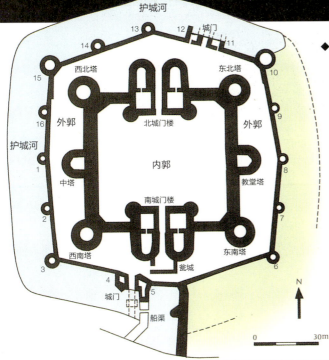

◆ 规划

◀ 博马里斯城堡是以南北走向的中心线设计成左右对称，原本在构想上内郭与外郭会各自配置两座门楼，不过外郭北侧的门楼却没有完工。虽然属于拥有双重城墙的同心圆形城堡，但它跟哈莱克城堡的前置性防御筑城思想不同，外城墙会建得比较高，真要说起来的话，这种设计的重点是摆在纵深防御上

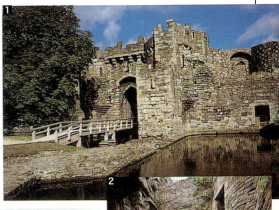

▲ 从西南方向看博马里斯城堡，由于它是建在平地上，而不受地形制约，可以完全按照理论构筑，就像最佳范本一样给人平和的印象，外观并不会给人带来压迫感

▲ 跟平和的外城墙不同，内城墙不管是在高度还是厚度上，都有一种相当稳重的感觉

❶外城墙的南侧城门与船渠遗迹，这座城堡原本也是预定要通过海上航路来与其他威尔士城堡群联系。现在要参观博马里斯城堡就是从这座城门进城，与内郭的门楼相比相当低矮。也由于这样的关系，会使得整座城堡看起来都很小。❷城门内部。为了监视接近船渠或城门的人，在此会设有箭孔。❸从内侧观看内郭北侧的门楼，南侧的门楼也具相同规模。虽然博马里斯城堡的外观会给人带来规模不大的印象，不过城堡内部其实相当宽广。这没准儿是要故意让敌人以为城堡看起来很小而使他们掉以轻心的伎俩。❹门楼的通道。由好几道门扉隔开

第1章 防御坚固的中世纪名城 **023**

## 在两翼设堰堵水，浮现于人工湖上的巨大水城

# 卡菲利城堡

建筑在南威尔士海拔280米高地上的卡菲利城堡，面积达到1200公亩，是威尔士最大的城堡，即使是在整个欧洲也位居第二（第一名是温莎堡）的大城堡。卡菲利城堡是爱德华一世之后在威尔士各地所构筑的各座同心圆形城堡的原始版，拥有广阔的人工湖，是一座易守难攻的水城（浮城），为中世纪欧洲的代表性名

# CAERPHILLY CASTLE

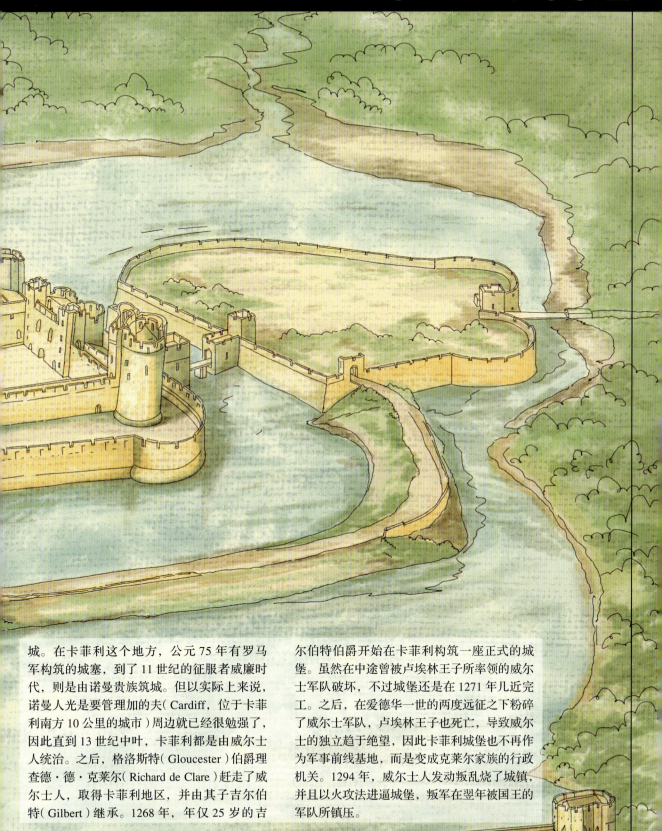

城。在卡菲利这个地方，公元75年有罗马军构筑的城塞，到了11世纪的征服者威廉时代，则是由诺曼贵族筑城。但以实际上来说，诺曼人光是要管理加的夫（Cardiff，位于卡菲利南方10公里的城市）周边就已经很勉强了，因此直到13世纪中叶，卡菲利都是由威尔士人统治。之后，格洛斯特（Gloucester）伯爵理查德·德·克莱尔（Richard de Clare）赶走了威尔士人，取得卡菲利地区，并由其子吉尔伯特（Gilbert）继承。1268年，年仅25岁的吉尔伯特伯爵开始在卡菲利构筑一座正式的城堡。虽然在中途曾被卢埃林王子所率领的威尔士军队破坏，不过城堡还是在1271年几近完工。之后，在爱德华一世的两度远征之下粉碎了威尔士军队，卢埃林王子也死亡，导致威尔士的独立趋于绝望，因此卡菲利城堡也不再作为军事前线基地，而是变成克莱尔家族的行政机关。1294年，威尔士人发动叛乱烧了城镇，并且以火攻法进逼城堡，叛军在翌年被国王的军队所镇压。

## 卡菲利城堡

▲ 卡菲利城堡整体来说外观看起来有如女性般优雅，而开设于中央平台上的主城门则有多边形塔楼把守，看起来充满了雄壮的阳刚气息，巩固此两翼的塔楼设计也都统一为多边形

◀ 注满水的人工湖。照片是从南方眺望城堡拍摄，广阔的城域几乎都被水面所占，要进入内郭必须绕上一大圈才行

### 把流经整座城的水以堰挡住建成一座宽广的人工湖

　　吉尔伯特从1268年开始构筑的卡菲利城堡，是一座就连筑城王爱德华一世也在之后决定模仿的独特新式同心圆形城堡。其内郭与外郭有两道城墙围绕，郭内则有四座巨大圆塔以及备有双塔的东西四座门楼。特别是被称为大克莱尔门的内郭东侧城门，其大小及设计是仿自吉尔伯特的父亲理查德在肯特郡所建的汤布里奇（Tonbridge）城堡之门楼（现存），而这个造型也多为之后爱德华一世的同心圆形城堡门楼所用，可说是始祖原型。外郭的四周被复杂且宽广的人工湖所围绕，为了截断流动的河水，在南北两端筑有巨大的堤堰，搭配坚固的城墙形成要塞。

　　爱德华二世所宠爱的休·德斯潘塞（Hugh Despenser）与吉尔伯特的孙女结婚，并因此取得了卡菲利城堡。不过1326年时却因为被控搅乱国政的关系，与爱德华二世一起被王妃伊莎贝拉逐出宫廷，城堡也被伊莎贝拉军所包围。虽然这两人最后逃出城堡被捕，但是围城战却因为关系到德斯潘塞家族的存续而依旧持续了数个月。休·德斯潘塞被处刑之后，德斯潘塞家族依旧得以存续，这除了因为兵粮与士气都很充足之外，最重要的还在于卡菲利城堡是座很难攻陷的名城。从1950年开始，原本干涸的湖泊被重新灌满，城堡也恢复了往日的威容。

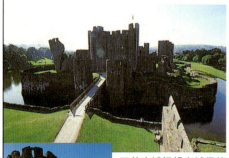

▲ 从主城门望向城堡的中心部位。中心部通过两座桥与外侧的城区相连，看起来就像一座浮在人工湖上的岛

◀ 内郭东南角的塔，其根基部位有如裂开一般大幅向外侧倾倒，即使在今天也一副看起来像快要倒下的样子，是卡菲利城堡的著名景点

▶ 卡菲利城堡大致来讲可以分成作为同心圆形规划的中心部分，以及用来挡水的堤堰部分。在人工湖的北侧残存有罗马的城塞遗迹

◆ 规划

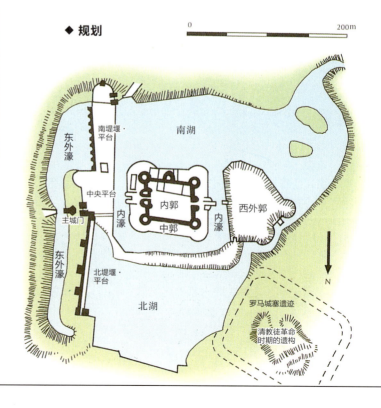

▲堤堰在北翼、南翼都有坚固的城墙把守，卡菲利城堡在中心部位是规划成同心圆形，光靠这点就已经具备充分的防御能力，不过再加上宽广的人工湖之后，防备更上一层楼

◀由北翼城墙的堤堰挡水形成的北侧人工湖，堤堰内外有高度落差，可借此防止湖水往外泄漏

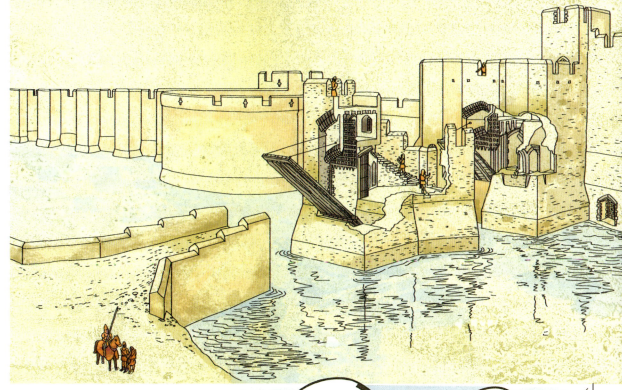

▲中央平台主要出入口的复原图。此处与城外是隔着护城河以两座开合吊桥连接，这种形态在欧洲的城堡上很常见，不过卡菲利城堡的规模却比其他城堡要大上许多。这道护城河的外侧用土垒加固，攻城兵一旦爬上了土垒的斜坡，就会直接遇到护城河。以主要出入口为中心呈南北走向直线绵延的城墙，从城外看过去就像是位于水上的舞台一样，非常美丽，外观会令人联想到展翅的水鸟

▶以同心圆形规划建造而成的卡菲利城堡，内郭呈菱形。在东西两端建有门楼，四个角落有圆塔巩固。围住内郭的中郭以和缓的曲线构成，因此让城堡的外观看起来会比较柔和。在两道城墙当中，内城墙明显高出许多，可借此越过中郭上头对敌人进行攻击

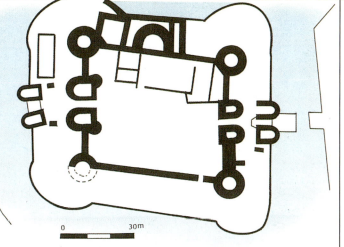

第 1 章　防御坚固的中世纪名城　**027**

## 在两千年的岁月中持续增强、守护着国家的大城塞

# 多佛城堡

在作为英国自古以来通往欧洲大陆的玄关口而繁荣的城市：多佛的断崖上，矗立着一座军事要塞——多佛城堡。多佛城堡从中世纪一直到第二次世界大战，都属于极为重要的军事据点。每个时代的统治者，都会以该时代的最先进技术来对这座城塞进行补强与扩张。时至今日，此处依然留有包括主城楼在内的石造建筑群、厚重的城墙以及宽大的壕沟，其规模与遗构着实

*Illustration by Itagaki Makoto*

# DOVER CASTLE

令人佩服。在黑斯廷斯战役(1066)之后，征服者威廉曾经于多佛城堡停留了八天，但可以想象的是，当时的城应该只是由撒克逊人所建造的土垒内庭堡。等到史蒂芬国王于多佛城去世(1154)之后，继承王位的亨利二世便马上着手把这座城堡改建成正规的大型石造城塞，完成了方形主城楼与相当于现在内郭的部分。1216年，垂涎英格兰王位的路易王子率领法军登陆英国。他在控制南部地区之后，便开始攻击多佛城堡。法军采用地道作战，从北侧(插画的左下方)挖掘地道欲使城崩塌，与守城军展开恶战苦斗，并一度将城堡逼上绝路。但虽然攻势猛烈，不过路易王子进攻多佛城堡的行动还是以失败告终。之后到了亨利三世的时代，遭到法军破坏的北侧城门被封锁，并重新在西侧开设一座总管门(Constable's gate)。到了1256年，围绕外郭的幕墙以及20余座圆塔几乎都已完工，不但强化了城堡的防御力，也造就了今日所看到的多佛城外观。另外，总管门是一座兼具主城楼功能的巨大门楼，因此里面备有历代总管的办公室以及居住设施。

## 多佛城堡

# 各个时代防御思想与筑城样式并存的坚城

多佛城堡位于面海的断崖绝壁上，处于要害之地，在史前时代就有凯尔特人于此地构筑山寨（hill fort）。到了罗马军时代，这里建起了灯塔以及防守用的要塞，撒克逊人则建了城塞都市巴斯（Bath）。现在的外郭留有以幕墙连接起来的二十余座D形塔，内郭也遗留下十座矩形塔、两座门楼、巨大的矩形主城楼。从内郭使用矩形塔、外郭使用圆塔（D形塔）的这点来看，可以得知两者的构筑年代并不相同。在1642年的清教徒革命中，此城被议会派军队夺取，置于护国卿克伦威尔麾下。相对于其他许多座英国城堡都被克伦威尔破坏成废墟，他既然还把这座多佛城堡纳入自家军队的管理之下，就代表此处的战略地位真的是相当重要。

在16世纪的亨利八世时代，为了防备来自法国、西班牙的袭击，城中开始配备大炮，并改造成棱堡式要塞。在18—19世纪的拿破仑战争期间，城内共配备有231门大炮，就连主城楼的屋顶也都备有大炮。现在走在城内的时候之所以会感到有点儿不太对劲儿，就在于那一时期为了架设炮台而把各塔的最上层削掉一截的缘故。

多佛城堡中挖有许多条地下通道，这是把在与路易王子攻防战中为了对抗法军而从城内挖掘的地道，以及在拿破仑战争时新挖掘的地道扩张之后所形成的。第二次世界大战时，这些地道被当成英军司令部使用。如果把防御、防卫视为"城"的第一要义，那么多佛城堡正可说是一座善尽使命的城堡。

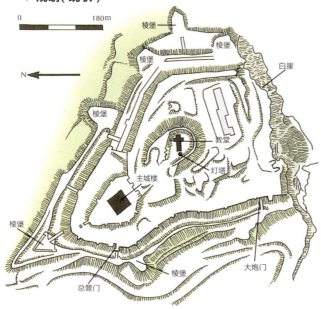

◆ 规划（现状）

▲多佛城堡建筑在一座深入海中的山脊上。南侧为紧邻海峡的峭壁，东西则有穿过险坡的巨大壕沟，此要素皆形成了完美的防御，不过就地形而言，北边的山脊无论如何都会成为弱点。以前城门是开在这个方向，不过之后则设置了一块稍微分离的城地，企图改善此弱点。最后的结果，就是变成像前页插图所复原的13世纪多佛城堡构造。随着时代的演进，等到大炮应用于实战当中后，北侧部分就被改成棱堡式设计，以补足弱点。从本城通往这座棱堡时，会先潜入地下，然后通过横置于壕沟底部的侧防窖室（caponier），在侧防窖室当中排列有朝向两侧的大炮，用以轰击意图越过壕沟靠近本城的敌兵。像这样，多佛城堡并不只是座单纯的中世纪城堡，而简直就像各种时代防御思想的博览会一样

▲主城楼所在的内郭南侧，有一座可说是另一座多佛城堡本郭的独立圆形郭，并以巨大的土垒防守，在其中心留有罗马时代的遗构。以地形来说，它会比内郭稍微高一点，推测此处可能是以前的城池核心

▲具有连绵矩形城塔的内郭南面。矩形塔就城堡样式而言，属于比圆塔还要古老的时代。虽然以前塔上设有城垛，不过后来为了设置炮座，就把顶端削平了，因此变得缺乏表情

▶把守城堡西侧的壕沟。向着城堡攀登斜坡的时候，是没有办法看到这道壕沟的。而这壕沟的设计，就是要让人在爬完坡之后才发现其实有道壕沟存在。现在此处的西翼到北翼开有两座城门，不过两者都已经改成侧防窨室，防御宛如铜墙铁壁

▼延伸至北侧棱堡的侧防窨室内部。所谓的侧防窨室，是用来配置扫射壕沟内火炮用的设施，反映出以前置火力驱逐攻城兵的近代筑城思想。在此会配备数门大炮，以从侧面射击跨过壕沟靠近本城的敌兵

▼▼从主城楼上方往北方眺望，可以看出沿着山脊分布的防御态势。虽然位于北侧的山脊的确是此城堡的弱点，不过这道防线既然如此显眼，就强烈表示出这座城堡的假想敌并不是外国，而是英国的国内势力。这样一来，就等于是说穿了英国历代王室以征服王朝为根基的性格

▲矩形主城楼位于广大城域的北侧，与其说是要监视从海上而来的敌人，还不如说是要发挥威吓内陆山脊的功能

## 被双重城墙所包围的法国南部城郭都市

# 卡尔卡松

　　卡尔卡松是一座留存于法国南部、时至今日依旧保留浓厚中世纪色彩的城郭都市。据说这座城是发源于公元前5世纪高卢人的聚落，到了罗马时代则成为军团的驻地。石头城墙的成形是在西哥特时代，至今依然可以找到遗构。8世纪时遭到伊斯兰军队的侵略，一度被占领，不过到了卡洛林王朝的查理大帝时再度回

# CARCASSONNE

到基督教国家手中，之后则被法兰克王国的巴塞罗那伯爵治理。此处在 13 世纪时是阿尔比派（Albigeois）的据点，因此被阿尔比十字军所攻陷，并纳入法兰西国王的统治之下。之后在国王麾下又继续扩建，在 14 世纪前半叶形成与今日几乎相同的样貌。英法百年战争当中，此城于 1355 年遭到英国爱德华黑太子的攻击，但当时则一直撑到最后都没有被攻陷。

另外，在法兰西国王统治时，于 13 世纪中叶又在奥德河对岸建了一座新的城市。这座新城市后来修改、发展成具备棱堡的近代都市，而旧城则因此没落。之后，城墙与塔楼就陷入荒废状态，但在 19 世纪中叶则因为历史价值重新被认定的关系而展开修复。而在当时进行推测复原的时候，还留下一些考证上的问题。

旧城位于奥德河岸的丘陵上，西侧为悬崖。城域为椭圆形，在围住城镇的两道城墙上，设置有大小总共 50 座塔楼。城区的东侧有巨大的双塔式城门：纳博讷门（Narbonne），城内西侧则有与内城墙相接的伯爵城堡（Château Comtal）。像这种把领主城堡摆在城市区域内的特征形态，在德国的中世纪自由都市中是看不到的。虽然关于城区内的市街，在考古学上并没有什么研究成果，不过应该是跟现在的街道相差不远。插图复原的是 13 世纪的样貌。

Illustration by kagawa Gentaro

## 卡尔卡松

◀ 从西南方远望城堡，可以清楚看见双重城墙的内墙要比外墙还高。在许多座城塔上都能看到的三角形屋顶外观是此城的特征

▼ 伯爵城堡。城堡前方挖有壕沟，并且架设了石桥。通往城堡的入口有大型的双塔城门把守，右手边的城墙以及墙塔有重现出战时用来当作防御设施的木造外突式走廊。城堡内部现在是博物馆

### 于法国南部要地交织而成的深刻历史痕迹

　　卡尔卡松位于连接地中海沿岸的纳博讷与大西洋侧波尔多（Bordeaux）地区的道路沿线上。这条道路原本是罗马时代所兴建的军事道路，而卡尔卡松则是控制这条道路的要冲。

　　这座城堡最大的特征就是围绕四周的两道城墙，内墙最早是源于罗马时代，外墙则是建造于13世纪。一如双重城墙的既定要素，外墙都会建得比内墙还要低矮。外墙的塔有好几座是采用背后镂空的设计，这是为了在万一外墙塔被敌军夺取时，可以恣意从内墙对其进行攻击。在19世纪后半叶对这座都市进行修复的维奥莱·勒杜克（Viollet-le-Duc）曾经计算过，如果要在所有的防御设施毫无遗漏地配置士兵的话，最少也需要1300人。以这座南北约200米、东西不到100米的市镇来说，若这个计算是正确的，那即使动员全部的都市居民，也还是不够担任防御士兵的数量。

　　到13世纪时，聚落曾扩大到城外去，不过却在与路易九世的战斗中，被防守方当作预防处置而撤除，同时也因攻城方的掠夺而遭破坏。之后，居民就搬迁到构筑于奥德河对岸的新市镇去，使得都市的重心跟着转移到新市镇。因此市内与周边地区就停留在中世纪以来的氛围当中，现在时常被用来当成拍摄历史电影的场景。

▼ 位于城镇东侧的纳博讷门。外墙前方有一座瓮城（圣路易堡垒），在构造上是要经过左侧的小型外城门（照片中央前方）才能通往内墙的城门。外城门是设计成横跨于沿着外墙挖掘的壕沟上，在门内设置有开合吊桥。外城门与内城门并非位于一条直线上，而是要经过一个几近直角的转折。纳博讷门是一座规模比伯爵城堡的城门还要大的双塔城门，为这座都市最强的防御设施

### ◆ 平面图

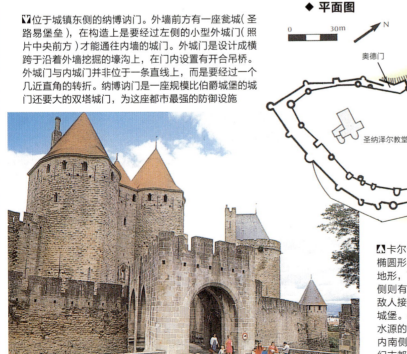

▲ 卡尔卡松的平面图。城域是配合自然地形的椭圆形，城堡东侧与南侧连接一片比较平坦的地形，而北侧与西侧，特别是面向奥德河的西侧则有急剧往下20米的高度落差，可以阻止敌人接近，与此处西侧内城墙相连的就是伯爵城堡。在后面的断崖下方突出去的堡垒是保护水源的奥德要塞，靠着回廊与主城堡相连。城内南侧有哥特式的圣纳泽尔教堂，直到18世纪末都是有主教坐镇的大教堂

# 第 2 章

## 随着中世纪的结束，城堡又如何变化
## 近代城塞的变革历程

迪尔堡（英国）与大炮

监修／今村伸哉

# 城馆

**由于强大的攻城炮出现，中世纪以来的传统城堡都被迫要转换成近代要塞。而有另一部分卸下战斗任务的城堡则成为王公贵族享受生活的地方，加装了舒适设施与豪华装饰转变成为城馆**

　　大约以1500年为分界，法国的城堡开始大幅转变面貌。由于强大的攻城炮出现，以往的中世纪城墙毫无招架之力。中世纪的城堡就要靠新式筑城技术改建成近代要塞，同时也开始新建要塞来取代城堡作为防御据点。另一方面，随着战略条件因施行绝对专制而产生转变，在不再遭到外敌攻击危险的地区，城堡就成为王公贵族度过舒适优雅生活的地方，从而转变为城馆。

　　这在一开始普遍是采用把以往中世纪城塞进行部分改建的方法，例子包括法国的卢瓦尔地区（Loire）以及布列塔尼地区（Bretagne）的大部分城堡。在此之后，城塞则会被完全破坏，改用原地重建的方式。之所以不另外找新的地方建城，是因为重建古城才能保留传统与权威，也容易取得规划好的土地，过去的狩猎场和庭园更可以继续利用。在城中还加入了装饰华丽的直行楼梯与图样花园，发展成优雅的城馆。

▲14世纪法国国王约翰二世的王子贝里公爵所制作的豪华抄本《贝里公爵的豪华时祷书》中所描绘的中世卢浮城堡。这座城堡是为了保卫巴黎而于13世纪建造的，到了14世纪时因为军事用途解除而把内部改装成宫殿。其特色是屋顶上林立着从各个房间伸出的暖炉烟囱

▶布洛瓦近郊的肖蒙城堡（Château de Chaumont），耸立于卢瓦尔河左岸的山丘上，从屋顶上眺望景色相当漂亮

# CHÂTEAU

▲插图为典型的法国城馆模式，会跟庭园一起建在平坦的土地上。它会以居住的舒适性为优先，因此外墙开有大型的采光窗，完全不重视防御性。外突的城楼也只有外观像而已，完全是装饰性质，内部采用的是普通的直行楼梯

▽图尔(Tours)近郊的维朗德里(Villandry)，以文艺复兴式的庭园而闻名

▷凡尔赛宫华丽的镜厅。将中世纪城堡改建为城馆的行为，后来发展出了壮丽的宫殿建筑

# 棱堡式筑城

**在攻城炮的破坏力面前，中世纪城堡根本无力抵抗
而为了以火炮进行反击而应急构筑起的"棱堡"
最后却使筑城技术发生重大转变，进而形成了近代要塞**

15世纪末，法国的查理八世率领着有组织的优秀大炮部队入侵意大利。被攻击的意大利各城市虽然都有中世纪的高耸城墙保护，不过石造城墙在大炮的压倒性威力面前却陆续遭到破坏。以此为契机，火力对于城堡所占的优势已告底定，这迫使中世纪的筑城技术必须展开变革。

在修补遭到破坏的城墙时，就不再重新建起石墙，而是采用以能够吸收炮弹冲击的低矮厚实的应急土工建造物来进行补强。这种临时构造物会从城墙往外突出，并将面积加大，以在上面架设反击用的大炮。这种构造就称为"棱堡"，因为颇具效果，所以就从临时的土制构造物进化成为更坚固耐久的石制构造物，并发展成永久要塞。这种棱堡在往后的三个世纪当中，都是近代要塞不可或缺的要素。

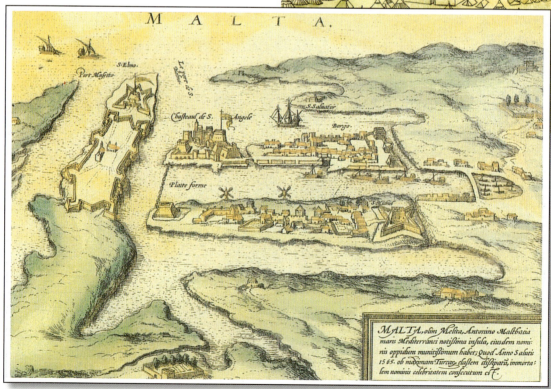

▲被奥斯曼军赶出罗德岛的医院骑士团搬迁至马耳他岛时所建的要塞，采用16世纪中叶的最新筑城技术，即使在1565年遭到奥斯曼军大批围攻也还是能守住城塞

# BASTIONED FORTIFICATION

◀在被破坏的墙塔前面堆有从城墙往前突出的应急土木掩体，并且设置有反击用的大炮，属于棱堡的早期形态

▲攻城方的炮兵在靠近城郭的高地上布阵并进行炮击。在炮兵阵地的前方放置堡篮（装有砂土的篮子）用以防护

▲描写16世纪20年代后期神圣罗马帝国皇帝查理五世率军包围意大利城郭都市佛罗伦萨的壁画。可以看到在中世纪以来的城墙上施以当时最新的筑城技术，另外包围军的阵营状况也清晰可辨，对于史料来说具有重要的价值

◀罗马的圣天使城堡，是在中世纪的城堡上加建石造棱堡的例子

第 2 章 近代城寨的变革历程 **039**

## 棱堡式筑城

# 从中世纪城郭转变为棱堡式要塞

### 1400 年左右
◇ 典型的中世纪城郭都市

被高耸石造城墙所包围的中世纪欧洲都市。这种最广为人知的城堡形态，因为15世纪末开始有组织使用攻城炮的关系而一口气改头换面。插图是以简单易懂的方式重现出当时都市城郭的模式

▲纳尔登（荷兰）的棱堡式城郭都市

### 1500 年左右
◇ 因为攻城炮的出现而变貌

在强大的攻城炮普及之后，高耸的城墙会成为最好的目标，很容易就被破坏。因此在墙塔下方就会建起棱堡将其包围，借此补强弱点

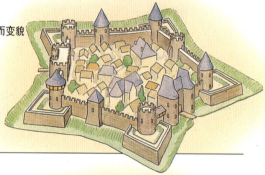

### 1600 年左右
◇ 高耸城墙消失无踪，换成棱堡式要塞出现

等到守城方也开始以大炮进行反击之后，不适合架设大炮的高耸城墙便遭到拆除，取而代之的则是低矮厚实的壁垒。而当初只是临时土工构造的棱堡，也改成更坚固耐久的石造建筑物

棱堡式筑城是为了对抗能够破坏城墙的攻城炮而登场。当初只是临时性土工构造物的棱堡，后来就改成了坚固耐用的石造建筑物。同时，筑城规划与防御构造物的设计也进行改良、理论化。这种诞生于意大利的棱堡式筑城，在荷兰、法国、德国也都被采用，并且各自发展出具有独特性的筑城技术。

棱堡式的筑城基本上就是要以火力来压制接近之敌，虽然最早是使用大炮，不过当人们发现使用大量步枪来进行防御也具有优点时，就改以步枪的射程为基准来将要塞设计理论化。另外，通过设置从要塞本体分离、突出来的各种外堡，也能增加防御上的纵深性，使筑城规划会往如何使棱堡与外堡相互进行火力支援的方向摸索发展。

### 1700 年左右
◇ 以外堡、斜堤构成的发展型棱堡规划

除了要塞本身的棱堡之外，还发展出各式各样的外堡，以纵深来加强防御。为了让棱堡、外堡之间能够以理想的方式相互支援，就会发展成多角式的几何形状

# BASTIONED FORTIFICATION

◀留存于皮亚琴察（意大利）的棱堡，突出的棱堡设于相连的城墙上，可以从侧面射击敌兵

▼彼得保罗要塞（俄罗斯）

### 棱堡

所谓棱堡，是从要塞本体突出去，用以抗击敌人的设施，每座要塞都有各自不同的设计形式。此插图画的是一种在堡垒中设置有"封"的棱堡，可在封上对敌人进行监视与射击

### 三角堡

三角堡的功能，是用来强化连接棱堡之间的中堤之防御。不仅可以与要塞本体上的棱堡相互配合，发挥出纵深性，也能从侧面与背面攻击欲入侵的敌人

### 凹堡

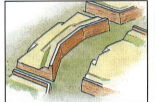

凹堡与三角堡一样，是用来强化中堤较弱的正面守备。随着棱堡式筑城的发展，这种附加外堡也变得越来越复杂，形成更为坚固的防御线

### 凸角集合场・凹角集合场

设置于围绕在壕沟外圈的覆道上，除了防御要塞之外，也会作为逆袭用的步兵集合场，用以防止敌军入侵。位于凸角部的称为凸角集合场，设置在凹角部的则称为凹角集合场

*Illustration by Kagawa Gentaro*

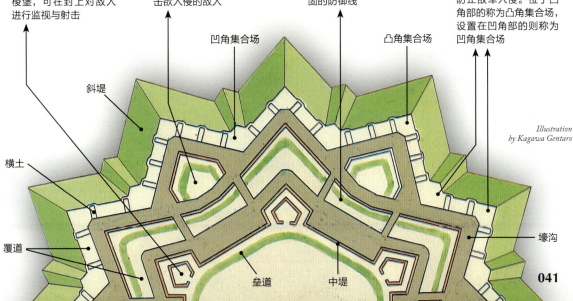

凹角集合场 　 凸角集合场

斜堤

横土

覆道

垒道　中堤　壕沟

# 棱堡式筑城

## 棱堡式要塞的完成

始于早期意大利学派而各自发展的各国棱堡式筑城技术经过法国人沃邦（Vauban）的整理，终于完成了统合

# BASTIONED FORTIFICATION

这幅插图所重现的是一种被称为沃邦第三方式的棱堡式城塞。在要塞外圈有❶斜堤围绕，❷覆道上则设置有❸凸角集合场以及❹凹角集合场。❺横土是在覆道遭到夺取后防止敌军纵射，以及当敌军炮火击中城墙，破片四处飞散之际，用以保护周围的守城军，将损伤减至最小的保护墙。❻三角堡与❼棱堡塔是用来围住❽堡障的，有强化防御的功能。❾中堤会设有凹形部位，并于前方配置❿凹堡。另一方面，攻城军为了躲避来自要塞的炮击，会从⓫第一平行壕到⓬对壕以挖出锯齿状沟的方式推进。然后经由⓭第二平行壕到达斜堤基部，并设置⓮第三平行壕，由此处着手突破要塞防线。另外，还会从⓯攻城炮阵地对要塞进行炮击

# 近代要塞

沃邦筑城技术的缺点在于被动的防御思想
通过以位于掩体内的远程火炮来进行的积极防御思想
在19世纪将其进化为多边形近代要塞

▷萨姆特堡的火炮,可靠着轨道改变左右射角

由沃邦所完成的棱堡式要塞,虽然是法国筑城学派的一大顶点,不过它也被指摘出只具被动性的防御思想,以及防御阵营炮兵的脆弱性、露天阵地的危险性等。因此,相对于棱堡式的法国学派,重视以火力来进行防御的德国学派就此登场。棱堡的设计思想是要从要塞本体的幕墙上以步枪阻止敌人,不过德国学派则是着眼于往要塞外侧发挥远程火炮的威力,主张以收容于掩体(炮廊)中的火炮来进行积极性防御。这种思想跟棱堡与外堡间必须具有相互制约关系的棱堡相比,在设计上的自由度会比较高,并发展成多边形的要塞形式。

另外,为了对抗攻方射程增长的火炮,也提倡建构拥有强大火炮的分派堡,以及远离要塞本体配置成锁链状的"环状分派堡"。这种筑城法被用来当作对付像拿破仑军这种拥有极佳机动力、无视要塞的近代军队之对策,于19世纪普及各国。

萨姆特堡(Fort Sumter)位于美国东南部战略据点查尔斯顿(Charleston)中,是用以封锁港口处的要塞。1861年4月,因为南军炮击这座要塞而引发了南北战争。相对于以陆地间战斗为想定的"内陆要塞",萨姆特堡是被分类于用以阻止敌军登陆,以及封锁港口海峡的典型"海洋要塞"。当时美国的海洋要塞大多是红砖造的两三层建筑,在外墙的上方与内部配置有火炮。外墙因为在构想上是要抵御舰炮,厚度会在2米左右。由于材料是硬度较弱的红砖,所以能够吸收炮弹的冲击力,遭命中后墙面只会凹掉一块,而不会整个崩毁。不过对于越过墙壁飞进要塞内部的曲射弹却是一点儿办法也没有。

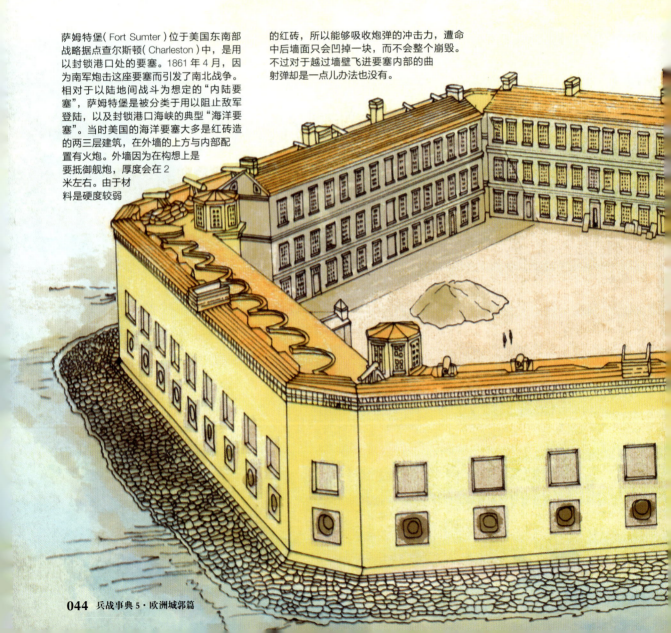

# MODERN FORTRESS

▲萨姆特堡全景。四周都被海水包围,建筑于海上

▶萨姆特堡的防弹墙内部。对于从头顶上飞进来的炮弹没有任何防御措施

▶设置于萨姆特堡内部的要塞炮。城墙是后来修复的,不过炮身则是当年的实物

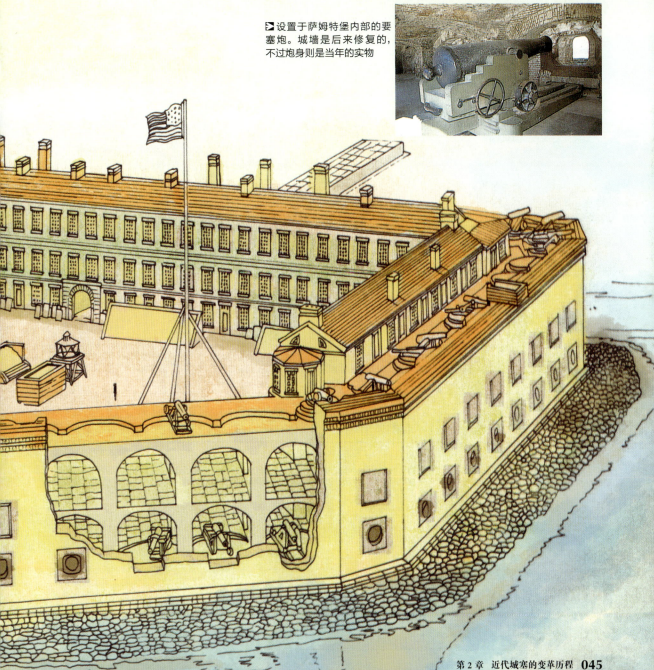

第2章 近代城塞的变革历程 **045**

## 近代要塞
# 马其诺防线

由于第二次工业革命导致兵器的破坏力增强
要塞也改为混凝土构造，并且开始趋向地下化
基于第一次世界大战的经验，甚至还膨胀成绵长的国境要塞防线

▲马其诺防线的射击孔

进入19世纪之后，因为第二次工业革命的关系，后装式大炮、附弹匣的步枪、机关枪等新武器陆续登场，可被要塞防御所采用。要塞设计也因为水泥等新式建筑材料的发达，自由度变得更高，从而改为混凝土构造。另外，因为高性能火药的出现以及重炮的登场，攻击方的破坏力也有飞跃性提升，为了更有效地抵挡炮击，要塞就开始往地下化发展。

另一方面，远程重炮的出现，以及在第一次世界大战中规模庞大的壕沟战展延，使得国境防卫的问题被提起，依靠环状分派堡的防卫思想遭到质疑。如此一来，最后发展出来的就是像法国马其诺防线的这种国境要塞线。这条延伸于德法国境的要塞防线，从某种意义而言是重现古罗马以国境城墙所构成的领土防卫思想。"攻"与"防"的技术，在今后依旧会不断呈现拉锯战吧。

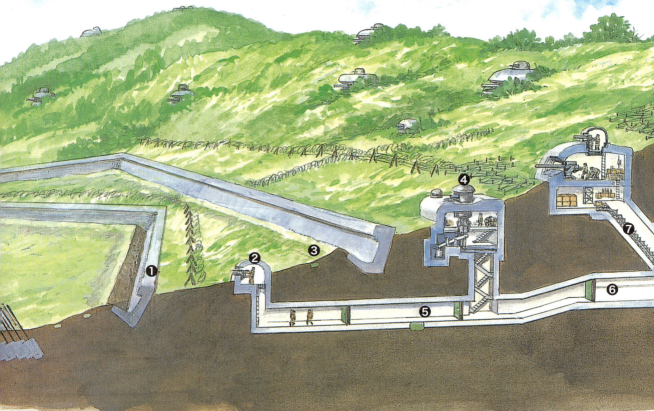

◀头顶部露出地面的"升降回转式炮塔"。里面架有火炮，靠着水压和电力上下驱动。指挥所位于地下数米处，可通过螺旋阶梯与其他部署联通

马其诺防线中最大的哈肯伯格（Hackenberg）要塞，此为要塞中的监视塔

马其诺防线的资料
主炮：344 门
升降式炮塔：152 门
固定式炮塔：1533 门
坑道长度：100 公里
钢铁材料：147.63 吨
混凝土材料：
　　42475 立方米
道路・铁道：450 公里

❶反坦克壕❷机关枪座❸地雷❹反坦克炮座❺通道爆破用炸药❻钢铁制闸门❼电梯❽储藏库❾炸药用升降机❿主弹药库⓫士兵居住区⓬司令室⓭通信室⓮防空机关炮⓯观测所⓰储水槽⓱医院

MODERN FORTRESS
*Illustration by Ito Ten'an*

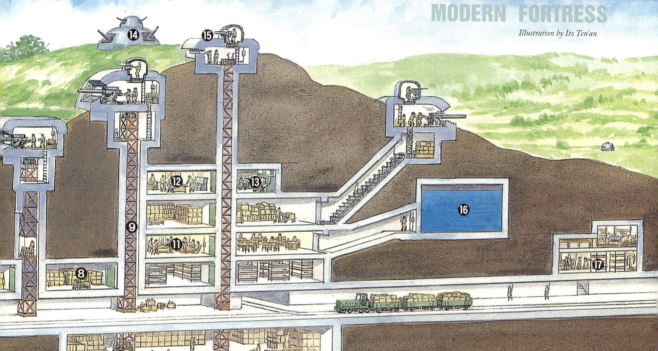

右图为设置于地下的守军用厨房，左图为纵横于地下的坑道通路，地上铺设有轨道

第 2 章　近代城塞的变革历程　**047**

# 浪漫主义的城堡

**19 世纪浪漫主义的崛起
使得憧憬于中世纪世界的王公贵族
激情洋溢地唤醒沉睡三百年的城堡,并重新施以华丽内装**

作为始自 18 世纪后半叶革命时代的反动,仿佛是为了抑制冲过头的合理主义一般,欧洲在 19 世纪中叶兴起了浪漫主义。早期的浪漫主义者视立基于封建制度与天主教的中世纪世界为理想国,并主张要从该处重新出发。这样的想法不仅在文化与艺术等各式各样的分野上都产生了影响,就连被人遗忘将近三个世纪的中世纪城堡也因此复活。

虽然建造于 19 世纪的城堡几乎都不是用于实战,而是拿来当作君主的别墅,但由于在意识上企图要恢复哥特样式,其外观皆与中世纪的城堡较为接近。其中最具代表性的就是巴伐利亚著名的新天鹅堡(Neuschwanstein)。这座城堡是由具有迥异人格的知名理想主义者——国王路德维希二世所建造,外观为中世纪风格,内部则打造成华丽的宫殿,具有一种不可思议的美感。

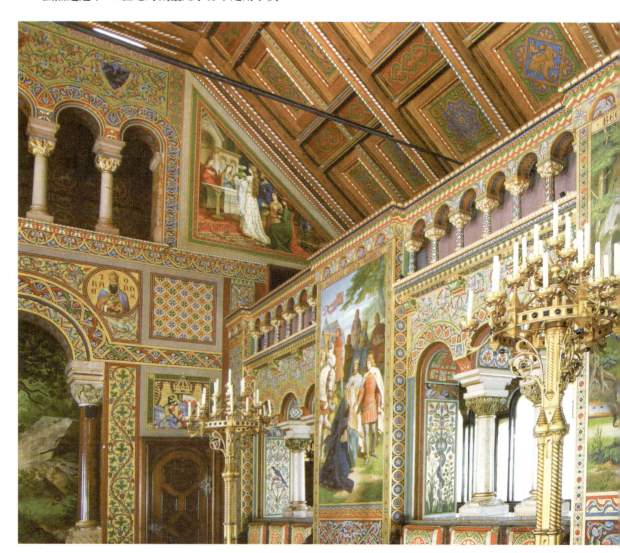

▲新天鹅堡内华丽的壁饰

ROMANTIC CASTLE

新天鹅堡

▲新天鹅堡坐落于阿尔卑斯山脉中一座海拔1000米的岩山上，构筑于真正的中世纪城堡废墟之上

◀虽然外观设计上是哥特风格，不过依据观看角度不同，有时很像近代的高楼建筑

高天鹅堡
▼▶由路德维希二世的父亲马克西米连二世还是王储时于1832—1836年所建造

▲路德维希二世小时候在山间寂静的高天鹅堡度过，这使他培养出了天真烂漫的性格。据说新天鹅堡是在他当上国王之后透过此处的窗子看到外面的一座山丘，才兴起了建城堡的念头，而且同样建得很华丽

第2章 近代城塞的变革历程 **049**

## 浪漫主义的城堡　　　　　　　　　　　　　ROMANTIC CASTLE

**红堡**

受到浪漫主义影响而建的复古城堡在英国也曾出现，于1891年完工的南威尔士红堡（Castell Coch）就是其中的代表。这座城堡是由维多利亚时代的伟大建筑家威廉·伯吉斯（William Burges）为布特（Bute）侯爵所建，外观忠实呈现中世纪城堡的样式，不过内部却充满了幻想风格。特别是装饰于客厅圆顶天花板上的无数飞鸟、蝴蝶、繁星图案，以及讲述伊索寓言的壁画，都掳获了参观者的心

留在普拉斯基堡（美国）上的炮击伤痕

# 第3章

**围绕着城堡的无尽矛盾相争**

# 攻击与防御的相克

监修/今村伸哉

# 中世纪的攻城战

Illustration by Ito Ten'an

## 在排山倒海而来的敌军面前，巨大石墙沉默耸立着 城堡最原始的功能，便是要发挥于攻城战当中

投石机接连不断地弹射出石弹，使其呼啸着划过天际。伴随着此起彼落的钝重破裂声，受伤的士兵悲惨地哭喊着。攻城战基本上是采取长期包围以促使敌军投降的办法，不过有时也会进行这种激烈的战斗。

中世纪的筑城术因为采用新技术以及有各种创意巧思，所以虽然幅度缓慢，但仍然持续稳健地进步。13世纪算是其中一个顶峰，不过在这个时代，攻城方法却跟古代没有什么太大差别。

插图中最左边的投石机被称为配重投石机（Trebuchet），是利用石头的重力来弹射石弹。其右方可以发射大箭的攻城机则属于利用木材弹性的板状弹簧式机构。插图中央是一种被称为石弩（Mangonel）的投石机，靠着捆绞绳索的复原力来弹射石弹。最右边是用来在城墙上打洞的破城槌，破城槌会靠着一种装有车轮的小屋来保护，小屋的顶部会铺设动物皮革，以抵挡石头和火箭的攻击。为了对抗这种破城槌，城塔的基部会增厚强化。

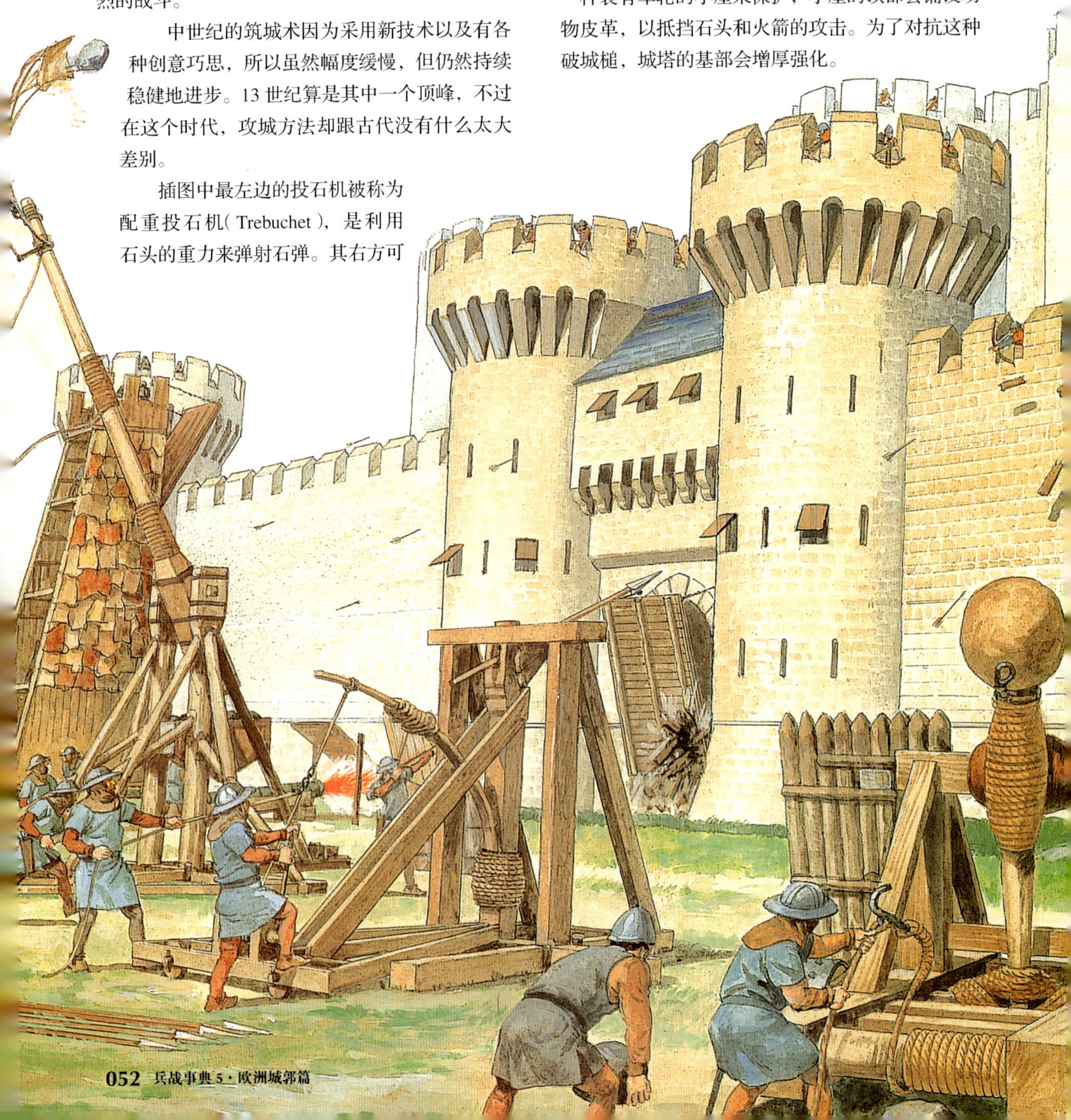

图中重现了13世纪左右的攻城战模式,装设在中央城墙上的那种木造突廊(落石台)有些会设置于全部的城墙上,有些则是只设置于一部分城墙上。攻城兵器是把当时常会用的几种都一起画出来

# MEDIEVAL SIEGE

# 发展完备的城郭防御设施

西欧的传统筑城术与十字军带回来的东方先进技术
这东西两种流派融合在一起发展的中世纪欧洲城堡
是一种具备各式各样防御设施的石造建筑物

图为13—14世纪的欧洲城堡最典型的防备例子。城堡由❶护城河、❷城墙、❸城塔保护。与城墙组合在一起，兼具城门功能的❹主城楼(城门主楼)拥有城堡最大的战力，也会当作❺最前线的指挥室使用。入口处的❻开合吊桥在内侧的支撑臂上装有配重物，可以靠着杠杆原理将桥拉起。只要把开合吊桥拉起来，再放下❼吊闸的话，入侵的敌人就会被关住，再从天花板上的❽屠孔放箭或倒下热水，敌人就会被消灭。在主城楼的前方会有一座❾瓮城，此处也设置了用铁链控制的开合吊桥与吊闸，即使敌人突破此处，也还是可以从背后攻击欲进攻主城楼的敌兵。守城军在面对大军压境的敌人时，会通过城墙或塔上的❿城堞和各种形式的⓫箭孔应战。⓬他们会射箭或投掷石头，并把⓭敌人捅落梯子。⓮在塔的底部还会使用早期的火炮。为了解决出现于城墙或城塔前方的死角，在城墙外侧会挂上⓯中空的木制走廊，士兵会在此处把地板掀开进行攻击。但这种设施不耐火攻与石攻，因此后来就发展成石造的⓰突堞口，与城塔和城门组合在一起。城堡内的楼梯为了让以右手持用武器的攻城军难以施展，会做成⓱向右旋转的狭窄螺旋阶梯。这种城堡，一直到15世纪后半叶强大的攻城炮出现之前都很有用

# 攻城兵器

Illustration by Kagawa Gentaro

### 在大炮出现之前所使用的各种攻城兵器
### 属于古代、中世纪的超级兵器，为守城军队的天敌

由罗马军将之组织化的古代攻城兵器，直到15世纪攻城炮出现之前几乎都没有什么改变。这是因为它们造价低廉，而且破坏力也比早期的攻城炮还要大。

如果要直接攻击的话，就得想办法爬上城墙，或是以攻城塔接近敌城后冲进去，不过这些方法对于攻方来说损失会过于惨重，要占领城墙或城塔简直难如登天。因此，就有人发明了以破城槌来破坏城墙的这个方法。破城槌是把羊头形的重铁块装在木桩的前端，然后不断撞向城墙使其毁坏。这种方法相当有效，可以轻易冲破仅以粗石堆砌起来的城墙。但是后来城墙为了抵抗破城槌的攻击，就进行强化。除此之外，以挖掘坑道的方式使城塔或城墙崩塌，并由此入侵城内的方法，自古以来也多被使用，而这些攻城法多半会与投石机等其他攻城兵器一并运用。

◁古罗马军的投石机（Ballista）。靠着绳索或毛发等材质的弹性复原力，投射石头或箭矢的兵器。有很多种尺寸，会用在野战或攻城战当中。插图中的士兵正在用卷扬机绞紧绳索，并且装填柑橘大小的石头

△复原的大弩弓，与投石机一样，都是靠着绳索的弹性复原力投射飞箭，用以破坏城内房屋并杀伤人员

◁复原的投石机（Onager），出现于3世纪左右，可以将重量40—60磅的石弹弹飞至400米远

▷复原的配重投石机，为了扩散瘟疫，甚至会把动物的尸体投掷入城

△中世纪的配重投石机，只有这种是古代没有，要到1300年左右才普及。靠着装在箱子里土石的重量，让长杆另一端的石头等物投射出去。在准备发射时必须用到较多的人

056　兵战事典 5·欧洲城郭篇

# SIEGE ENGINE

公元 74 年,罗马军进攻以色列马萨达(Masada)城塞的场景。靠近城墙顶部用的攻城塔与撞穿石墙的破城槌,直到中世纪都还被使用。为了对付耸立于沙漠中岩山顶上的这座城塞,罗马军还堆出了一条斜坡道路,然后把攻城塔运上来。在塔的周围罗列有投石机,以及铺有皮革或铁片保护士兵不被敌人攻击的小屋,攻城塔上也载有罗马士兵,随时准备冲入城内。破城槌吊挂在塔内,像撞钟一样不断击打着城墙。虽然守军以木材与土石加固城墙,不过罗马军则在该处放火,终于开出了突破口。

# 攻城炮的出现

大炮一开始只是粗制滥造的不成熟兵器，但后来却进化出可怖的攻城炮，粉碎了中世纪城堡

◥早期的大炮必须靠马等牲畜搬运至战场，然后固定在木箱内使用。攻城用的火炮只需要集中在城墙上的一点攻击即可，因此像这种很难瞄准的火炮也能使用

*Illustration by Ito Ten'an*

◥15世纪末在围城战中使用的攻城炮

◤附有车轮的早期大炮，它装的还是没有辐条的板状车轮。把手部分是可以卸除的后装式药室

　　大炮在欧洲从14世纪中叶开始使用，不过早期火炮却是粗糙的铁制品，炮身时常发生破裂，相当危险。火药的品质很差，因此大炮射程较短，在攻城战中的效果不佳。而且它从制造到运用都是被专业集团掌控，由不同的工会制造出规格杂乱无章的大炮。到了1425年，火药首先被改良，而1450年左右则开始制造青铜大炮。这种比铁制品还要便宜的火炮，可以按照计划来大量生产。同一时期，因为炮架车的出现与大炮形状改良的关系，火炮的搬运变得更容易，还能以直接装在炮架车上的方式进行射击。

　　进化之后的大炮最早形成组织化，是在法国查理八世的时候。他在15世纪末对意大利的战争中，率领着可由马匹牵引、具有机动能力的大炮，陆续粉碎了意大利各都市的城墙，开启了攻城炮占优势的时代。伴随着火炮的发达，中世纪城堡的时代便走向终点，欧洲的城堡也为之一变。

# CANNON

*Illustration by Ito Ten'an*

**蒙斯梅格大炮**
◀15 世纪中叶于佛兰德斯地区制造的大型锻铁炮。全长 4.5 米，重约 7 吨，口径 50 厘米，可以让 250 公斤的石弹飞至 2500 米处。它属于前装炮，炮尾处较细的部分以螺纹相接。现存于英国爱丁堡

**亨利八世的火炮**
◀1533 年左右由英国的亨利八世制造、拥有三组炮身的后装炮。亨利是一位着眼于大炮将来发展的君主，在建城堡时也把大炮考虑进去

**小口径锻铁制后装炮**
▲炮身被箍上铁环用以加固，后部装有可以改变射角的装置

**臼炮**
▲炮弹以抛物线飞行，可对掩蔽于障碍物后方之敌进行炮击

**17 世纪的野战炮**
▶瑞典军的古斯塔夫·阿道夫国王在"三十年战争"中所使用的野战重炮。到了这个时代，炮兵战术总算已经确立，大炮不只用于攻城战，在野战当中也能发挥出压倒性威力。此后，火炮本身一直到 19 世纪旋膛式后装炮出现之前都没有太大的进步

第 3 章 攻击与防御的相克 **059**

# 野战工事

Illustration by Ito Ten'an

17世纪前半叶的攻城场景。攻城军的士兵会在己方炮火的掩护下以曲折的方式挖掘附有掩护墙的壕沟靠近敌城墙,在壕沟线上会于各处设置炮兵阵地和中空的土垒,用以集结部队或是囤积物资。守城军会在既有的城墙上以栅栏或壕沟来加强,同时于外部建构突出的棱堡,并派遣士兵至该处应战

**重视火力的现代军队**

17世纪前期的火枪兵。这个时代除了传统的长枪兵之外,也会重视火枪兵与炮兵的火力,加上骑兵之后,就开始发展成近代的"三兵战术"。大炮虽然在攻城战与野战当中都很活跃,不过正规化则要等到18世纪以后

# FIELD FORTIFICATION

15世纪末，因为强大攻城炮的出现，围住城塞和都市的城墙不堪一击。而守城军为了以大炮还击，则会构筑应急用的建筑物。他们不仅强化了既有的城墙与护城河，也会另外在像城门等容易遭到敌军集中攻击的地方建起从城墙突出去的土垒。这土垒会以壕沟或护城河围绕，内部驻扎有守军，在此以火枪或大炮扫射周围的攻城军。这种土垒就称为"棱堡"，后来发展出各式各样的组合，形成了近代要塞。

**为因应大炮的威胁，守城军会在城外构筑棱堡
攻城军则须藏身于壕沟当中进攻
野战工事因此不可或缺**

而攻城军为了藏身于城塞周围，以在守城军的视线之外破坏建筑物，如何躲避敌方炮击就会是个问题。他们会在敌火炮的射程之外构筑野营阵地，然后从该处挖掘蜿蜒曲折的壕沟接近城塞，以免遭到集中炮击。在挺进城塞的时候，位于各处的炮兵阵地也会对他们进行掩护射击。这种壕沟战术，到后来就发展成具有体系的攻城术。

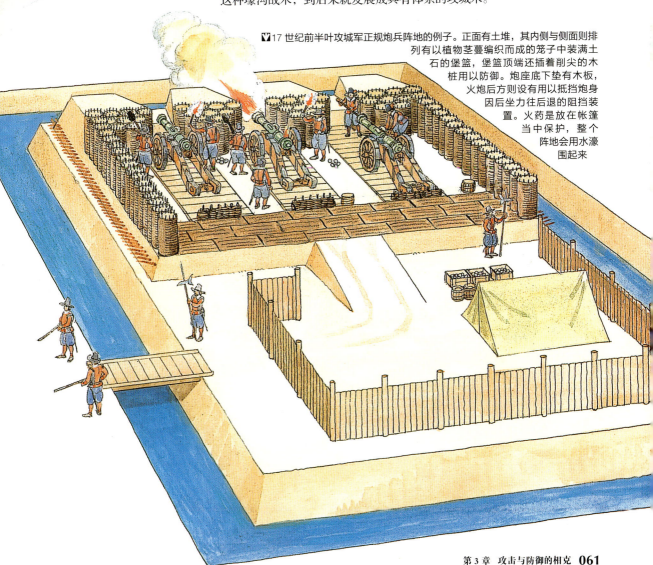

▼17世纪前半叶攻城军正规炮兵阵地的例子。正面有土堆，其内侧与侧面则排列有以植物茎蔓编织而成的笼子中装满土石的堡篮，堡篮顶端还插着削尖的木桩用以防御。炮座底下垫有木板，火炮后方则设有用以抵挡炮身因后坐力往后退的阻挡装置。火药是放在帐篷当中保护，整个阵地会用水濠围起来

# 抗炸掩体设施

## 为了对抗进化之后的攻城炮，会把要塞火炮收容于掩体构造物中炮廊就是依据这种思想而出现，到了世界大战时则发展为碉堡

以法国的沃邦为代表的棱堡式城塞，在面对从迫击炮等以高角度发射而来、弹道呈抛物线状的炮弹时，会显得欠缺防御力。对此，德国的筑城学派就主张守军应该也要把大炮的威力作最大程度的应用，并改变以往的露天式炮兵配置，将大炮收容进入更为安全的掩体设施内。

原本要塞炮的掩体化在16世纪时就已经有人提倡过，不过却因为掩体设施建筑技术上的问题，以及在掩体设施内射击时产生的废气烟雾问题而没有成为主流。另外，棱堡式城塞主要还是以火枪而不是大炮来进行防御的这点也是原因之一。不过在拿破仑战争以后，因为火炮射程增长，以及机动性较高的近代军队改变了战术，重视火力的要塞设计以及掩体设施的必要性就被付诸实行，成为19世纪要塞筑城思想的中流砥柱。这种抗炸掩体的思想，至今都还属于基本的筑城条件。

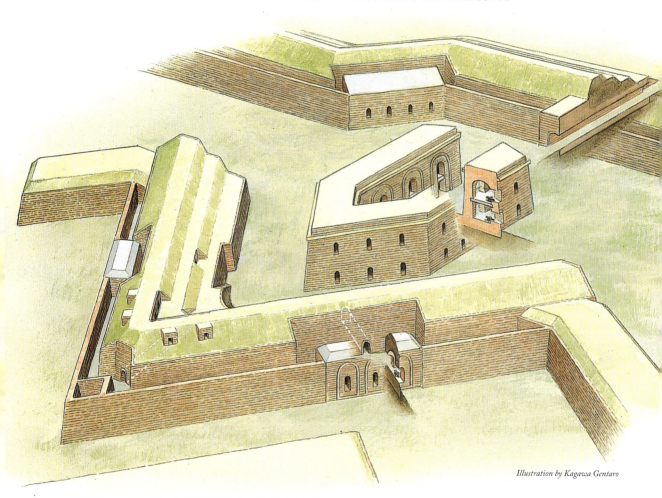

*Illustration by Kagawa Gentaro*

▲炮廊（casemate）是一种位于幕墙之内、受到完全保护的炮兵阵地，负责要塞周边地区的远程防御。在炮廊当中会分成上下两至三层设置远程火炮，对要塞四周的敌军进行攻击。另外，为了对付已经杀到要塞本体的敌军，会在幕墙中设置一种突起至壕沟内的掩体设施（侧防窖室），由此对敌兵进行攻击。在侧防窖室上设置有与幕墙平行、可对壕沟进行纵射的射击孔，以从侧面攻击聚集于幕墙之下的敌军。像这种以侧防窖室保护壕沟与幕墙的思想，跟棱堡式城塞不一样，可以设计出墙面呈直线形的要塞，产生自由度更高的多边形要塞

# CASEMATE

普拉斯基堡（美国佐治亚州）

▲ 侧防窖室化的棱堡，可以从侧面扫射接近之敌
▷ 收容于炮廊内的要塞炮，炮身可以左右旋转
◁ 侧防窖室的射击孔部分，外面可以看到对面的棱堡
▽ 南北战争时遭到炮击的弹痕至今历历在目

## 马其诺防线的地下掩体设施

发达于19世纪的德国式要塞，在一开始时是采用备有上下多层炮廊的"垂自要塞"思想，不过当高性能炸药与重炮出现之后，就需要更坚固的掩体设施。要塞因此必须具备更为牢固的防爆构造，并且潜入地底下去。左图与下图画的是20世纪马其诺防线中具有升降回转式炮塔的典型碉堡外观与剖面。升降式炮塔是考量到要塞炮的防御性，只在射击时将炮口露出于地面的设计。左下角的插图是较小型的碉堡，备有机关枪座与顶部的装甲观测塔

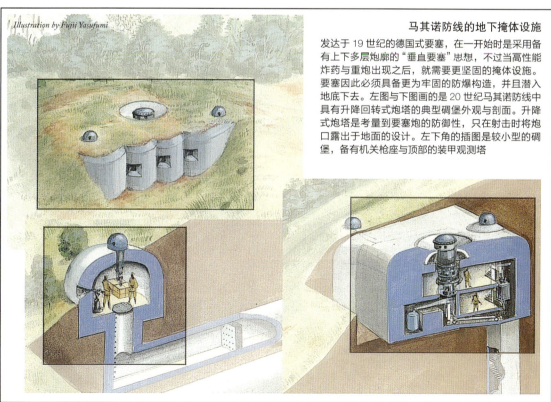

Illustration by Fujii Yasufumi

# 海岸防御

## COASTAL DEFENCE

**敌人自古也会循海路而来
而从古代就构筑于海岸的要塞
也会随着火炮的出现而进化
发展成以远程防御抵挡敌方舰队的
近代型海岸要塞**

防卫海岸线的要塞称为海岸要塞,这些要塞会伴随着筑城技术与筑城思想的发展,在每个时代呈现不同的特征。

海岸防御的历史源远流长,为了阻止擅长海上航行的侵略者登陆,在港湾部与河口处的重要地点就会建起很多防御城塞。随着时代演进,当军船与舰载炮发达之后,城塞这边的火炮也会开始跟着重视防御。近代的海岸要塞,是以16世纪亨利八世所构筑的肯特郡迪尔堡(Deal Castle)等作为起源。

海岸要塞由于必须对付船只等具有机动力之敌,就必须有远程火炮以及宽广的射界。构筑于19世纪的圆形炮塔(Martello)在顶部架设有一门可回转的火炮,这比起像迪尔堡那种会受到狭窄开口限制的设计,可以让少数火炮获得宽广的射界。另外,海岸要塞也不只有监视塔而已,还有像萨姆特堡那种大规模的要塞。

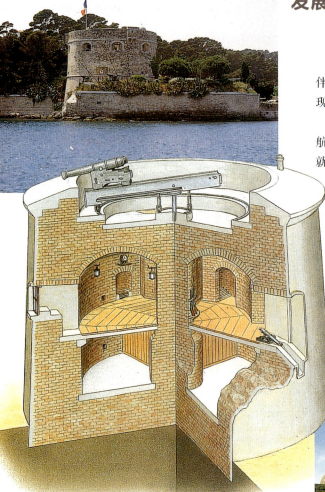

▲到1812年为止,沿着英国东海岸到南海岸总共建造了103座称为圆形炮塔的海岸防御设施。1794年2月,突袭科西嘉岛莫尔泰拉(Mortella)海岬监视塔的两艘英国军舰,竟被只有38名守军驻扎的监视塔以3门火炮击退。经过此次教训之后,英军便潜心研究,并完成了这种名称来自莫尔泰拉海岬的防御设施。另外,法国在这种圆形炮塔出现之前的1778年,曾经计划要以八角形炮塔来防卫瑟堡(Cherbourg),但最后并没有被采用。不过到了拿破仑战争时,这种要塞的变形则沿着海岸建设。照片为留在马塞港的监视塔

▶图为纳粹德国为了对付英国而建设的"大西洋长城"要塞的一部分,这是经过严密设计、依据不同目的而建的要塞群。插图中所画的是以炮击为目的的要塞,一般来讲高度都很低矮,且为了让火炮能够自由动作,开口部会比较大。为防止遭到炮击时跳弹跑进要塞内部,会把开口部的剖面做成阶梯状。照片为留在诺曼底的德军炮台

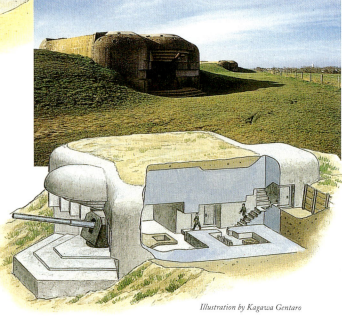

*Illustration by Kagawa Gentaro*

以棱堡守护的18世纪城郭都市

探讨从古代到现代的筑城思想变迁
# 欧洲筑城发展史

文／今村伸哉

## 第4章

## 筑城的萌芽与地中海世界的建筑技术
# 古代城寨的足迹

### 史前时代与先进文明地域的筑城

#### 丘寨

人类为了保护自己的家庭,对抗国家或帝国的入侵者,而会守护自己国家的边界或是所住的城市,其证据就在于自古以来建筑的多数城寨和城堡。

就我们所知,古代世界的早期防御设施称为丘寨(hill fort,类似于日本弥生时代的环壕聚落)。这种防御设施不仅出现于始自大西洋沿岸到乌拉尔山脉的欧洲大陆,就连巴勒斯坦地区、德干高原,以及北美、新西兰都能看见。这些城寨在形态上具有类似性,因此相互之间看似具有关联,不过单是以挖掘壕沟和堆起土垒的这种行为来看,分布于广大地区的各个民族应该都会独立发展出这种模式,而就连之后的改善与附加设施,基本上来讲各个民族也都有独自的想法。

丘寨基本上是以土垒和壕沟(ditch)构成,沿着等高线把山丘的顶部围出若干道。挖掘出的土会堆在壕沟内侧,构筑成壁垒。这种形式的丘寨,到某个时代为止都还能发挥抵御外敌的障碍物功能,但是经过数个世纪之后,它就已经落后时代,并大多已风化、崩塌,丧失了原本的机能。

▲丘寨的复原模型,在好几个地方设有门与通用出口

#### 墩与圆形石塔

在北部与西部苏格兰几乎看不到丘寨,取而代之的是一种称为墩(Dun)的防御设施。墩是位于直径仅15—18米的小型圆形石塔中央的居住用城寨。塔的墙壁以粗石或瓦砾密集堆砌构筑而成,并没有使用砂浆之类的东西固定。

苏格兰的北部与西部人口稀疏,地形和气候也不太宜人。由于人口较少,地面也跟南部不一样,比较难开挖,而且又出产丰富的粗石,因此比起大量挖掘,这种筑城方法会比较合理,所以就会发展成此种形态。在墩之中,有些规模会比较大,等到建筑技术成熟之后,它们就会发展成较大且复杂的圆形石塔(Broch)。这些城寨建造于公元前500年左右,在开始遭到罗马军侵略时荒废。由于这些建筑物都只是单纯的石堆而已,现在留下的遗迹并不多。

#### 地中海先进地区的筑城技术

在这个西欧社会仍是小部族组织各自为政的时代中,构筑城寨时能用到的也只是小社群的技术与力量,因此规模既小且单纯。但是当西欧的部族还停留在只会建造壕沟和壁垒时,产生强大中央集权国家的地中海周边诸国却已经具备了高度文明,以及品质颇高的建筑技术与筑城术。这些国家的人口极为庞大,因此可以将人力资源投入城寨等建筑方案当中,同时在防御设施等筑城面上的技术也相对发达。举例来说,大约公元前1200年,由埃及法老拉美西斯三世建于底比斯的哈布神庙,就已经于外墙顶端设置了史上最早的箭孔。像这些包括古埃及以及亚述帝国的古代地中海世界文化先进地区,以及小亚细亚的特洛伊、希腊的梯林斯和迈锡尼等地,都可以看到显著发展的筑城技术。而这些技术后来在罗马的领土扩大到地中海世界之后,就被罗马人吸收了。

▲ 门和石塔墙壁的内侧设有楼梯与回廊，屋顶用茅草葺成

## 古罗马的筑城技术

### 都市国家罗马的都市城墙

关于都市国家罗马的防卫，最早可以找到构筑于公元前5世纪的土垒防线。但这之后在公元前386年时遭到凯尔特人的袭击而破坏，因此罗马人就建了比以前还要高的石造都市城墙（塞尔维乌斯城墙）。这座城墙是以大块的火山岩砌成，底面直径约有3.6米。在城墙外侧设有宽约6米的空地，并于其外侧挖了一条宽30米、深9米的壕沟。虽然设置了几道城门，却没有外墙塔，只靠城墙内侧的内墙塔来防护。

最后，随着领土不断扩大，罗马遭受外敌直接攻击的威胁也逐渐减少，在公元1世纪时，都市城墙已经没有什么防卫价值了。就这样，在罗马帝国的巅峰时期，罗马市的永久防御设施却反而消逝无踪。取而代之的是卫戍罗马帝国边疆的军团，在边境地区会建起军团部队的城塞以及防御设施。

### 军团部队的驻扎城塞

随着罗马帝国的扩张，原本只知道使用木制栅栏与土垒的欧洲内陆，也获得了石造城塞的概念。罗马军最先在殖民地展开的工作，就是管理道路交通，并建设地方城镇以收服当地百姓。一旦开始殖民之后，就会先建一座木造塔。这座木造塔被当作监视塔来用，并发挥防御阵地中方形堡的功能。随着殖民地区依序纳入罗马军的统治之下，就会有工兵和石工专家加入，并把木造塔改建成石造塔，再把几座石造塔以城墙相连形成城塞。城墙上会有很多座塔，且城墙顶部十分宽广，可以用来搭载投石机，城墙周围则挖有既深且宽的壕沟。城墙内的道路会整理成蜘蛛网状，军团的司令部会位于从城门通过来的两条主要道路之交叉点。这种规则性也同样适用于其他建筑物，例如寺庙、商店、浴场等，都会依照既定的模式来设置。通过这样的方式，在城塞内设置建筑物就会相当迅速，且城内的兵士也容易掌握各处的位置。另外，城内还会建出兵舍和厨房等守备人员生活所需的设施。

民众是禁止进入城塞的，因此在城墙外侧也会设置交易场所，而这也成为欧洲的都市发展形态之一。

### 国境城塞

驻扎于罗马帝国边境的部队任务之一，就是防卫顽强抵抗罗马帝国的北方部族。设置于德国地区的国境城墙（Limes），是由搭配连续壕沟、塔楼与城塞的土壁垒和栅栏所构成。这座城墙从多瑙河畔的雷根斯堡（Regensburg）一直绵延至莱茵河畔的雷马根（Remagen），是道总长约480公里的长城。

而在地形狭窄且风波不断的英格兰，则需要更为坚固的城塞。哈德良长城是依据哈德良皇帝的命令，于122—126年从泰恩（Tyne）河畔的沃尔森德（Wallsend）建到索尔威湾（Solway Firth）的波尼斯（Bowness），总长约118公里。

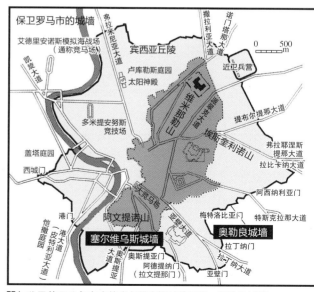

▲ 与公元前350年左右的塞尔维乌斯城墙相比，奥勒良城墙围住了将近三倍大的城市区域

▲ 复原后的罗马军团驻扎城塞——萨尔堡（德国），城门前的壕沟现在架有桥梁

当初设置这座长城的时候，除了要用来宣示罗马影响力的边界之外，与其说是要将所征服地区的英格兰人赶到北方去，还不如说是要把他们纳入罗马影响力之下。但是长城周围的部族却无法理解这样的意图，并对此抱持着敌意。为此，原本只需要配置警备队的单纯长城，就转变为须由正规军团部队驻守的主要防御设施。

这座长城在一开始建的时候只有土垒与草皮，但很快就把全部城墙用石垒取代。其高度为4.5米，宽度为2.5—3米，往北方向筑有带箭孔的城堞。另外，在城墙的北侧约6米处挖有宽度8.2米、深度2.7米的壕沟。城墙每隔1罗马里就会设置一座称为英里堡（milecastle）的小型城塞，英里堡中有两座两层楼的小塔供卫兵居住。城墙的后方共有17个城塞，并配置有守备队。这些城塞会以军用道路相连，可借此紧急派兵前往受到威胁之处。

哈德良皇帝的后继者安东尼·庇护皇帝又入侵至比哈德良长城更北边，到达福斯湾旁的波利斯（Boness）与克莱德河畔的欧德奇尔帕特里克（Old Kirkpatrick）之间，并在此构筑了安东尼长城。等这座长城建好之后，哈德良长城就暂时作废。虽然安东尼长城的长度仅有58公里，但是拥有的城塞却多达19座，比哈德良长城还要多。不过住在北英格兰高地地区的不列颠人布里甘特族（Brigante）却一直没有放弃抵抗，这使得这座长城无法发挥效果，于163年左右被放弃，并再度以哈德良长城作为警戒与远征的据点，且持续使用到4世纪末。

## "撒克逊"海岸防御

进入3世纪之后，不受罗马统治的土著阿勒曼尼人、法兰克人、撒克逊人等各族，就开始入侵包括不列颠岛在内的罗马帝国北方疆域。在这些部族当中，最危险的就是撒克逊人了。他们会从海上入侵，特别擅长利用机动性展开奇袭。遭遇这种威胁的地区包括英格兰南部的索伦特（Solent）海峡到东部的瓦希（Wash）湾，这个区域被称作"撒克逊海岸"。罗马人在可能遭到袭击的港湾或河口构筑城塞，并且配置可以迅速移动的守备队，以对付企图登陆的敌人。"撒克逊海岸"的城塞构造相当单纯，备有监视塔的城墙把守备队司令部、兵营以及其他设施都围在里面。有时会在城塞附近与住民进行交易，若遭遇威胁，还会让住民进入城塞中避难。这种城塞如今留下几处遗迹，而且目前依然能持续发现新的遗址。

## 罗马市的奥勒良城墙

一如前述，在3世纪以后，日耳曼各族的侵略日益激烈，3世纪50年代时，阿勒曼尼人的一支突破了莱茵国境，杀到了罗马市附近。罗马军的主力部署于绵长的国境线上，而边境的部队也由周

◀ 雕于图拉真凯旋柱上的筑城情景

▶ 罗马市的奥斯提亚（圣保罗）门

边的异族构成。相对于此，罗马市周边的防御则相当薄弱。在这样的状况下，鲁奇乌斯·多米提乌斯·奥勒里安努斯皇帝（Lucius Domitius Aurelianus）就在实施边境防卫改革的同时，于271年开始构筑一座完全包围住罗马市的城墙（奥勒良城墙）。

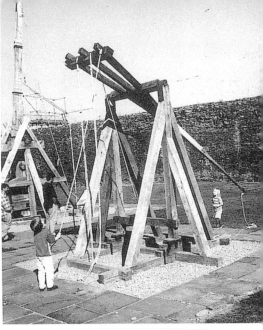
▲▶ 两者皆为复原的投石机，上图为罗马时代的弩炮。右图为人力杠杆式投石机

这座城墙并不是利用以前的防御设施，而是充分活用地形，进行以战术为着眼点的绵密设计。为了围住广大的市区，城墙绵延长达18公里，主要材料是以火山石灰岩制作的水

▲ 重现城墙攻防战的模型。攻城方会拿一种龟甲形大盾盖住上方，然后以破城槌冲撞城墙

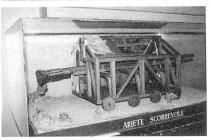
▶ 吊挂在有屋顶的小车里的破城槌，末端装有羊头形状的铁块

泥，并于其表面以砖头补强。城墙厚度为3.7—4米，至顶端步道的高度约为6米，并有381座塔楼以30米的间隔设置。这些塔楼大多是单纯的四边形构造，塔内有楼梯，可以爬至顶端，塔顶有堞作掩护，顶端距离旁边的城墙约有4.5米高。至于城门则有十八座，其中有九座保留至今。

城墙在之后的戴克里先皇帝时代曾经改建过，到了霍诺留皇帝统治的时代，因为受到哥特人的威胁，再度进行修改，包括缩小城门通道并加装吊闸等设备。而经过岁月洗礼的罗马城墙，实力终究也有面临挑战的时候。408年，由亚拉里克（Alarich）率领的哥特人包围了罗马市，当时城墙还有办法挡住他们的进攻。不过等到两年之后亚拉里克军再度来袭时，罗马的城门终于被哥特大军闯开。

## 古罗马的攻城法与攻城兵器

虽然罗马军的攻城法与攻城兵器属于古代世界的最高等级，不过这些东西以前在亚述帝国以及古希腊等处就已经使用过了，罗马主要是把它们整合起来，成组织运用。

从古代到中世纪，攻城法主要可以分成四大类。第一为切断粮道后进行包围封锁。虽然此时攻者只要静待结果即可，不过围攻阵营却还是要从周边地域补给粮食才行，因此兵粮攻法也不是那么简单的事情。第二是采取直接手段，也就是爬上城墙入侵城内的方法。这种属于流血最多的做法，且即使压制了城墙上方，要占领顽强抵抗的城塔与城门却依旧难如登天。第三是以破城槌来破坏城墙。第四则是挖掘隧道潜入城内，或是在墙塔下方挖洞，以破坏墙塔或城墙入侵城内。这些方法与其单独使用，不如采取复合手段或是和其他攻城兵器并用，会更能发挥效果。

攻城兵器包括攻城塔、破城槌、投石机等。这些兵器直到后来那些更为有效的攻城法出现之前，几乎都没有什么改变。唯一的例外就是在1100年左右出现，并在1300年时普及的配重投石机。这些攻城方法与攻城兵器是从希腊人那里学来，并由罗马人发展完成的，直到16世纪的火炮攻城法普及，一直持续在使用。要说长期使用的原因，就是它们的制造成本比较低，而且早期的大炮破坏力仍嫌不足。

11—13世纪

## 诺曼人与十字军的技术磨炼
# 中世纪城郭的发达

### 中世纪早期的城堡

#### 重新发现罗马筑城技术

罗马帝国瓦解后，西罗马帝国于5世纪灭亡，进入了中世纪社会。欧洲的中世纪城堡一般是于9世纪开始发展，并于12—13世纪到达巅峰。西欧、南欧以古罗马帝政时代的筑城术为基础，而北欧、东欧则建立在日耳曼的古代城塞环状壁垒（borough）技术之上。

中世纪城堡的发展由以下背景作为契机。自850年至950年，南欧周边的诺曼人、匈牙利人、斯拉夫人以及撒拉森人等各个民族，对过去罗马帝国领域的攻击日益激烈。面对这些威胁，南欧国家各民族，就必须以手头的人力和筑城资源来抵抗他们的侵略才行。但由于西欧的筑城法在这之前有大约五个世纪的空窗期，他们就只能修复为数众多的古罗马城塞遗迹，并将其重新利用。另外，在罗马帝国领域的边疆地带，会连绵构筑起形态与古时候没什么两样，称为burh或burg的城塞，而封建贵族们所建的大量城堡也会用于防卫。

在同一时期，于法兰克王国兴起了文化复兴运动（加洛林王朝的文艺复兴），使罗马式的城堡复活，让西方世界的筑城再度往前迈进。其中的关键就是石造技术的重新发现，通过这样的历程，法兰克族就又开始建造石头材质的城堡。

#### 诺曼人传统城塞"土垒内庭堡"

就这样，到了9世纪中叶左右，法兰克王国时常遭到北方诺曼人威胁。为此，西法兰克王国的秃头查理就在864年发布敕令，赋予直臣在战略要冲构筑新城堡的权限，借此充实防卫。众臣立刻开始构筑城堡，不过他们却也利用这个机会，在国王指定的场所之外，挑选控制交易道路的要地建起城堡，并且课征税收。

贵族个人的财力与权力因此而增大，所以秃头查理就命令贵族们把违反敕令构筑的城堡给破坏掉。不过此时诺曼人却持续从海岸入侵至内陆，就连秃头查理的义弟——东法兰克的路德维希也开始攻击西法兰克王国，这使得国王必须应付双重威胁。因此，秃头查理再度命令直臣即刻筑城，以对付外国侵略和来自国内的对手。

不过最后诺曼人还是在西法兰克的一角扎根，

▲（上）描绘丘寨堡建造情景的壁毯。（下）建筑于小丘上的温莎堡圆塔

并取得了该处的土地。912 年，诺曼人的领导者罗洛（Rollot）从糊涂查理那里接收了鲁昂（Rouen）附近的土地，建立了诺曼底公国。他为了扩大自己的影响力，不只利用现有的城堡进行防卫，也会新建城堡来强化对新领土的统治，在这样的过程当中，还发展出了新的筑城方式。这种构造的城塞，在拉丁语系的民族之间称为"motte and bailey"。motte 指的是土丘，有些是人工堆成的，有的则是直接利用自然地形。在土丘上会建造木制的丘寨（主城楼），城主会居住在此处。bailey 是围绕着土丘的内庭，在围成圆形的木造围墙当中会配置家畜小屋、厩舍、兵营等。像这样的城塞既便宜且单纯，很容易就能建出来，不过它并没有办法抵挡攻城兵器太久，而且木造建筑不仅怕火，也缺乏耐用性。

## 石造主城楼的发达

解决这个问题的，就是用石头打造的"矩形主城楼"。在法国，石造的"矩形主城楼"和"土垒内庭堡"曾一并普及。最早的石造主城楼，据说是 990 年左右安茹伯爵在朗捷（Linge）所建。石造主城楼必须有石材供给以及专门的石工技术，因此成本较高，在该时代可作为地位的象征。不过随着时代演进，石材与石工都比较容易找到，因此木造主城楼就陆续被耐用度更高的石造建筑所取代。

英格兰最早采用的石造主城楼，是约克市的克利福德塔（Clifford's Tower），它是直接把丘寨堡的木造主城楼换成石造建筑物。由于石造主城楼对地基造成的负荷比较大，就得建得比木造城楼小。由于较为狭窄的关系，居住的舒适性也较差。为此，就会把主城楼建成圆筒形，将空间作最大程度地利用，这就是所谓的"壳形主城楼"（shell keep）。此种形式的城堡大多建立于 12 世纪中叶左右。

原本在盎格鲁－撒克逊时代的英格兰，这种城塞直到诺曼人到来之前都不存在。在阿尔弗雷德大帝和爱德华一世的时代，防卫依旧要仰赖国王的力量。英格兰最早的个人城塞，是在忏悔王爱德华时代由他的部下所建。那个时代的年代纪编纂者没有看过这种城堡，因此用来定义它的词汇，就选择了属于外来语的"castle"。这是在征服者威廉与英格兰的哈罗德二世之间，于 1066 年打了黑斯廷斯战役之后又过了九年的事情。castle 是把拉丁文的 castellum 经过盎格鲁－诺曼语转变为

▲矩形主城楼的例子：多佛城堡

英语的词汇，在法国古语写成 chasel，现代法语则是 château。

## 矩形主城楼

诺曼人于 1066 年入侵英格兰，并把矩形主城楼传了过去，其中最显著的例子就是伦敦塔的白塔。征服者威廉占领伦敦之后，就在市区的东方建起了城堡。当初只是要应急，因此最早建的城属于标准的土垒内庭堡，威廉在 1068 年找来建筑家甘道夫，要他把之前的城堡改建为石造主城楼，也就是现在的白塔。为了抵御破城槌的攻击，墙塔的基座比较厚实，厚度在靠近塔顶处是 3 米，不过基座则为 4.5 米。在会遭到破城槌直接攻击的地方还使用了最佳的黏着剂，也就是混合石灰与贝壳粉末的材料来固定城墙。

主城楼是城堡最重要的防护设施，此处也基于军事观点仔细设计，具有整体性的防备。攻者要到达主城楼入口，必须经过"主城楼防护塔"才行，敌人是无法直接入侵主城楼的。在防护塔中设置有"螺旋阶梯"，想要走到主城楼的门，就必须先爬上这段阶梯才行。而螺旋阶梯不仅狭窄，无法容纳多名攻者一起攻击，而且阶梯还是设计成向右转上楼，如果攻者惯用右手的话，握于右手的剑就无法充分施展；反之，防者在这样的设计之下则可自由舞剑，利于进行防守。不过这种矩形主城楼在征服者威廉的时代依然很稀少，根据调查，英格兰的城堡数量在 1086 年只有 49 座。

从法兰西的诺曼底公国传至英国的矩形主城楼，在亨利一世就任诺曼底公国王位时则反向传至

欧洲大陆。1119 年，法国国王路易六世入侵了位于欧洲大陆的亨利领土，亨利为了保护自己的领土而在与法国的国境线上构筑城堡。从留至今日的城堡来判断，它们大多拥有矩形主城楼。在这一连串的城堡当中，保存最为完善的就是法莱斯（Falaise）城堡，此处是征服者威廉出生的城堡，同时也是诺曼底公爵的宅邸。

## 十字军带回来的东方世界技术

### 拜占庭帝国的筑城术

拜占庭帝国筑城术的重要性，在于帝国曾存续了一千年以上，以及对西方世界城堡带来的影响。由查士丁尼大帝强化过的君士坦丁堡大城墙相当坚固，征服了叙利亚、埃及、波斯的伊斯兰军队，曾于 668 年进军至君士坦丁堡城外，却被这座大城墙给挡下，导致进攻失败。

这座城墙虽然坚固，但是却没有箭孔。主要的防护力是来自突出于外墙的塔楼。塔楼高度约 18 米，共分成三层，各层在正面与侧面开有箭孔，可以从这里压制城墙与塔楼四周。在第二层的两侧设置有可以出到壁垒上的坚固门扉。即使围攻军爬上城墙，只要这两座门没有被突破，敌军依然很难入侵至塔楼内部，而此时围攻者就会遭到来自两侧城塔的攻击。

拜占庭帝国防卫边疆与建设城墙的筑城术是继承自罗马，而在与伊斯兰势力交战的过程中，还发明了突堞口、箭孔、吊闸、屠孔等武装防御设施。话说回来，这座悍然抵挡伊斯兰势力侵略的城墙，却讽刺地在 1204 年落入十字军之手。十字军加上他们在叙利亚地区进行攻城、守城战以及筑城的经验后，便完全理解了 12 世纪拜占庭军事建筑的两大主要原则，也就是通过城塔来强化城墙的防御力，以及建设强化要塞线这两项武装防御设施技术，并且把它带回西方世界。

(左) 武装防御设施的例子：用来关住入侵敌兵的"吊闸"，每个区块有好几组。(右) 为卷起吊闸的机械

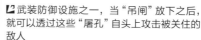

武装防御设施之一，当"吊闸"放下之后，就可以透过这些"屠孔"自头上攻击被关住的敌人

设置于城堡墙壁上的"突堞口"，可以由上往下攻击敌人

十字形的"箭孔"，对外视野出乎意料地好

## 武装防御设施

"突廊口"是为了强化防者的攻击力,并提高城堡防御力的设施。对于聚集于墙塔或角塔的敌军,若要从左右相邻的城塔射击,在来自各塔的射击轨迹交叉之际,于塔底正面就会产生死角,成为防御上的缺点。为了消除这种死角,就会在幕墙或塔顶上构筑一种向外突出的临时性木制"突廊"。设置这种走廊之后,在城墙外侧就能有一条中空的通路,让射手或其他守城兵打开走廊的底板,对位于死角的眼下之敌直接射箭攻击,或是倒下沸水、热油、石块等投掷物,击退攻城兵。

但由于这种"突廊"是木制结构,遭到火箭或"希腊火"攻击时会不堪一击,若遇到投石机,即使是小型的石头也容易造成损伤。因此城堡的设计者就以石头取代木造,将"突廊"与新建造的城堡结合在一起,这种构造称为"突堞口"。

"箭孔"会设置于城门、角塔、墙塔、主城楼,或是城墙顶上的城堞等处,可由此处以弩或火枪等武器狙击敌人。其形状包括单垂直形、底部鱼尾形、十字形、可以让多种武器通过一个箭孔进行射击的变形十字形、底部附射击孔的十字形等。令人吃惊的是,在十字军运动之前,西方世界居然不知道有"箭孔"这种东西存在。

"吊闸"与"屠孔"通常设置于城门或主城楼内的通道顶部;首先要故意让敌人入侵至设有这种机关的通道中,然后再从天花板上放下敌人前后的吊闸,将敌军孤立。接着,就要从头上的"屠孔"放箭、刺枪,或是倒下煮沸的热油。

## 筑城规划的转变

另一方面,伊斯兰世界在7—13世纪持续进行着同族之间的抗争,以及对抗欲争夺中东霸权的拜占庭帝国,而十字军为了从伊斯兰势力手中夺回圣地,也跑过来与之交战。在这样的过程当中,他们就建了很多座城堡。至于阿拉伯建筑样式的特色之一,就是在城门配置武装双塔,让其更为强固。

阿拉伯的军事建筑家把源自罗马和拜占庭的传统筑城思想与技术进行修正、改良,使得有关筑城的技术因此产生东西融合。

十字军于1099年夺回了耶路撒冷,并在他们活动的地区建设城塞。1102年,他们在叙利亚的

▲武装防御设施之一,复原的"突廊",由于是木造,便很容易受损

萨菲德(Safed)建起了城堡,这应该就是最早的十字军城堡。他们在建城堡的时候会善用地形,并建构出欧洲传统的土垒内庭堡。不过这些简单的城堡大多只能发挥哨所与监视塔的功能,对于身经百战的撒拉森军来说一点儿也不管用。因此在这个时候,筑城技术就产生战术性的变化。

这种战术性变化大致可以分成两种:第一为改变土垒内庭堡的主城楼位置,到最后,以往的主城楼甚至还就此消灭。主城楼原本是用来当作守军最后能撤退的避难场所,因此会建在远离城门的安全地点,并成为最后的决战场地。为此,主城楼就会被施以最强的武装,但如果敌人不入侵至城内的话,它却反而无法发挥战力,只能扮演备用的角色。所以说,当时就产生出了一种想法:要把具备城堡内最大战力的主城楼移往攻击最猛烈的第一线,以在此形成主要抵抗线,让敌人无法越雷池一步。

就这样,主城楼的机能就被转移至最前线,同时也是最危险的脆弱位置去。也就是说,整个系统要转换成能让城门、角塔、墙塔兼以往主城楼的任务。自此之后,主城楼本身的概念也随之转变,过去形态的主城楼消失无踪。

第二项变化,就是将以前只有一处的城门,改为设置两处或更多。一旦单一城门增加为两座以上,围攻者就很难判断守城士兵会从哪个门出击,最后导致必须分散包围兵力,而防守者就能借此在敌军的攻击之下保持有利态势。

促使十字军的城塞构筑产生最大变化的战役,就是1187年发生于巴勒斯坦的哈丁(Hattin)战

役。撒拉丁于此役歼灭了基督教军队，改变了整个战事的走向。在这场战役中，十字军的 1.5 万名士兵几乎全部阵亡，要恢复军力可说是遥不可及。陷入被动的十字军，在伊斯兰军队毫不间断的侦察行动面前依旧采取守势。而在这种以少量士兵坚守防卫的状况中，必然需要将城塞进行加强。

幸运的是，十字军从与伊斯兰军队的战斗经验当中，已经学习到了阿拉伯式的筑城法。他们最后建出了真正的强化城堡；为了把主城楼的战力转移至前方的城门，便着手改建城门。这种城门被改造成两层或三层的构造，是在入口处备有两座塔的双塔城门。在城墙方面，会用外郭的外城墙围住主城墙，形成一种"城包城"的双重城墙，即使遭到敌军入侵，这种设计也能使敌军难以到达城内的中心部位。另外，还会设有吊闸和突堞口等好几道机关。

随着强化城堡的进步，连城主也跟着改变了。城主原本都是十字军的封建贵族，但因为在哈丁战役之后贵族急遽减少，就必须委托给两大骑士团。虽然他们一开始还像修道士一样"清贫"，不过在财源陆续丰沛之后，就开始进行大规模的强化筑城。其中最具代表性的例子，就是位于叙利亚霍姆斯（Homs）北边举世闻名的骑士堡。

## 强化城堡传入西方世界

就西方世界城堡的强化防御设施来说，并未拥有"主城楼防护塔"和"右转螺旋阶梯"等设计，这是因为他们都只重视在传统土垒内庭堡中的主城楼防御。当十字军从东方世界带回强化筑城法之后，便于 12—13 世纪开始将新型城堡普及母国。早期的例子包括多佛城堡。多佛城堡原本是征服者威廉应急构筑的城塞，在 1180 年时由亨利二世改建，又于 1185 年着手改造为东方世界的强化城堡。这座城堡设置有角形的双塔城门，在城门通道上装有开合吊桥、吊闸、屠孔等装置，是英格兰最强的城堡之一。

在强化城堡当中最具特色的，就是爱德华一世从 1277 年开始入侵威尔士时，于占领的城市中构筑的城堡。例如康威城堡、卡那封城堡、哈莱克城堡、博马里斯城堡等。这些城堡从一开始就采用没有主城楼的新设计，特色是拥有两道城墙和双塔城门等强而有力的防备设施。

进入 14 世纪之后，英格兰与法兰西之间爆发了百年战争，1453 年战争结束后，英格兰国王就把位于欧洲大陆的领土全数归还给法国。在爱国心开始萌芽的法国，多数诺曼传统城塞遭到被破坏的命运。而英格兰的政治在此之后则是极为稳定，虽然有些城堡在清教徒革命（1642—1647）所引起的内乱当中曾有过战斗经验，但在接下来的 18 世纪到 20 世纪，即使欧洲大陆沦为拿破仑战争与两次世界大战的战场，英国本土却极少经历战火，因此有很多城堡就能保留当时的样貌。这些保存状态良好的城堡，现在就成了令我们赏心悦目的观光景点。

▼在主城楼前面的城墙门上设置门楼（A → B），接着又把主城楼往前推进，改为城门主楼，主城楼本身则消失（B → C）

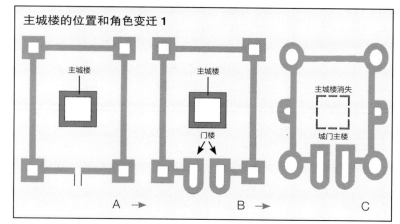

主城楼的位置和角色变迁 1

▼在前后设置双塔城门，然后又增设为双重构造

主城楼的位置和角色变迁 2

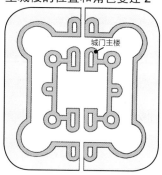

## 不利于攻城方的中世纪攻城战

百年战争结束的那一年，东方的奥斯曼帝国靠着一种称为巴西利卡（Basilica）的长方火炮破坏了君士坦丁堡的城墙，让这座固若金汤的城池惨遭攻陷。

在那之后四十年，于百年战争中累积经验的大炮先进国法国，带着青铜炮与铁制炮弹闯入了欧洲筑城技术发展最迟缓的意大利。

1494年，法国国王查理八世为了占领那不勒斯，开始对意大利展开侵略。由缺乏军事启蒙心的佣兵队长把守的意大利都市国家，把防务全部交给了都市的城墙，不过光是有高耸城门与城墙的城堡，便不得不在法军的青铜炮面前屈服，并乖乖打开城门。

就这样，查理八世的军队像在地图上接连画着想去的目标一样，陆续攻下了意大利的都市，没过多久就席卷至那不勒斯。在这之前的攻城战，真要说起来是对守城方比较有利，不过这却被大炮给颠覆了。至此，自罗马以来持续发展出的巍峨欧洲城堡，就开始要产生极大的变化。

那么，从古代一直到14世纪，攻城战又是为什么会对围攻军比较不利呢？其理由如下：

第一，从古代一直到大炮出现的时代，攻城术几乎没有什么发展。由罗马确立的攻城术与攻城兵器，在大炮出现之前都没有什么太大的变化。

第二，在封建制度当中最重要的从军义务里，会有出征时间的问题。举例来说，在12世纪初的法国，远征只能每年一次且在40天以内；如果是跟附近的领主交战，则会限制在24小时内可以到达的范围，且只能为期1周，因此超过以上日数的围攻战就没办法进行。

第三是中世纪末期的佣兵制度问题。当时的军队是以金钱雇用的佣兵为主，为了雇用这些佣兵，必须花费大笔金钱，因此君主只会在打仗的时候雇请佣兵，等到战争结束之后便解散军队。而长期的围攻战必须耗费莫大资金，能够支付这种费用的君主并不多，且还要担心佣兵是否真能达成任务。如果薪水迟发的话，佣兵军队还会发动叛乱，在城市中抢劫作乱，完全没有纪律可言。

▲爱德华一世建造的强化城堡例子，位于威尔士的康威城堡，城内拥有多种武装防御设施

第四是后勤与补给的问题。除了没有可长期供养几万军队所必需的军队组织也就是后勤组织，以及运送机构之外，道路状况还很差劲。

守城军可以在事前储备必要的粮食，但是围攻军一旦超过预定的围攻时间，粮食的补给就会有困难，使他们被迫放弃围攻作战。

另外还有一点很重要的就是农业生产的问题。当时的欧洲只有少数地方能够维持住几万部队，如果他们都因参与围攻作战而集中在某个地区的话，该地区的粮食就会被吃光。

在这种状况下，就需要展开补给，但道路运输并非易事，因此就要在事前设置补给仓库，或是利用河川船舶运送物资。利用河川可以轻易搬运大量的补给品，因此不只有军队会利用河川，自中世纪以来，在一般交易上也会大幅利用。为此，河川沿线会构筑大量城堡。当然，这些城堡的目的并不只是防卫，而是会兼具交易与征收过河税所的功能。

当货币经济渗透，使得封建制度崩解之后，都市就越来越繁荣。此时人口也随之增加，财富不断累积，为保护这些成果，就必须构筑城墙与城堡。而攻方为了能顺利实行作战，就会挑选对补给和征收军税有利的都市下手。这与前述的问题合并起来之后，就形成了直到拿破仑登场之前大多不会在野战中进行决战，而是多会采用围城作战的原因。

以上，我们便看完了从古代到15世纪中叶左右的欧洲筑城史。下面则要讲述因为攻城炮的出现而产生的城郭革命。

# 因火药与大炮发展而革新的攻防技术
# 攻城炮与棱堡的出现

## 攻城法的发展与中世纪城堡

### 查理八世进攻意大利

当15世纪中叶出现了强大的攻城炮之后，在中世纪号称所向无敌的强化城堡也开始抵挡不了攻击。欧洲的中世纪石造城堡，很快就如同已瓦解的封建制度一般垮了下来。而讽刺的是，接下来的新时代，是以大炮先进国法国的查理八世军队入侵了欧洲筑城术发展最迟缓的意大利，并靠着大炮的威力转瞬之间攻陷意大利众城市的形式揭开序幕。此时的日本尚未拥有火绳枪或大炮，战国的乱世才正要开始。

所谓意大利战争，是指从1494年查理八世入侵意大利开始，到1559年签订《卡托-康布雷齐和约》，为争夺意大利的统治权而展开的列强权力斗争之总称。这场战争的基本架构，是法国的瓦卢瓦王朝与在幕后掌控中世纪罗马教皇权"超国家性"统治的黑手哈布斯堡家族的对决。另外，以1519年皇帝选举为分界，可以将这场战争分为意义不相同的前后两个时期，一般会把1516年之前称为第一阶段意大利战争，1519年以后则视为第二阶段意大利战争。

意大利之所以会招来列强介入，主要就在于意大利国家形态的特质。一般所称的意大利，是自12世纪开始由称为市镇（comune）的小规模公民自治共同体所形成的都市国家群。当然，这些国家的形态并非都一样，各都市国家之间，会基于跟权力有关的自我认同以及相互忌妒而不断进行抗争，而这就导致了教皇与神圣罗马帝国皇帝之间的对立。另外，各市镇内部也会有阶级间的对立，这使得中世纪意大利呈现复杂纠葛的状态。

14世纪左右，因为政治、经济等的变化，市镇面临瓦解，取而代之的是以少数人当头的专制统治。特别是从15世纪初开始，意大利的众都市国家间就纷争不断。

到了15世纪后半叶，佛罗伦萨的有力人士洛伦佐·德·美第奇（Lorenzo de' Medici）挺身而出，让各国签下《洛迪和约》（1454），暂时维持住了各方势力的平衡。但等到洛伦佐于1492年过世之后，维持势力平衡的关键又告丧失。同年8月，罗德里戈·博尔亚（Rodrigo Borgia）继位成为教皇亚历山大六世，而亚历山大六世与其子切萨雷·博尔贾（Cesare Borgia）则意图以武力扩大教会国家的势力，因此导致意大利国内产生很多纷争，而外国势力的干涉更导致其对立构造日趋复杂，促使纷争加剧。

法国之所以会入侵意大利，据说在背后是因为与那不勒斯阿方索二世敌对的米兰公爵与教皇亚历山大六世向查理八世邀请派兵所致。富有野心与冒险精神的24岁年轻国王查理八世，甚至曾经妄想

▲查理八世，通称温厚王。虽然他远征那不勒斯失败，不过却稳固了绝对专制的基础

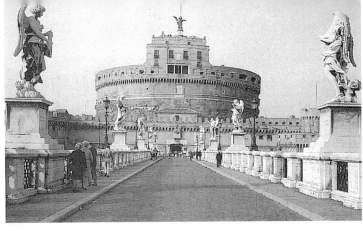

（右）守护梵蒂冈的圣天使城堡
（左）米兰斯福尔扎宫内的角塔

从伊斯兰国家手中夺回基督徒的圣地君士坦丁堡以及耶路撒冷。不过第一阶段则要先对付由西班牙阿拉贡王朝统治的那不勒斯王国，赌上法国安茹家族（到1435年为止曾统治那不勒斯）的继承权，意图占领那不勒斯，于1494年秋季从法国出发。

查理八世于1495年从罗马急速赶往那不勒斯的途中，以迅雷不及掩耳的速度突袭了蒙特福尔蒂诺（Montefortino），炮击不到一小时就让该城化为灰烬。另外，位于那不勒斯边境的重要城塞蒙特圣乔瓦尼（Monte San Giovanni）也只花了八小时就拿下。相对于由佣兵队长所率领的意大利都市国家军，以及只会仰赖城墙的无能政府，靠着丰沛财政支持的法国国王凭借优越的炮兵与精壮的瑞士佣兵，在战争一开始就收得闪击胜利。查理八世于1495年2月进入那不勒斯城，阿方索则逃了出去。

话说回来，看到法国国王迅速占领那不勒斯而提高警戒的教皇，德国皇帝马克西米连一世，西班牙国王斐迪南五世与伊莎贝拉女王，威尼斯、米兰公国，决定要组成"反法大同盟"，最后连英国也进来插一脚。

查理八世当初担心的事情就此成真，他感觉到后方联络线会有被切断的危险，因此只留下不到一半的势力在那不勒斯，自己则撤退，但在1495年7月6日于福尔诺沃（Fornovo）被意大利都市联军拦截。不过正当都市联军前卫部队好不容易挡住法军撤退时，士兵们却受到查理金银财宝的诱惑，居然放弃任务改行掠夺，使得作战陷入一团混乱。最后，意大利联军遭到法国重装骑兵反击而败退，使查理八世得以逃脱虎口回到法国。不过他却没有保住那不勒斯，于1497年签署停战条约，并在翌年去世。

## 中世纪意大利城市

中世纪意大利的城堡发展过程与其他欧洲诸国并不相同，主要是因为封建制度在此并未像邻国那样普及。在罗马帝国于4世纪没落之后，欧洲各国就进入了以农业生产为基础的封建社会，不过意大利的都市却与欧洲中西部城市不同，它位于地中海贸易的东西节点，且也是十字军远征的中间点，因此交易相当活络，都市十分繁荣。其中海岸地区的都市最早开始兴盛，后来连内陆也一起富裕起来，这使得自治都市越来越多。

相对于其他欧洲诸国的贵族在田园地带构筑城堡，意大利的贵族则住在都市里，出了都市是没办法生活的。他们让自己的家人也住在都市城墙内，并积极参与国内的行政和交易。这些都市的特征，就是有围绕市区的城墙，以及当作城主住宅的大型宫殿。

那么，意大利的都市又为何要建造城墙呢？其实理由就跟其他城墙存在的意义一样，是为了防范来自邻近对手都市或外国军队的攻击。另外，都市藏有很多财富，会引起周边居心叵测者的觊觎，因此就必须以城墙保护。

一旦都市繁荣兴盛，城墙就成为市民骄傲的富有象征。不过就都市防卫来说，除了这种只能应付与邻近都市纷争的城墙之外，就只剩下毫无军事进取心的佣兵队长而已。以现实观点来考量，为了回避危机，就连贿赂这种手段也都能毫不犹豫地使用。

宫殿是用来象征各有力家族的财富以及影响力，他们所建的宫殿整体而言住起来都会比阿尔卑斯山以北国家所建的城馆还要舒适。不过这也跟城墙一样，在防卫意识上只是点到为止而已。就连壮观的米兰斯福尔扎宫（Castello Sforzesco），从防御面来看的话，实在是有些脱离现实。虽然在该宫殿于1450年开始建设时，已经配备坚固的塔楼与大炮等有效的防御设施，不过这些配置到底能不能充分发挥功用则是另一个问题。

# 大炮的出现与16世纪的攻城炮

铁制轻炮。没有炮耳，只是装在炮架车上

## 从铁制炮到青铜炮

### ● 大炮的起源

如果要探讨大炮的历史，就必须先从火药的起源讲起才行。尽管火药在战争史当中扮演着非常重要的角色，但它到底是何时出现在战场上，本身就是一件很暧昧的事情。历史家们对于火药的起源有着各式各样的论调：除了从中国传到欧洲去的说法之外，也有人认为是北非的阿拉伯世界首先制作出来，或是起源于德国、欧洲等都有，真是众说纷纭。即使一边说着那是路德主义者或恶魔的发明，却依然堂而皇之写下大炮是德国人首先制作出来的加斯帕尔·德·塔瓦尔（Gaspard de Tavannes）元帅的论点也有人赞同。

而大炮的起源也不甚明确，在讨论大炮起源的时候时常会提出来引用的资料，就是藏于英格兰克赖斯特彻奇（Christchurch）图书馆中，一幅由瓦尔特·德·米尔梅特（Walter de Milemete）于1326年绘制的著名画作。这幅画中有一个壶状的东西，并于其开口插着一根很粗的箭，还有一位看起来像炮手的人物正往壶上的火口点火。根据某项文献，这种早期的火炮被称为"vasi"或"pot de fer"，后者在法语中是铁壶的意思。

早期的火炮非常难操作，除了攻城战之外，几乎无法应用于实战。即使拿出来用，效果也无法符合预期。不过它所发出的巨响与闪光却能对人和马造成恐惧感，因此早期的火炮不仅会被称为"龙"，在诗歌当中也被描写得相当恐怖。

后来，这种"铁壶"就由臼炮（bombard）所继承。臼炮的口径虽然小，不过炮口的直径却比炮尾还要大，炮身既短且粗，与之后时代的大炮不同。在14世纪末，大口径的重臼炮被广泛使用。从臼炮发射出的飞行物体是石灰石或大理石块，而这些石块在飞行时会七零八落地散开。之所以会这样，是因为臼炮的口径跟飞行物体的直径并不一致。火炮的进化，就是如此慢慢推进。

不过，在攻城战中开始使用大炮的时期却还不算太晚。14世纪中叶左右，欧洲各地就已经出现过在攻城战或野战中使用大炮的记录。而史上最早出现大炮贯穿城墙的记录是由法国历史学家让·弗鲁瓦萨尔（Jean Froissart）写下，他记录了1377年阿尔多雷（Ardore）攻城战时，法军的大炮曾击穿城墙。

### ● 铁制大炮

在1350—1450年，几乎所有的大炮都是铁制品。在摸索让大炮成为更有效兵器的过程中，发明了先把锻造的铁棒加工成缸状，然后再于外侧箍上可以撑住火药压力的铁环这种方法。因为这样的关系，大炮也会被称为"桶子"。不过这时火炮的炮身长度依旧很短，使得弹着点相当分散。如果是轻炮的话，则可以把药室和炮身分开制造。药室可以在射击开始前再装上炮身，而每门火炮则会准备两三个备用药室，这就是后装炮的始祖。至于重炮，则会继续维持前装方式。

由于大炮的制造与运用是被同业工会与手工作坊所掌控，而制造出来的火炮规格会参差不齐，就产生了弹药与大炮无法充分配合的弹药补给问题，这是造成其战术效果低落的最主要原因。另外，随着火药燃烧速度的增快，火炮就变得无法承受其压力，时常发生炮身破裂的事故。虽然后来用金属炮弹取代石弹，不过炮与弹的整合问题却依然没有解决。

### ● 火药

铸造方法对于这个时代的大炮来说也是个问题，不过另外一个阻碍火器发展的因素则是火药。特别是原料当中的硝石很难取得，火药成分的纯度也令人质疑。

当时的火药成分为硝石约40%、硫黄30%、炭30%（附带一提，火绳枪于1543年传入日本，此时的火药成分为硝石75%、硫黄8.3%、炭16.7%。至于现在的比例则是75：10：15）。这些混合物会以手工方式细细混合成粉末火药使用，把粉末火药填入大炮之后点火，就能靠着爆炸威力发射石弹。但因为当时的火药燃烧速度较慢，所以射程很短。

1425年左右，法国对火药进行了改良。先将火药原料制成液状再混合，形成糊状后干燥定型，再将其打碎通过筛网，就能形成等质的颗粒。经过这样的改良之后，火药不仅化学混合更为正确，制成颗粒状也能使它在炮孔内的点火燃烧速度更为迅速。最后，虽然大炮制造者因此必须做出更

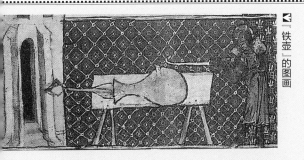

"铁壶"的图画

附有炮耳的青铜炮。下图为炮耳部分

为坚固的炮身，不过也使得火药的燃烧速度与炮身的耐用度几乎倍增。经过这样的火炮与弹药改良，原本沉重的臼炮就慢慢消失了。

● 从铁制改成青铜制

虽然早期的火炮是铁制品，不过到了 1450 年以后，材质就开始由青铜取代。铁制火炮的材质实在是过于粗糙，口径无法统一，青铜制大炮却能将炮身厚度与口径控制在一定规格。另外，青铜的硬度也比粗铁要低，比较容易改良，可使炮弹与火炮口径相互配合。它对火药爆炸力也有一定的耐受度。铁制火炮时常发生炮身破裂的意外，相当危险，青铜制炮身却不太会破裂，发射能量的损失也比较少。铁材因为加热法的问题而无法大量生产，青铜炮的制程比锻造铁制炮还要短，而且还能大量生产。基于这些理由，铁制大炮就在 1520 年消失无踪。

制造青铜炮的契机，在于塔钟铸造师发现铸造塔钟的方法也可以应用在铸造大炮上。虽然最早只能制造小口径火炮，不过之后也陆续可以制造大口径大炮。而且在佛兰德斯、萨克森、哈茨山脉、提洛岛、匈牙利等地都出产丰富的锡矿与铜矿，相对于铁矿，能够定期且大量取得。

## 查理八世的大炮

● 机动火炮

当时在攻城战中使用大炮之际最大的问题，就是大炮要如何运送。由于大炮很沉重，只能使用移动非常缓慢的搬运车与货车来运送。早期之所以会把炮身固定在木框或是箱子当中实施射击，部分也是由于这样的原因。

话说回来，查理八世的炮兵序列是由 140 门的机动火炮（这些机动火炮当中，包括 12 门可以发射 50 磅铁弹与铅弹的攻城炮，以及一种称为隼炮的轻炮 128 门）。这种攻城炮是继承自查理七世时代所制造的火炮，机动性较佳。火炮以二轮与四轮的炮车牵引；二轮炮车依据炮种与携行炮弹的数量，靠 2—24 匹马来牵引，四轮炮车则由 35 匹马牵引。攻城炮是炮身长度不到 8 英尺的青铜炮，在炮身上附有炮耳。

● 炮耳与锻铁弹

炮耳是在 1450 年左右由当时仍为勃艮第公爵属地一部分的荷兰所发明。这是一种划时代的发明，有了炮耳之后，炮身就可以支撑在炮架上，使大炮具有运动能力。

以炮耳为支点，火炮的仰角就能轻易调整，而且还能直接在炮架车上的位置进行射击。

另外还有一项重要的改良就是铁制炮弹。在这种铁弹出现之前，火炮使用的是石弹，而铁弹对城墙的命中率与贯穿力则是石弹的三倍之多，这对石造的中世纪城堡来说，能够发挥极大的破坏力。

● 火炮的标准化

相对于此，意大利众都市军的大炮依然使用牛来牵引，火炮还是由数个部分构成，抵达阵地之后必须装到木框上面去才行。另外，意大利人的火炮是发射以往的石弹，一天可以发射的炮弹量几乎仅相当于法军一小时能发射的弹量。

机动火炮与铁弹是法国的独门绝技，法国的大炮从 1440 年开始到普法战争时代为止，一直凌驾于他国。而这种法国炮兵的传统，是始于比罗（Bureau）家族的让（Jean）与加斯帕尔（Gaspard）两兄弟，以及阿蒂尔·德·里什蒙（Arthur de Richemont）的贡献。他们是查理七世最有能力的军事顾问，组建出了不论在技术还是组织上都比世界其他国家炮兵还要优秀的炮兵组织。他们于 1450—1453 年将炮兵序列组织化，其中特别是让·比罗，他把这一时期的火炮标准化为 2、4、8、16、32、64 磅炮。通过火炮的标准化，弹药的补给因此变得顺畅，对战术效率带来很大的影响。查理七世靠着这支炮兵把英军从法国领土驱逐出境，为百年战争画上了休止符。

查理八世则继承了查理七世的大炮，在意大利战争初期轰垮了意大利众都市的城墙与军队。当时法军对炮兵的要求，是重视机动性大于火力。

就这样，到 16 世纪时炮兵已经和骑兵、步兵并列为三大兵种之一，成为战斗部队不可或缺的兵种。直到意大利战争结束，在往后的三个半世纪间，炮兵的形式在本质上都没有再发生改变。

第 4 章 欧洲筑城发展史

# 意大利战争时代的筑城发展

## 应急火炮要塞的出现

意大利战争中的城塞发展，大致可以分为自1494年至16世纪20年代的"应急火炮要塞"时代，以及由米歇尔·圣米凯利（Michele Sanmicheli）构筑出石造"棱堡"式要塞开始，于1530年至1600年发展的"永久火炮要塞"时代。

1494年，抵挡法军进攻的意大利防御炮兵，只能阻止法军炮兵挺进至壕沟外侧30米以内。而法军炮兵却能在堡篮与壕沟的防御以及小火器掩护之下，连续24小时进行射击，轰出可供步兵突击的突破口。

另外，法军不仅擅长攻城术，就连防御方面也具有相当优秀的能力。虽然法军还是无法阻止强大的攻城炮在石造城墙上打开突破口，不过他们却拥有极为迅速有效的对应处置：当城墙遭到破坏时，会以土工防御设施进行填补，效果相当显著。查理八世的大炮能使以往的中世纪石造城堡瘫痪，是因为铁弹在打穿石造城墙等构造的时候，会让石头破片到处乱飞，对守城士兵带来极大损害所致。但只要以土披覆石造建筑物，就能充分吸收当时尚不会炸裂的球弹之冲击力。

以防御方来说，为了抵挡来自突破口的步兵突击，首先要在突破口的内侧挖掘壕沟，然后在其后方新构筑一道较高的土工壁垒，以两道壁垒阻止敌军入侵。除了壁垒顶部可当作炮台与小火器射击场使用之外，于壕沟内侧也会设置称为"侧防窨室"或"炮廓"的小型掩蔽构造物，然后靠着配置于其中的火炮进行射击，给入侵至壕沟内的敌军带来致命性打击。这些新配置于半圆防御设施壁垒内的火炮，使得侧翼射击开始发展。

法军的攻城术与筑城术，在围攻时主要是靠大炮，守城时则会在突破口后方紧急建造土工防御设施，以此为努力的重点。

其实意大利人也从1481年于土耳其军手中夺回奥特朗托（Otranto）的经验中得知壕沟与双重壁垒的防御价值，但之后并没有爆发重要战争，因此就没有继续发展。即便如此，意大利的守城军还是为了对抗查理八世的大炮，开始思考如何通过筑城的方式，以火力来抵挡、击败围攻军。

首先，他们尝试把大炮架上古老城堡的角塔，但由于能与攻城军对抗的大炮非常沉重，要装到塔上去实在是非常困难。另外射击时的后坐力会使火炮后退，因此而破坏塔壁。为了解决这些问题，首先就要消除敌人的大目标，把中世纪以来的高耸城墙与塔楼改低，并增厚墙壁，扩大圆形角塔的面积。

就这样，通过1494—1495年发生于意大利的战争，意大利众都市军与那不勒斯的宗主国西班牙就充分吸收了新的技术，使筑城与攻城术获得发展。

## 防御系统的提升

1509年，神圣罗马皇帝马克西米连的军队围攻由皮蒂利亚诺（Pitigliano）率领、据守于帕多瓦（Padua）的威尼斯军队，但以失败告终。在这场帕多瓦围攻战当中，两军都进行了万全的战斗准备，可说是集当时攻城、筑城技术之精华于大成，不过马克西米连那优于查理八世的攻城序列，却在此遭遇了挫败。此役为展现防御系统提升成果的战例，也是筑城史的转捩点。

这项刻骨铭心的攻城战教训，在该年之内就广泛流传。首先，守城方会在据守的都市周边地域，把可供攻者利用的所有物资都先行破坏。接着，要在壕沟与现有的城墙上进行直接补强，或是在距离城墙不远的地方另外挖掘壕沟，或构筑第二道壁垒以加强防御力。另外，为了能对聚集于壕沟以及周

◂双重壁垒的插图。在因炮击而崩塌的城墙内圈，可以看见往内侧弯曲的设施

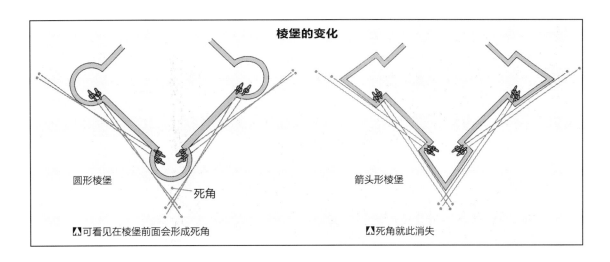

| 棱堡的变化 | |
|---|---|
| 圆形棱堡 死角 | 箭头形棱堡 |
| ▲可看见在棱堡前面会形成死角 | ▲死角就此消失 |

边地区的敌军进行纵射，还会建构一种从城墙突出去的土垒。这种土垒到后来会建成半圆形，并且被称作"棱堡"。而这种防御系统的概念，则被发展应用于之后的"棱堡"式要塞上。

## "棱堡"式要塞的出现

虽然只是推测，不过最早的"棱堡"式要塞，应该是1470年由弗朗西斯科·迪·乔治·马提尼（Francesco di Giorgio Martini）所设计的圣弥额尔山（Mont-Saint-Michel）北塔三角堡，以及卢克拉城外郭的V形塔。另外，1494年担任教皇侍从建筑官的圣加洛（Sangallo）家族也在重建奇维塔卡斯泰拉纳（Civita Castellana）时采用了棱堡设计。

这种棱堡式要塞的目的，是要从城墙、墙塔、角塔形成两道交会的射线，以消除出现于城塔前方的死角。为致力于消除死角，箭头形就比圆形的效果好，而从箭头形又发展成角形，使得棱堡侧面可以开设出明快的射界。另外，这种角形棱堡在同样的诸元与成本之下，还可以设置数量比圆塔还要多的大炮。

## 对付棱堡的攻城术

就这样，因早期战役的沉重压力而发展出来的棱堡式要塞，终于能够力抗围攻军，不过攻击阵营也在积极寻找破解这种防御策略的方法。其中最困难的问题，就是布阵于资源已遭清除之地区的围攻军要如何防御，以及围攻军在挺进敌方要塞时该如何抵挡来自要塞的连续射击。

这个问题，可以通过扩大壕沟与堡篮系统来试着解决。首先，为了不让围攻军暴露于敌方炮火之下，要在大炮的射程之外扎营。接着，要从营地开始挖掘靠近要塞用的壕沟（对壕），为了不让敌军纵射此对壕，挖掘时必须采用连续曲折的方式前进。如此一来，就能让攻城士兵在避开敌方炮兵火力威胁之下向要塞挺进。在壕沟战当中，铲子和火枪具有同等重要的地位。最早的组织性对壕作战案例，是1513年由那不勒斯副王卡多纳与普罗斯佩罗·科隆纳（Prospero Colonna）所进行的帕多瓦攻城战。不过在这场攻城战当中，即便已经雇用了大量的劳动者

▲留存于皮亚琴察（意大利）的幕墙与棱堡的一部分

第4章 欧洲筑城发展史 **081**

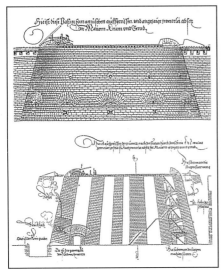 

◀由杜勒想出来的圆塔设计图　▲达·芬奇所想出的要塞防御

来挖掘壕沟，但是人数依旧不足以达成目的，因此就以失败告终。

最后，因为1516年《努瓦永条约》（Treaty of Noyon）的关系，有五年的和平到来。在此期间，棱堡式要塞就被意大利众市广为采用。在1516年遭到法国摧残的克雷莫纳（Cremona），也不断进行着改建。它不仅扩张壕沟，把城墙改成阶梯状，还建起了棱堡与强化塔楼。

在防护重炮攻击上，土工构造要比石造建筑物有效，因此永久要塞看起来就会跟野战阵地很像。而不论是永久要塞或野战阵地，壕沟、壁垒、棱堡都是防御上的重要支柱。在1522年的比克卡（Bicocca）会战与1525年的帕维亚（Pavia）战役中，对野战壕沟阵地的攻击法，基本上已经跟对要塞的攻击没有什么两样了。

## 永久火炮要塞

帕维亚战役之后，在防御上就出现了两种特色。第一就如同前述，野战阵地的构筑已经升级成强大的要塞，跟要塞城堡几乎没有什么不同。就连原本靠着古老战斗形式打仗、士气十分高昂的瑞士军队，都开始挖起壕沟构筑野战阵地了。第二，都市的新防御设施在构筑时会统一设计，施工时也不再使用临时性建材，而是重新以石材来建出永久要塞。虽然这乍看之下似乎跟之前的城堡演变互有矛盾，不过意大利的石造城堡会被查理八世的大炮轰垮，并非因为它们是以石头打造，而是城堡的设计并不适合对抗新式的攻城炮所致。

将诞生于意大利战争的新式石造要塞加以推进的人，是意大利的建筑家米歇尔·圣米凯利以及身为教皇侍从建筑官圣加洛家族一员的安东尼奥·达·圣加洛（Antonio da Sangallo）。就是他们把临时性的土工构造物转换为石造建筑物，形成棱堡式的要塞。从突出的棱堡进行交叉射击，可以对攻者造成致命性的损害。就这样，棱堡从半圆形的土工护壁，演变成为巨大的多角形石造建筑物。

不过这种新的石工筑城方式并未马上普及，因16世纪的战争而陷入贫乏的意大利众都市，没办法很快以新方式来建设城市，而只能继续使用现有建筑，或是将既存的防御设施改造成适用新方法的样式。最早套用棱堡式规划的要塞改造，是在1530年时于威尼斯主要领地的其中一座重要城塞维罗纳（Verona）进行，由圣米凯利担任工程监督。同一时期，帕尔马诺瓦、皮亚琴察、安科纳等各城市也都由圣米凯利和圣加洛重新进行设计。

为因应这种新式筑城的需要，筑城学者与建筑家就提出了各式各样的点子。德国画家阿尔布雷希特·丢勒（Albrecht Dürer）提倡建一种具有可以配置大量火炮侧防窨室的坚固大型圆塔，以对壕沟内的敌人进行纵射。不过改良后的圆塔却依旧留有死角，且须耗费的金额也过于庞大，因此就没有付诸实行。就连知名的莱昂纳多·达·芬奇，也曾以军事技师的眼光画过城塞的图案，对此非常关心，他在 1483 年仕于斯福尔扎家族时曾经提出来当作军事方案。1502 年，达·芬奇成为切萨雷·博尔贾的技术官并执掌设计，特别针对整合城塞与大炮方面提出了许多构想。

## 斜堤、覆道、集合场的发明

新要塞出现之后过了十年，又出现了要塞防御上的另一项巧思。1556 年，尼科洛·塔尔塔利亚（Niccolò Tartaglia）指示要沿着壕沟外缘切削设置"覆道"，并在该处配置若干步兵。实行这项指示的是皮耶罗·卡达涅欧，他在棱堡的突出部与覆道上的凸角与凹角部分设置了"集合场"，在进行防御或逆袭时，可以让步兵在此处集合，而这种设施就称为"凸角集合场"与"凹角集合场"。

但这种覆道与集合场会直接被攻击方看见，因此招致敌炮火集中射击。所以在壕沟外缘的覆道前方就要堆出土堆，筑起一道斜面。如此一来，从攻击方的炮兵位置就无法直接看见集合场等设施，反之防御方则能观测到敌人，制造出有利的状况。这称为"斜堤"，至于斜堤的功能，就在于让来自覆道胸墙、凸角集合场的步枪射击，以及要塞本体棱堡的炮击，可以落在正在爬坡的敌军身上。另外，斜堤也可以充当保护石造"棱堡"与"幕墙"不被敌军炮火射击的掩蔽物，形成更具效果的纵深防御。

就这样，意大利式筑城会以棱堡、壕沟、覆道以及斜堤构成。而除了意大利战争的交战国之外，欧洲各国也都派遣军事技术人员前往意大利观战，借此将意大利式筑城传入了法国、德国、荷兰、英国，并把它改良发展为真正的永久要塞。

在城塞产生如此剧烈变化的意大利战争最后十年间，各国军人的脑袋当中，全都充斥着有关筑城与攻城术的问题。在战役后段所显示出的意大利战争特性，可说就是大家都在钻研攻城战的方法。到了这个时期，就已经不太能看到指挥官会像意大利战争初期那样亲自冒着危险上火线，而是改为躲在都市城墙后方，或是壕沟化的营地壁垒当中。另外，在同一时期，夸耀步兵优势的西班牙还发明了一种称为"大方阵"的步兵密集队形战术，在不常发生的野战当中展现威猛实力，不过这是另外一个议题了。

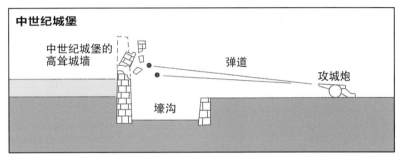

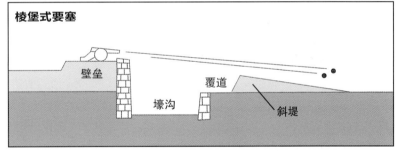

**【意大利式规划】**
➡ 因为想出了壁垒与斜堤，防御力大幅提升
➡ 靠着大型棱堡、短中堤、各处的集合场、斜堤，使防御力维持最佳平衡

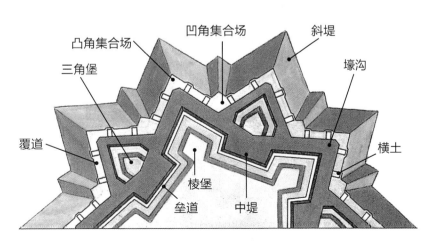

17 世纪

# 棱堡式要塞的完成
### 登峰造极的沃邦筑城理论

## 意大利式要塞的缺陷与各国学派的登场

### 德国筑城学派的筑城原理

当欧洲各国认识了意大利的棱堡式要塞之后，意大利的筑城技术人员就被各国招聘，通过他们在欧洲各地构筑要塞。另外，德国、法国、荷兰、英国的军事建筑家们也开始追随意大利筑城学派。不过德国和法国并非一味追随意大利学派，其脑中反而浮现自己能否发展出更优秀筑城技术的疑问。

首先指出前期意大利式要塞问题的，是德国技师法兰茨。他在为哈布斯堡家族的查理五世建设安特卫普市要塞的时候，于设计审查中发现意大利要塞的主要缺陷在于"棱堡太小"与"中堤过长"，因此提出了"大棱堡"与"短中堤"的主张。不过却没有获得满脑子只有意大利式要塞的尼德兰总督阿尔瓦公爵（Duque de Alba）与其他西班牙将军的认同。

一如他所点出的问题，早期的棱堡式要塞把棱堡与棱堡之间的间隔距离设得很长，其理由是棱堡间的距离是以大炮射程为基准而设计。棱堡的目的是要与来自幕墙和隔壁棱堡的射击交相掩护，而当初配置于棱堡的火力在设计上并非步枪而是大炮。不过比起两三门大炮，以大量步兵小火器来射击，火力才会比较强。当筑城技术人员发现这点之后，就把邻近棱堡的距离拉近至步枪射程内的150—200码。而这样的调整，也导致榴霰弹因此出现。榴霰弹包括了填充有碎弹、碎燧石、碎金属、钉、沙砾的弹丸，适合扫射接近的敌兵，不过超过200码就不具有效果。

接着，出身于德国的斯特拉斯堡、侍奉于德国皇帝和诸侯、建造过德国国内多数都市要塞的丹尼尔·施佩克雷（Daniel Speckle），也对意大利的棱堡式要塞提出了批判，他在1589年写下《要塞建设》这本书，并于书中定出了许多用以导正意大利式棱堡要塞缺陷的原理。而他的基本想法，就是在要塞本体的角落配置"箭头形棱堡"的多角形规划。

他主张"强化系统"，而这种"强化系统"则如以下所述。第一，多角形规划。多角形规划可以缩短相邻棱堡的距离，使它们能够相互进行射击掩护，各棱堡的间隔则与现有火器的射程一致。

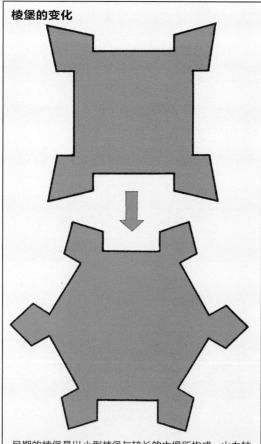

**棱堡的变化**

早期的棱堡是以小型棱堡与较长的中堤所构成，火力较小，无法充分相互支援。之后，依据施佩克雷的主张，采用了多角形规划以及扩大的棱堡，这使得要塞能够获得更强的防御力

▲提高纵深防御力的设施之一

▲功能几乎与王冠堡相同的设施，稍微小了一点儿

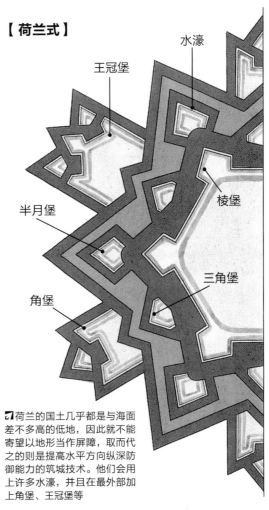
↗荷兰的国土几乎都是与海面差不多高的低地，因此就不能寄望以地形当作屏障，取而代之的则是提高水平方向纵深防御能力的筑城技术。他们会用上许多水濠，并且在最外部加上角堡、王冠堡等

第二为扩大棱堡。第三则是在棱堡内或中堤上设置"封"。所谓的"封"，是为了增加火力，在棱堡中设置比胸墙还要高的同形堡垒，可以由此处进行跨越棱堡胸墙的射击。第四是为了防御外壕而设置"炮廓"，即防御炮兵用来躲避敌人攻击的掩体设备。第五为扩大三角堡，它位于棱堡与棱堡之间的壕沟内，是用来保护中堤而设置的一种半圆堡。第六为强化覆道，这是要让斜堤与外岸的顶部形成无法直射的锯齿状，并于覆道上的集合场配备火炮。另外，针对棱堡的另一项弱点，会在要塞本体与壕沟之间设置外堡，也就是分支出去的棱堡。这跟后来用于荷兰的半月堡、王冠堡、角堡相同，靠着这些堡垒，要塞本体的棱堡与中堤就能获得保护，防御的纵深性得以加强。

## 荷兰筑城学派的崛起

到了 16 世纪后半叶，西班牙的哈布斯堡家族对尼德兰进行了严酷的宗教镇压，且经济上的榨取也日益激烈，因此荷兰的领导人威廉·范·奥伦治（Willem van Oranje）就开始对西班牙进行抵抗。但由于西班牙军在意大利战争与入侵法国北部时曾与法军有过丰富的战斗经验，且又特别擅长攻城战，荷兰军根本就不是他们的对手。1588 年，荷兰联邦共和国只剩下荷兰、泽兰、乌特勒支儿省，简直就是风中残烛。

不过在威廉去世后，继承其遗志的儿子毛里茨（Maurits）则于 1590 年开始在荷兰实施军制改革，成为 17 世纪"军事革命"的先驱者，把西班牙军从联邦共和国驱逐出境。其中毛里茨任命擅长筑城、精通攻城术的、多才多艺的数学家、物理学家、土木工程学者西蒙·斯泰芬（Simon Stevin）为工兵总监，建立起独特的荷兰式要塞。其中最具代表性的例子就是靠近德国边境的库福尔登（Coevorden）要塞。这座要塞是毛里茨于 1592 年从西班牙手中夺回的，当初是座只有五个棱堡的土垒。毛里茨以新的筑城方法将之重建，并于 1605 年完成。新要塞采取七角形规划，在各角构筑有棱堡，成为一座七棱郭。

由于荷兰的地势属于在地质上缺乏石材，且水面与高度不太容易精确测量的低地，在构筑要塞时就必须具备独特的巧思。首先是在材料方面，由于缺乏石材，只能以土工方式筑城，但土工又缺乏耐久性，因此就要大量设置可以屏蔽凹堡的较低外堡，例如三角堡、半月堡、角堡、王冠堡等，以此来进行补强。另外，他们也积极利用水多的低地这个特性，构筑起宽达 15—40 米的浅水濠。而这水濠到了冬季又会结冰，使敌人能轻易跨越，因此冬季就会先把水放光，并在敌人于干涸的濠底开始挖掘对壕的时候可以放水淹没他们。还有就是为了在最后能对斜堤基部周边的土地进行有组织的灌水行动，会设置有水闸与堤堰。

就像在意大利战争中从欧洲各地都有军事技术人员前来观战那样，于荷兰独立战争（1568—1648）时，各国也都派人来观摩，因此把重点放在"外堡"与"凹堡"等处的荷兰筑城学派技术就在 16—17 世纪时于欧洲普及。

出现于意大利战争中的坑道作战和对壕这种攻城术，此时也进行改善；毛里茨的攻城炮、接近壕、环状包围壕（用壕沟将城市封锁，以阻挡城市救援部队或物资进入，以及封住敌方部队从要塞出击用）、坑道会以有组织的方式进行统合，可说是当时最强，并成为之后沃邦攻城术的先驱。当时在攻城与筑城时一般都是会动用苦力，不过毛里茨却让士兵携带圆锹，由士兵自行挖掘壕沟等工事。针对 1602 年于赫拉弗（Grave）攻城战当中展现的毛里茨式攻城术，法国使节毕森瓦尔在报告中提到其规模与各式各样的攻城术着实令人惊讶。

## 法国筑城学派的发展

相对于荷兰的国内技术人员在尼德兰战争中发挥了许多能力，法国也因为"三十年战争"、投石党之乱、西班牙王位继承战争等战争的爆发，使得民间对于筑城相关事项进行着断断续续的争论，最后则催生出法国筑城学派，并获得相当好评。但即便如此，这个学派的独创性见解跟其他学派相比却少得可怜。整体来说，他们的主张都是从意大利人、荷兰人或者德国人那里借用过来的。

至于法国人的功劳，则是把杂乱的筑城术还原成数学法则，并且加以整理统合，还把科学理论应用在筑城场所的各种条件上。

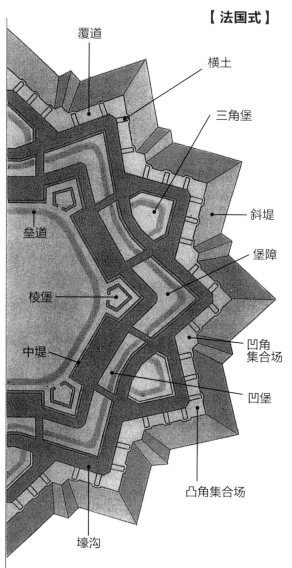

【法国式】

覆道　横土　三角堡　斜堤　堡障　凹角集合场　凹堡　凸角集合场　垒道　棱堡　中堤　壕沟

▲由吸收意大利、荷兰、德国等各先行国家筑城理论的法国筑城学派领袖帕甘所设计的要塞，一如插图中所看到的那样，他将各国的方式加以改善，并增设了"堡障"以提高性能

法国筑城学派的重要人物为布莱兹·弗朗索瓦·帕甘（Blaise François Pagan），他是一位拥有丰功伟业的军人，同时也是最早把德国施佩克雷的原理带进法国并加以普及的人。依据他的见解，棱堡最重要的就是壁垒，而攻击方的主力也理所当然会针对该处。因此，最完备的棱堡应该要很大，而且必须位于正确的位置上。另外，他也很重视荷兰所采用的外堡。

他的规划在棱堡的外向面、侧面、中堤长度上都争取达成适切平衡，相邻两座棱堡之间的防线长度不会超过250码，整个外壕会位于棱堡侧面的步枪射程之内（覆道则不在射程当中）。帕甘的三角堡比意大利式还要大，且为了在壁垒被夺占时能够继续抵抗，在咽喉部会设置复郭。棱堡的外向面会以称作"堡障"的狭窄型分派堡遮蔽，堡障是设置于棱堡或三角堡前面的外堡，由两道与棱堡外向面平行的壁垒线构成，分为步枪防御用与火炮防御用两种。

其中的代表就是布雷要塞，帕甘于1652年开始设计，1685年在沃邦手上完工，因此这座要塞通过两代筑城专家之手构筑而成，也是帕甘式规划唯一遗留下来的要塞。

## 17 世纪的火炮发展

直到17世纪前半叶，大炮与16世纪末的火炮几乎没有什么两样，欧洲各国都自顾自地制造着杂七杂八的火炮。欧洲都市因12—13世纪兴盛起来的地中海贸易而发展，而掌控这些新兴都市经济、政治的手工业者们，会组成称为Guild、Zunft的公会组织，并且各自制造独有的兵器。对于这些杂乱无章的大炮来说，炮弹的补给就会是个大问题。为各种规格的大炮准备相容的弹丸不仅要花费很多心力，对于战术上的效率也有极大的负面影响。因为，对致力于军队近代化与强化的绝对专制国家来说，改革炮兵首先就要从火炮与弹丸的标准化着手才行。虽然尚不算完整，不过在法国与西班牙，会把中口径火炮进行标准化，把攻城炮分成了四种。瑞典的古斯塔夫·阿道夫则实施了在各营配备两门（之后增为三门）4磅野战炮的重要改革。

迫击炮在攻城战中扮演着相当重要的角色。在路易十四入侵荷兰时，有位以围攻战闻名、号称是荷兰沃邦的技师——门诺·冯·库霍恩（Menno van Coehoorn）男爵，于1674年的赫拉弗攻城战中采用了口径112毫米的小型迫击炮。之后，这种称为"库霍恩迫击炮"的武器就被广泛应用于要塞防御以及攻城战当中。在17世纪后半叶，这类迫击炮已经可以发射1000磅，甚至更重的固体破裂炮弹。

这个世纪最重要的进步，就是改善了火药成分的混合比。其比例为硝石75%、硫黄12.5%、炭12.5%，发射药的燃烧速度变快，因此破坏力与射程都有若干提升。另外，以往都要在每次装填的时候才去量取火药，不过这逐渐被使用药包取代。药包是一种预先装入正确剂量火药的纸袋，海军在前一个世纪就已经使用。另外，相对于在攻城战中会使用对城墙破坏力较高的铁弹，海军却依然使用石弹。这是因为对于船舶的木甲板来说，石弹所能造成的损害会比铁弹还要大。

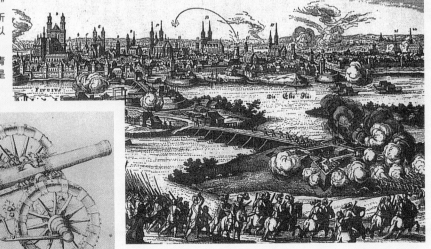

▶ 在描绘"三十年战争"马德堡战役的绘画中所见的炮击战。右方可以看到野战工事的堡垒

▼ "三十年战争"时的青铜炮，此时炮兵已经是一种重要的独立兵种

➡ 法国筑城学派的第一人沃邦，他统合了各国的筑城技术，并将其理论化。经过他理论化的筑城方式，广泛被欧洲各国所采用。另外他还从事水道、运河等设计，是开拓近代建筑工程学的一位重要人物

## 筑城名家沃邦的登场

在引进意大利式棱堡要塞之后，各国就在理论上与实际施工上发展出各式各样的筑城学派，呈现各立山头的混乱现象。在这种状况当中，促使法国筑城学派能够鹤立鸡群的技师就是沃邦。

塞巴斯蒂安·勒·普雷斯特雷·德·沃邦（Sébastien Le Prestre de Vauban）生于圣勒热（Saint-Léger），并于附近的奥克苏瓦地区瑟米（Semur-en-Auxois）学习历史、数学、制图等知识技术。17岁加入孔代亲王的军队，成为预备军官。此时法国正值投石党之乱期间，而沃邦的部队则加入了叛乱阵营。年轻的沃邦参与将阿戈讷地区克莱蒙（Clermont-en-Argonne）要塞化的工程，且在圣默努尔德（Sainte-Menehould）要塞的攻城战当中他也实际参战，这些经历对他来说都是十分重要的经验。根据传言，当他被国王军俘虏之后，通过枢机宰相马萨林（Mazarin）的关系加入国王阵营。之后，他讽刺性地参与了路易十四夺回圣默努尔德要塞的作战，并于1653年受命修复该要塞。另外，在与西班牙的战争当中，他也进行着连绵不绝的攻城战，并于1655年被任命为王室侍从技术官，在国内各地展开要塞构筑与修理、改善的工作。在1667年的佛兰德斯战争中，他成为构筑里尔（Lille）和图尔奈（Tournai）要塞的负责人，并继续执行几场重要的攻城战。1703年，他成为法军元帅，并于1706年退役，次年因肺炎而死亡。

⬅ 在第一方式中，有掩护三角堡用的帽堡、眼镜堡、凹堡，设置出好几道防御城塞本体的设施，借此提升城塞的防御性能

■第一方式

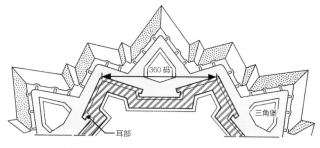

▲当时受到数学式、科学式技法的发展影响，包括棱堡之间的距离设定在内，各种元素在设计时都会采用最适合防御的距离与平衡。设置于棱堡侧面的耳部，可以对杀至城塞中堤的袭击部队进行射击

■第二方式

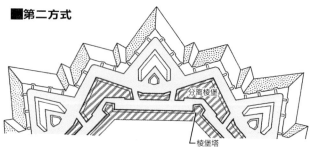

▲第二方式是把第一方式中的棱堡从要塞本体切离，使其独立于壕沟当中。这种分离棱堡可以独立发挥保护要塞的功能，而在要塞本体则会建起两层式的棱堡塔，下层部署可以对壕沟射击的小火器，上层则配置能够牵制分离棱堡与壁垒的炮台。靠着分离棱堡，可以获得更具纵深性的要塞防御

■第三方式

▽由第二方式发展而来，保留棱堡塔的火力支援功能并将其扩大，使棱堡塔本身变成一座侧面狭窄的棱堡。另外，在棱堡之间的幕墙上会设置凹部分，增加幕墙的可控制侧面，用以提升对要塞幕墙的掩护效率。如此一来，城塞的防御可说已相当完整

他在军事上的名声，其实主要是在于使用于要塞攻击中的"跳飞射击"以及"平行壕"（后述），不过对后世来说，他在要塞构筑方面的名号反而还比较响亮。事实上，他所经手的要塞规划完全没有独创性，不过跟以往的要塞相比，完成度却比较高，而且他的筑城术特色在于具科学性、组织性。

可惜的是，他并没有留下关于自己所建设之要塞的任何著述。为此，后世的法国技术人员们就比照沃邦靠体系化来说明攻城术的方式，借助他留下来的多座要塞来推导出他的理论性原则。而其结果可以命名为沃邦第一方式、第二方式、第三方式这三种。

## 沃邦的筑城系统

### ■第一方式

第一方式与由当时的意大利式和法国式发展出来的设计几乎没有什么不同，与美丽简洁的帕甘式具有相同的构造。要塞本体由在各角设有棱堡的多角形规划构成，相邻棱堡尖端之间的距离是以步枪射程的360码作为设定基准。棱堡的外向面和侧面、壕沟宽度、三角堡等诸元，都是根据这个数字来决定基本尺寸。至于其他的防备设施，在各自的相互防御关系中，也都以正确的比例来设计。

第一方式的另一个特色，就是在棱堡侧面肩部会形成一个耳部。耳部虽然是由意大利建筑家发明，但在这个时代却已不再兴盛。沃邦提倡把此处当作从背面攻击的手段，将其重新拿上台面。也就是说，从这里可以自侧面、背面射击杀至壁垒突破口处的敌军袭击部队。另外，在这个方式当中，还采用可以掩护棱堡和三角堡凸角部的"帽堡"、保护三角堡侧面的"眼镜堡"以及位于中堤前方的"凹堡"等外堡。

### ■第二方式

沃邦基于许多攻城战经验，又发展出了精致的第二方式。这种方式首先应用于贝尔福（Belfort）与贝桑松（Besançon）要塞上。他察觉到一旦棱堡遭到攻城军夺取，要塞本体就会陆续被占领。因此他就把棱堡从要塞本体切离，将其置于壕沟当中形成"堡障"，也就是转换成分离出去的棱堡。而在要塞本体各角原本设置棱堡的位置上，则建起了沃邦独具巧思的"棱堡塔"。"棱堡塔"是一种多角形构造的两层式塔楼，在下层设置可对壕沟进行掩护

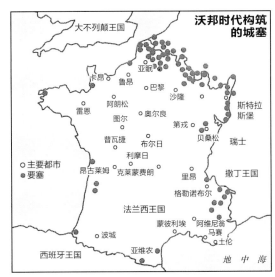

▲沃邦时代构筑于法国的城塞，很明显可以看出它们都集中于与比利时、德国等国接壤的边境上。相对于此，中世纪时于法国国内建造的城堡，通常都被改成居住用的城馆或宫殿，因此追求的并非坚固而是优雅。另外，为了不让这些城堡被当成内乱的据点，有很多中世纪城堡都会被改建或是遭到破坏，所以法国现在并没有留下很多古堡

射击的炮兵用"炮廓"，上层则有可以控制"分离棱堡"与壁垒的炮台。沃邦第二方式有好几点都跟帕甘的想法很类似；帕甘的"堡障"与"凹堡"也是以狭窄的壕沟将其从要塞本体分离，与沃邦的分离棱堡一样可形成抵抗纵深。

### ■第三方式

沃邦第三方式只使用过一次，也就是建在莱茵河左岸的新布里萨克（Neuf-Brisach）要塞。新布里萨克要塞于1698年设计，并在沃邦即将过世的1706年完工。这在本质上比第二方式还要精致，具备大纵深防御。虽然"棱堡塔"依旧保留其功能，不过棱堡塔本身却转变为侧面极为短窄的"棱堡"。棱堡之间的幕墙在中央凹下一块，使对幕墙的掩护射击能更容易地进行。另外，"外堡"必然也进行修正与改善。

## 沃邦的围攻系统

沃邦终其一生总共建造了33座新的要塞，并且改建过100多座法国边境线上的要塞。同时，他也是位成功指挥过53场围攻战的攻城好手。

他把能有效对敌进行包围攻击的"平行壕"体

系化。所谓的平行壕，就是为了包围攻击敌人，挖掘出与敌方防线平行的壕沟。虽然这本身并非由沃邦所发明，不过他却建立起一套平行壕运用系统，使己方部队可以在遭到敌方要塞炮火、打出城的守城军、敌救援部队的攻击威胁之下，依旧能保护自己持续进行壕沟挖掘作业，并且逐步靠近要塞。这套攻略系统的目的尤其是要减少围攻军自身的损害，因为以往在进攻防备良好的永久要塞时，围攻阵营都必须付出很大的伤亡。

首先是"第一平行壕"，这会设置于敌方棱堡大炮的有效射程之外，也就是约540米处。此处会当作攻击士兵与资材的集结地，并由此开始向前方挖掘接近敌方要塞用的交通壕。而这交通壕为了避免遭到敌火纵射，会挖掘成锯齿曲折状。

推进到距离敌方棱堡约360米处时，就要构筑"第二平行壕"。在此期间，为了破坏敌方胸壁，还会时常以远程攻城炮进行射击。接着，又要继续往前挖掘对壕，等到达要塞斜堤的根部时，就开始构筑"第三平行壕"。

从这里开始直到碰触覆道、壕沟外岸为止要持续挖掘对壕，而进入此阶段之后，就要配置24磅或33磅重炮，以重炮来对城墙展开攻击。破坏城墙之后，就可以利用其瓦砾来填平壕沟往前推进，并向要塞本体直接投射短程的强大火力。

当步兵和工兵爬上斜堤时很容易就会遭到敌炮火纵射，因此就要建出一种称为"骑兵式胸壁"的临时构造物，并从该处对挺进的友军进行掩护射击。所谓"骑兵式胸壁"，是为了压制来自躲藏于覆道等处之敌守备部队火力，筑起高度能观测敌军并进行射击的土堤，并在该处配置火炮的临时设施。

自"骑兵式胸壁"可行掩护射击或"跳飞射击"来压制驻扎在要塞外缘敌方守备部队的抵抗，也能由此掩护己方突击部队进攻。所谓的"跳飞射击"，是一种以减少装药的方式发射弹丸，让命中目标之后的弹丸能够往射线方向跳回来，然后对周遭的士兵和构筑物构成损害的射击方法。等到成功以突击占领敌方射击阵地之后，就要把攻城炮运过来，靠着炮击在敌方的主防线上打开突破口。

一如以上所见，沃邦围攻系统的基本特色，就是会构筑出"对壕""骑兵式胸壁"等临时性防御设施来掩护攻城部队，同时用坑道战术以掩护作战。如此这般，构成了一种极具效果与秩序井然的进攻体系。

实际上来讲，在沃邦之前，攻城方法并不具任何相关的体系。与1683年维也纳围攻战中土耳其军的攻城方法相比，沃邦的围攻术很明显能看出经过了系统化。他的平行壕在1673年围攻马斯特里赫特（Maastricht）时首次登场，而"骑兵式胸壁"则是在1684年的卢森堡攻城战中使用。关于沃邦的攻城系统，在1705年发行的《围攻论》中有详细描述。

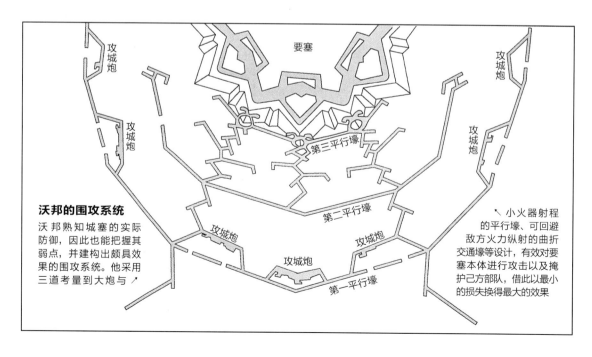

**沃邦的围攻系统**
沃邦熟知城塞的实际防御，因此也能把握其弱点，并建构出颇具效果的围攻系统。他采用三道考量到大炮与小火器射程的平行壕、可回避敌方火力纵射的曲折交通壕等设计，有效对要塞本体进行攻击以及掩护己方部队，借此以最小的损失换得最大的效果

## 棱堡式的问题与新要塞提案
# 变为重视火力

### 对法国学派棱堡式的执着

如同前文所述，棱堡式要塞是为了对抗攻城炮而发展出来的。这种要塞的主要着眼点在于以火炮的相互支援来消除位于城墙壁塔、角塔前面的死角，不过其基本思想依旧与中世纪城堡一样，是仰赖要塞本体来进行防御。早期的攻城炮若想破坏城墙，必须推进到距离城墙仅30—40米的地方才行，因此防御方的火炮还能够应付。不过在进入18世纪之后，因大炮的性能有所提升，射程与破坏力都增大，棱堡式要塞逐渐落后时代。

在这种状况下，要塞设计的伟大革命家蒙塔朗贝尔就开始提倡新型要塞。即便如此，法国一直到1870年的普法战争都还是执着于棱堡式的要塞，最后便败给了普鲁士。

在这个章节中，就要针对蒙塔朗贝尔的新型要塞，以及富有革命经验的法国为何会执着于棱堡式要塞这两点来说明其背景。

### 由科蒙特纽指出的缺陷

沃邦的早期要塞是把棱堡面积加大，让凸角也能以步枪防御，不过一旦棱堡的外向面被打开突破口，要塞基本上就守不住了。凹堡不仅是要以步兵火力强化外壕防御，也能在敌军攻占斜堤顶部的时候遮住他们的射线，使其无法直射中堤。但实际上从凹角集合场也可以对中堤区域一览无余，因此若敌军占领凹角集合场的话，第二防线甚至就无法成立，此即为一个极大的弱点，而这个弱点是因为三角堡大小而产生的。另外，各堡的通路对于实施大规模出击而言也不够充分。再者，沃邦十分执着于将壁垒外侧全部施以石工，这使得壁垒有相当部分都暴露在敌人眼中。

为此，沃邦在1680年以后就改善了自己的筑城方式，也就是所谓的第二、第三方式，而他认为这样的改善方式就已经是十全十美。在对路易十四提出兰道（Landau）要塞设计图时，他甚至还自信地说这座要塞应是天下无敌。但实际上此座要塞在他活着时曾被攻下三次，死后又被夺取过一次。

由于他的第二、第三方式实际上耗资过多，在他死后就没有再被采用。但即使沃邦过世之后，他的名声在法国依旧很崇高，因此要采用挑战他结论的新方案根本就是不可能的事情。留给后进者唯一的选项，就只有针对沃邦的筑城系统进行充分讨论之后，再施以若干修正而已。

沃邦的其中一位后继者是工兵将官路易·德·科蒙特纽（Louis de Cormontaigne），他指出了沃邦式筑城的问题点。他已经察觉到棱堡式要塞本质上的缺陷，也就是被动防御这个弱点。防御炮兵的脆弱性与露天阵地的危险性，以及炮廓和侧防窖室，处处显示棱堡的大炮射界有其界限，并呈现了防御炮兵在防御力上的疑问。他曾思考过积极防御，也就是更有效发挥防御火力的方法，不过在当时法国筑城界的氛围当中，光是能对沃邦的第二系统进行些许变更就已经是极限了。

他把棱堡塔移除，并将棱堡侧面的长度加长至某种程度。容易被敌军占领的凹角集合场则以壕沟自覆道切离，变成小型的独立堡。另外，他还加大了三角堡，使其能够有效支援棱堡。他有效利用了土工与水，将石造部分的费用减至沃邦设计的约三分之二。除了这些之外，就只有在既存的要塞上追加几座"王冠堡"而已，并没有再另外建构主要要塞。他的功绩因在其死后的1806—1809年出版的三卷论文集《关于防御的回想录》而被聚焦放大，这套论文集被拿来当作法国下一代技术人员的基本教科书。

在此之后，于1760年左右因为梅齐埃

（Mézières）工兵学校（1748年路易十五于巴黎东北边的要塞都市中设立的工兵学校，以艰难的入学考试及严格的教学、测验闻名）派的关系，使科蒙特纽式出现了两三处些微的变更。其主要变更点在于首次在要塞覆道的外侧构筑起外堡，特别是针对主要会被攻击的棱堡主线上斜堤的脚边，设置眼镜堡，这种做法很接近成为下一次要塞契机的"分派堡"方式。

## 蒙塔朗贝尔的新筑城方式

### 对棱堡式要塞的怀疑

科蒙特纽等人对于沃邦式要塞缺陷所提出的疑问，在欧洲的技术人员之间引起了争论，并导致尊重传统棱堡式的法国学派与提出多角形方式的德国学派之间产生对立。另外，原本军人们就已经开始对旧有永久要塞的价值抱持疑问，现在又因此加深了不安感。如果始于1792年的法国革命战争没有引爆的话，军人们应该都会放弃以往的防御系统吧。不过，就像永久要塞一直是支撑王国存在的不可或缺条件一样，即便对于革命过后的近代国家来说，棱堡要塞依旧肩负着重要的功能。

施佩克雷则是唯一的例外，从德国学派发迹的时候开始，他就提倡反对棱堡式要塞，并以凹堡来取代。这是要靠着炮廓内的火炮来对壕沟与要塞本体之间发挥最大程度的火力，属于积极防御思想，可以用来弥补棱堡先天上的弱点。

这种德国学派的思想曾被法国的筑城专家们极尽所能地嘲弄，不过在这样的法国学派思潮当中，诞生于法国的其中一位最大技师——马尔克·勒内·迪·蒙塔朗贝尔（Marc René marquis de Montalembert）骑兵少将的筑城思想，却属于德国学派。他在45年的军旅生涯当中，具有15次战斗与9次攻城战的经验，因此头脑极富创造力，对要塞设计作出了重要贡献。他对欧洲各国的要塞具备相当广泛的知识，在"七年战争"中被派遣至瑞典军队担任军事使节时，得知还有像斯德丁（Stettin）的瓦尔拉瓦要塞，以及由瑞典军工兵瓦尔贝里（Varberg）所想出的"炮廓塔"那种，在法国式中没有的要塞建筑。

由于他很谦虚，没有招致沃邦派对他进行人身攻击，不过他还是无法忍受沉重的权威以及因为坚信沃邦理论而停留在棱堡摇篮期原地踏步的筑城术，而提出了严厉的批判。就沃邦的筑城方式而言，即使敌方炮弹偏离原本要攻击的防御设施，也还是会掉进要塞本体当中造成损害，而对于像迫击炮那种高射角的射击也欠缺防护性。在棱堡的咽喉部既没有办法设置大地障（为了切断敌军入侵要塞本体时所利用的通路，而设置于筑城设施破口或是凸角背后的壕沟或其他土工障碍物），外堡也很脆弱，不容易与要塞本体相互联络、支援。因此，蒙塔朗贝尔就主张改采"凹堡式"或"多角式"。

### 蒙塔朗贝尔的垂直要塞

蒙塔朗贝尔认为，今后只有掌握在质与量上都比敌人更具优势之炮兵的一方才能支配战场，且在城墙的露天顶上配备大炮必然会招致失败。他提倡改用具备完全防护的炮廓，并且将大炮密集配置于各层当中。根据他的说法，这种样式可称为"垂直要塞"，比起使用炮廓，防御方能够随时发挥比攻城军还要大的火力。

蒙塔朗贝尔曾经在设计规划时让炮廓能与要塞适切吻合，不过却无法实际做出来。他设计的角形要塞具有配备三层巨大炮廓的三角堡，靠着这样的构造来展现防御力，整座要塞则被面向壕沟的连续炮廓坑道所包围，而角落的棱堡则以炮

▲垂直要塞的炮位不采横向排列，而是以垂直的方式层层相叠，借此提高城塞的防卫能力。其设计如图一般采三层圆塔构造，由此得以展开全方位防御

廓式的兵舍与具有骑兵式胸壁功能的三层圆形塔来巩固。整体设计在理论上能够成立，不过若实际建出来的话，整体需要配置569门大炮，耗资巨大。另外，由于整体规划只有350米见方，要如何把守备兵、大炮、仓库、弹药等全都容纳进去还是个问题。

由于蒙塔朗贝尔属于德国学派，他的筑城思想并没有机会在法国国内展现。其思想的中心，就在于如何把大炮的能力作最大限度地活用。虽然这是继承自科蒙特纽的思想，但相对于科蒙特纽充其量是想试着在要塞本体周边集中最大火力，蒙塔朗贝尔却是以如何对要塞外侧发挥远程火力作为主要着眼点。

当然，像蒙塔朗贝尔这样的想法，就招致法国学派的严厉批判。1761年，就连对他的想法很感兴趣的国防大臣舒瓦瑟尔（Choiseul），都觉得若把蒙塔朗贝尔的思想发表于世的话，就会招致危险，因此而阻止了其著作出版。之所以会有这样的疑虑，是因为1737年出版的沃邦《要塞攻击与防御概论》内容，本来应该是只在法国高级技术人员之间流通的秘密文件，不过却通过外国人之手被出版。

他的思想被视为异端，不只出版喊停，甚至在军务、人事方面，他也受到了妨碍。在遭逢此等侮辱之后，他便毅然决然于1776年发表了《垂直要塞》（后改名为《优于攻势的防势术》）。

## 重视火力的筑城思想

蒙塔朗贝尔应该是第一位认为攻城战的基础应为敌我炮兵之间决斗的技术人员，他在著述当中强调了三项有意义的原则。

第一，大炮既是能压制要塞的兵器，同时也是能守住要塞的兵器。为了取得优势火力，在一开始的阶段，就要在要塞中配备300—400门大炮。由于以1门青铜炮的价钱可以生产12—13门铁炮，蒙塔朗贝尔认为并不需要像以往一样为了大炮耗费庞大成本。而这些强大的炮兵，都必须收容于炮廓当中才行。即使在海岸防御上，也必须在高耸的三角形城塞以及矗立的灯塔中搭载大炮。

第二，要把以往有凹有凸的围墙改成长直形的幕墙，并从幕墙中央突出一块巨大的直角"侧防窨室"。此处分成三层，每层在两侧各自备有27组炮廓，而要塞幕墙也分成两层并且设置炮廓，这些炮

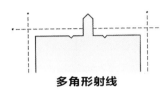

◀ 棱堡式在设计上是要从棱堡的侧面来对杀至壁垒的敌军进行扫射，其射程只到相邻棱堡的尖端部分，棱堡之间的距离就是以此为基准来设定。而多角形要塞在取消棱堡的同时，会设置能以火力压制壕沟与壁垒的侧防窨室。棱堡式为了消除死角，必须具备某种程度的角度，但多角形则不受这种限制，因此能够建出更具弹性的城塞

廓同时也能当成营房使用，具有一定的防护效果。蒙塔朗贝尔主张这种单纯的"多角形"规划比棱堡还要容易适应地形，在防御上也更能相互密切依存。

第三，防御的纵深性可以靠着"分派堡"来增加。蒙塔朗贝尔认为，这些"分派堡"的位置要选在远离要塞本体的高处，借此有效防范攻城军靠近要塞本体。

以上三项原则就结果而言，会发展成各自满足远程防御（炮廓化的幕墙）、近程防御（侧防窨室）、纵深防御（分派堡）的要塞设计。相较于此，棱堡式要塞则无法满足以上三种机能需求。

## 新筑城方式的实验

为人比较愚钝却具有野心、精力充沛的富克鲁瓦·德·拉慕克尔（Fourcroy de Ramecourt），对法国工兵团有着很大的影响力。他批评这种"堡垒"会受到火炮的废烟妨碍，根本就无法维持运作。

因此在1781年10月召开的"将军委员会"，就决定来试试蒙塔朗贝尔的新筑城方法。蒙塔朗贝尔于埃克斯岛（Île d'Aix）建了一座实验用的多层木造城塞，并在实验中以67门火炮进行了数小时的最大发量射击。至于其结果，全场委员一致认为废烟并未构成妨碍，且"堡垒"的构造也没有受损。

不过执着于沃邦式筑城的拉慕克尔还是不断对蒙塔朗贝尔的新筑城方式发表猛烈的反对论文，将后者所提倡的想法一个一个驳倒。

另外，蒙塔朗贝尔的旧敌幕夏·达尔森也在1786年于论文《关于天才沃邦影响的考察》当中，认为蒙塔朗贝尔所提倡的重视火力之防御在理论上

是个很好的想法，但实际上却会消耗极为庞大的弹药，因此有余力将之付诸实行的政府在现实世界中是不存在的。

话说回来，这样的论争把一位年轻的技术军官拉扎尔·尼古拉斯·加尔诺（Lazare Nicolas Carnot，后任国防大臣）也牵扯了进去。加尔诺在撰写《关于〈垂直要塞〉的回想录》时，曾经因为误解了蒙塔朗贝尔的思想，而对他有激烈攻击。加尔诺在1788年8月22日寄给蒙塔朗贝尔的书信当中，才表明自己根本就不懂要塞，而且他和许多工兵团军官都对蒙塔朗贝尔的努力深表赞许，并认可他的新式筑城学，将误会解释开来。

经过这样的峰回路转之后，基于蒙塔朗贝尔的努力，他的筑城思想终于在法国萌芽。但因为他的朋友米拉波伯爵奥诺雷·加布里埃尔·里克尔（Honoré Gabriel Riqueti）死亡的关系，最后的希望也因此断绝。米拉波曾经以法国工兵军团长的立场，在国民议会中发表蒙塔朗贝尔的筑城思想。

## 法国的工兵保守主义

法国大革命对旧制度带来了根本性的打击，很多古制都被废除，不过在王政时代培养出来的工兵军团并没有因此断绝，这是为什么呢？

虽然达尔森和加尔诺在政治上是进步主义者，不过他们却非常赞赏王政时代的军事业绩。实际上来讲，拿破仑那辉煌的战略、战术基础，也是从18世纪后半叶的王政时代开始累积起来的军事学术成果。另外，尽管沃邦已经去世很长一段时间，但因为革命早期法国革命军在野战上的失策最后还是被沃邦要塞所救，所以沃邦之名在革命时代复活，并被奉为国境线的守护神。

由于获得雅各宾新政府的信任，达尔森握有以自己的保守见解来决定各种议论问题点的权限。他在著作《关于要塞的军事、政治考察》中，曾经高度赞扬是沃邦的国境要塞救了革命法国。

就这样，在要塞构筑上，蒙塔朗贝尔已经在法国失去了信用。而达尔森则主张精致的沃邦城池依旧是理想的要塞，采取启发性保守主义者的立场。不过，这种理想性要塞却只停留在经过科蒙特纽与拉慕克尔修正之后的沃邦规划上。

由于蒙塔朗贝尔也是个脾气固执的老贵族，完全无法跟革命思潮调和，不过他还是得到了加尔诺与其伙伴的尊敬，直到1800年去世，都默默地从事着著作活动。

## 德国对新筑城方式的支持

蒙塔朗贝尔的这些著作，理所当然地被属于德国学派的普鲁士疯狂接受。普鲁士的技术军官林德瑙（Lindenau）少校在1788年寄给蒙塔朗贝尔的书信当中，曾经提到他正在翻译蒙塔朗贝尔的《垂直要塞》一书作为军官教范，且在史怀德尼兹进行的炮廓实验还由皇帝亲自指挥，能为埃克斯岛的实验结果背书。

**瑟堡要塞**
◁蒙塔朗贝尔在提出瑟堡防卫计划时所画的图，可以看到其中包括了活用地形的多角形要塞建筑，以及围住圆筒形垂直要塞本体的环状分派堡

而那位沙恩霍斯特（Scharnhorst），在两年之后也对蒙塔朗贝尔整理出这样的评语："诸外国的军事技术相关专家们，都认为蒙塔朗贝尔的著作是近一百年来最具知性的要塞杰作，相当受欢迎，不过这种状况在法国却迥然相异。法国的工兵军团，是个掌控所有王国工兵相关事务的极重要组织。而这工兵团正是因为有著名的沃邦，才能获得现在的崇高地位。这位伟人带给军团的权威，是借助他们在要塞攻防中强而有力的行动才得以维持。不过这样重要的军团在知识方面却一点儿也不想向前迈进，实属异常。不仅军团军官连一本关于工兵技术的书都写不出来，而且要塞依然是以古老的方式与法则来构筑的。"

结果，在19世纪时，简洁的多角式构型已经被北欧各国，特别是依据蒙塔朗贝尔理论的德国所采用，成为许多要塞的蓝图。而以达尔森为首的法国保守主义工兵，则在进入19世纪后半叶时才后悔莫及。

## 18世纪的大炮

追根究底而言，科蒙特纽等人会对棱式要塞产生怀疑，其中一个原因就是他们并不相信当时防御炮兵的能力。实际上，要塞炮兵以露天的方式配置于棱堡和覆道等处，且跟攻城炮兵不一样，他们几乎都采固定阵地，因此相当容易成为敌人的目标。而配置于炮廓与侧防窖室中的火炮虽然可以获得掩蔽，但射界却会因此受到限制，只能朝向特定的射角和射向开火。

18世纪的炮兵发展也和17世纪一样，在纯粹技术方面的进展极为有限。特别是在法国，18世纪初时，他们因为受到上一代就已经开始腐败的财政状态影响，炮兵改革趋于停滞。大口径的大炮完全从军队中消失，剩下的大炮在口径上也越来越小，就连野战炮兵都衰退了。

虽然在技术上并没有太多发展，但组织方面的改革却有很多国家努力在进行。法国有让·佛兰·德·维利尔将军在1732年提倡要推动火炮标准化，但这依旧不够充分。

腓特烈大帝为了调查当时欧洲各国所采用的大炮种类，甚至派遣本国的炮兵军官前往参观当时正在布拉班特（Brabant）地区作战中的法军，以致力于炮兵的发展。腓特烈大帝相当确信优势火力将决定战争的一切，他在1757年11月5日于罗斯巴赫（Rossbach）击败了法国、奥地利联军，而打胜这场战役的原因就在于炮兵和骑兵的集中运用。在当时的记录当中，也写到普鲁士军炮兵的优越性为大帝成功的主要原因，甚至断言腓特烈军的主力其实就是炮兵。即便如此，当时大炮的口径却依旧参差不齐，且又相当沉重，是很难机动的麻烦兵种。

不过当时普鲁士军的炮兵还是很优秀，使欧洲各国，尤其是奥地利军队会以他们为典范。曾在奥地利军炮兵队服勤的法国将军让-巴蒂斯特·德·格利包佛尔（Jean-Baptiste de Gribeauval）在"七年战争"后回到法国，首先就把大炮区分为野战炮、攻城炮、要塞炮、海岸炮四个种类。然后又在不减少大炮射程和火力之下，把炮身长度与重量减低，并将装药（发射药）定为弹丸重量的三分之一。至于射击的准确性，可以通过炮口视线检查与使用高低螺栓来改善。发射速度也因为采用了弹药包、炮筒弹丸等设计而变得更快。

他在1765年把野战炮分成4磅炮、8磅炮、12磅炮，以及铸铁制或青铜制的6英寸口径榴弹炮，进行了标准化，攻城炮则是旧式的12磅与规格大于此的火炮。另外，以往的操炮手都是雇用民夫，他则把人员都换成士兵，并且连炮架车与弹药车也都标准化。

至于其他方面，这个时代还依据攻城战的经验而发展出各式各样的巧思。英国人发明了可以由炮手向下压的炮架，使火炮能够在断崖绝壁上向下射击。另外约翰·默瑟（John Mercer）上尉也发现可以把5.5英寸口径迫击炮弹装在24磅炮里发射，使炮弹于敌头顶上炸裂。看到默瑟上尉的发现之后，年轻的炮手亨利·施雷普内尔（Henry Shrapnel）中尉便于1784年做出了榴霰弹（空中炸裂弹），用以取代跳飞射击。1798年发明轧花机的伊莱·惠特尼（Eli Whitney），使能够互换零件的步枪得以大量生产。也就是说，在兵器生产的领域，规格已经获得完全统一，采用了互换式生产系统。

火药制造在18世纪期间则到达了非常高的水准。大部分国家所采用的火药配方，都是硝石75%、硫黄10%、炭15%。

在累积以上的改良之后，火力和机动性各增加了约50%。而特别是格利包佛尔的大炮改革，此后撑起了拿破仑辉煌的战术。

# 重视火力与以抗炸掩体强化要塞
# 进化为近代要塞

## 棱堡式要塞的终结

### 多角形要塞的出现

沃邦的名声与其筑城思想,已经渗透至世界的工兵当中。特别是在法国,许多后继者都只满足于延续甚至照抄他的手法。18世纪50年代,夏赛尔·罗贝尔甚至还写道:"那些企图发展新型要塞的人,根本就只是在展现他们在要塞上的无知。"而更加深这种现象的事件,就是如同前文所述,在法国革命早期,法国野战军失策造成的被动在某种程度上是被沃邦要塞挽救的。

拿破仑在战争中却无视古老的要塞,为求接敌而深入敌地,并打算在野战中击败敌人。虽然沃邦在18世纪初曾经进行了200次攻城战,不过在野战中对决,之前的两个世纪总共也只有60次而已。反之,拿破仑所进行过的攻城战则只有两次,这应当可说是拿破仑战争与此前的限制性战争最大的转变点。攻城战很花时间,所以较难达成政治目的,不过拿破仑却能在野战中迅速击败敌军以达成他的政治目的,并且还可以继续准备下次进攻。在拿破仑战争的时代,可供达成这种目的的基础与前一个世纪相比,有着大幅度的成长。不仅兵力增至数十万规模,并编制有可以分头进行独立作战的军、师,能够支援这种大军的后勤也发展完备。因此,在遂

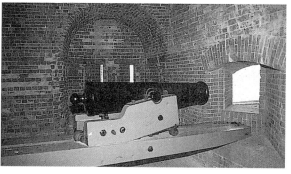

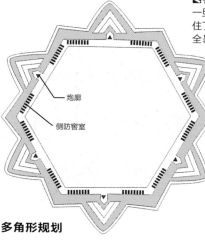

棱堡式规划

多角形规划

◀棱堡式规划是以步枪来进行防御,一旦外向面遭到突破,要塞就再也守不住了。而且它的大炮也没有遮蔽,完全暴露在敌人视线之下(左上),因而会成为炮击的目标。相对于此,多角形要塞则是取消棱堡,以设置侧防窖室与炮廓的方式来靠火力防守壕沟与壁垒。侧防窖室突出于壕沟当中,两旁的幕墙则改成笔直形状,让整座要塞变成多角形。侧防窖室会形成掩体(右上),避免守军直接遭到敌火力攻击,可以形成有效防御。另外,多角形规划是以直线形的幕墙组合构成,因此也具有能够配合地形变化的优点

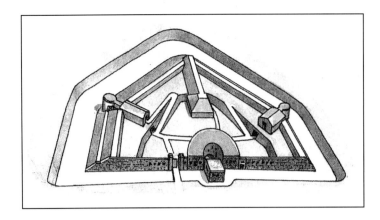

**"普鲁士式"多角形规划**

普鲁士式是自蒙塔朗贝尔的多角形理论中取出有用的部分发展而成，这幅插图画的是普鲁士技师在 19 世纪 50 年代所构筑的卡伦山（Kahlenberg）要塞的其中一座环状分派堡，它以侧防窨室取代棱堡，各侧防窨室之间的通道采取直线规划。虽然在入口等处使用石材，但其他大多以土工构筑而成。火炮位于炮廓化的弹药库凹处，设施几乎全部掩体化。为了防止敌人入侵，在入口附近的墙壁上会设置射击孔

行作战时就可以忽略战略上并不具必要性的都市。

这些变化是法国在历经了西班牙王位继承战争与"七年战争"等痛苦的败战经验之后，以军事思想家为中心开始提倡新战术与新的军队组织，且在关于困扰欧洲军队多年的后勤等各种问题上，也努力以理论化和不断进行实验的方式设法解决之后，所获得的成果。

另外一个理由，就是只重视要塞本体附近的棱堡式要塞已经跟不上时代了。各国的军队为了对付近代军队猛烈的机动作战，就被逼着要想出点儿不一样的新花招才行。此时由法国的蒙塔朗贝尔将军所倡导的普鲁士式要塞受到了瞩目，并且被拿来应用。与此同时，选择构筑要塞的地点时，也会从战术上的优点转变为以战略性考量来决定。也就是说，对彼此而言，都会选择在政治、经济、军事观点上具有决定性影响力的地点，在该处设置具备长射程火炮的要塞。而拥有新技术的专业工兵也被编入野战军当中，重新对野战工事这种移动要塞投以重视。

话说回来，夏赛尔·罗贝尔虽然写过前述那种话，但他还是在跨越斜堤的地方设置了三角堡，同时为增强对外火力，在前方设置了长长的胸墙，经过实验之后获得了良好的效果。不过最重要的一件事情，还是多角形规划的发展。多角形规划指的是要废除棱堡，并设置耐炸的侧防窨室来取代。最早想到这种构型的是普鲁士的技师小兰茨贝格，不过该构型最强的拥护者还是蒙塔朗贝尔。

这些思想在拉扎尔·尼古拉斯·加尔诺于 1810 年出版的《关于要塞防御》中有化繁为简的描述。这篇论文是对于敌我要塞彼此都很容易被对方夺取而感到惊讶的拿破仑，为了唤起要塞指挥官的注意，并进行以要塞为核心的有效防御准备，于 1809 年命加尔诺写的。加尔诺就是那位以前曾在筑城思想上与蒙塔朗贝尔冲突的人物，他于 1791 年舍弃军人职位转向政治家，并在 1800 年成为拿破仑的国防大臣。他在论文中所提倡的，是防御的最高形态应在于采取积极攻势行动。

## 德国多角形学派

多角形学派是与德国学派一起发展起来的，其代表为"普鲁士式"。这是德国工兵在 19 世纪初依据蒙塔朗贝尔式发展而来，并在之后成为 19 世纪要塞的主流。其主要改革在于棱堡消失的这点，用以取代棱堡的则是能以火力控制壕沟和壁垒的侧防窨室，这会以突出于壕沟中的方式来设置。而这在构造上为了抗炸，还会逐渐炮廓化。由侧防窨室所控制的幕墙会改成笔直状，使整体规划变成多角形。其中最具代表性的例子，就是普鲁士军于 19 世纪 50 年代建设的福利德里骚要塞，以及夏赛尔·罗贝尔于 1805 年建设的亚历山大要塞等。

另一方面，虽然法国要塞也像在夏赛尔·罗贝尔的例子中所能看到的那样，开始重视侧防窨室与炮廓，不过直到普法战争结束，他们都还是持续采用棱堡式规划。就连梅斯（Metz）、凡尔登（Verdun）、贝尔福等战略要地的要塞，也都采用棱堡式，不过这些防御设施很快就因为技术的进步而遭废弃。

## 环状分派堡

19 世纪 40 年代，瑞典军队的瓦伦多夫男爵和撒丁王国军队的艾托尔·卡瓦利少校开始进行旋膛炮的实验，并于 50 年代结束之前见识到了它的有效性。在 1859 年的普奥战争中，旋膛炮首次在实战当中运用。附带一提，旋膛炮的射程要比光膛炮远上三倍，英国 15 磅野战炮的最大射程可达 6000 码。

为了与之对抗，就必须有新的要塞构型，不过这却还在发展当中。这种构型是以"分派堡"来作为基础，为了让新式大炮的火力无效化，会把"分派堡"设置于距离要塞本体相当远的地方。这种做法能够迫使敌军必须在距离作为最后攻击目标的要塞本体很远的地方就开始进行大规模攻城战，不过防御方必须顾及的防御地带也会因此扩大。如果维持以往的筑城方式，就会变得要耗费天文数字的庞大金额，建起一道巨大的围墙才行。因此，将分派堡以链状方式应用的方法就被想了出来。分派堡本身就像一座靠火力自保的岛屿，具有相当的阻止力，而分派堡之间也会以壕沟相互通联，一同阻挡敌军。

将这种思想付诸实行的，是在拿破仑战争时代的1809—1810年时，威灵顿于里斯本郊外建造的著名的托雷斯·维德拉（Torres Vedras）防线。这是最早以一连串的分派堡来取代连绵壁垒与防战壕沟当作防御设施的例子，而此种分派堡式防线，在1859年开始构筑的安特卫普要塞中发展到了极致。

1840—1844年，巴黎也以14个堡垒构成环状线，重新被要塞化。这些堡垒位于距棱堡围郭3英里远处，各自以2—3英里的间隔距离设置。虽然这些防御设施是为了保护首都不被普鲁士军攻陷而建，不过当普法战争爆发后，用心构筑于法国边境与周围的棱堡式围郭却在普鲁士军旋膛炮的轰击之下遭到极大损害，巴黎在两天半之内就被攻陷。

另外，有名的俄罗斯军工兵将官伊万诺维奇·托特列边（Ivanovich Totleben），在克里米亚战争中指挥塞瓦斯托波尔（Sevastopol）的要塞工事建设，于短时间内就筑起了与巴黎要塞采取相同方式的防御设施。在塞瓦斯托波尔的里丹（Redan）要塞与马拉科夫（Malakoff）炮台等阵地构筑中，几乎都没有用到石工，像堡篮那种掩蔽用土工设施才是这个时代的风潮。由于英法联军为了打破这种防御设施，曾经花了许久的时间，由此可实际证明其有效性。

话说回来，在19世纪的第二次工业革命技术发展中，诞生了近代型的后装式火炮、附弹匣的步枪，以及机关枪，而在这些兵器出现的同时，水泥也被发明出来当作筑城建筑的材料。英国首先发明了罗马水泥，而在1824年则完成了跟现在一样的波特兰水泥。法国、德国于1848年左右开始制造水泥，1875年美国也展开生产。

就这样，像混凝土这种近代建材就开始运用，采用混凝土构造的要塞在设计上能够更为洗练，再加上配备了近代型后装式大炮、附弹匣步枪、机关枪之后，对于要塞技师来说，他们都相信这次终于是完成了固若金汤的要塞。而伴随着德国在1860年至1871年的一连串战斗中皆取得胜利，欧洲诸国对德国的不安也跟着增大，因此就更努力建设要塞。

## 高性能炸裂弹与新抗弹要塞

此时的法国，沿着那慕尔与列日周边的比利时要塞线，建造了多座边境要塞。

不过到了1880年末，因为出现能够发射使用苦味酸来当作炸药的高性能炸裂弹之远程重炮，"分派堡"的时代也走向终点。另外，可以在贯穿混

▲采用环状分派堡式的列日要塞。12座分派堡采用围住要塞本体的方式配置

▼在美国的南北战争当中，大炮也于要塞攻击中扮演了极为重要的角色。这是设置于罗杰堡中的15英寸口径大炮

（National Archives）

凝土表层之后才在掩体内炸开的弹底信管也出现，使得要塞连内部构造都必须作变更。法国方面以混凝土与砂层来减低高性能炮弹的效果，这种构造是在位于地下的本体构造上方以厚达3码的砂层覆盖，然后再于其上覆盖厚3码的混凝土板。炮弹命中之后会在碰到位于地下的本体之前就先因贯穿最上层的混凝土板而炸裂，其爆震波则通过砂层来吸收。但是根据实验结果，这种防御设施不能说没有抗弹效果但非常差。

旅顺要塞中最为坚固的要塞二龙山堡垒。靠着通电铁丝网、来自要塞的射击、来自背后炮座的射击，号称固若金汤。攻夺此要塞必须先占领前方的壕沟，然后再想办法压制要塞本体，但即使跨过斜堤抵达壕沟，也会遭到来自内部的扫射，这使得日军的决死攻击遭到毁灭性损伤（插图：藤井康文）

1900—1913年，德国在梅斯与蒂永维尔（Thionville）发展出一种称为"Festung"的堡垒。梅斯是把既有的法国堡垒以混凝土和炮塔修改成近代样式，而在蒂永维尔则是在城镇周围建起三座"Festung"，以三角形的方式围绕。这些防御设施都是建在不规则的山丘顶上，并以有刺铁丝网和壕沟围起来。位于中央的兵舍、弹药库等设施都埋在地下，并以地下坑道连接备有火炮的炮塔等防御设施。通过这样的坑道，"Festung"之间就可以互相通联。这种防御设施是掩蔽于地表之下，因此不会变成炮击的目标，且即使遭到炮击，损害也不会太严重。事实上，由乔治·巴顿所率领的美国第三军曾经于1944年9月攻击梅斯与蒂永维尔地区，并对此处的"Festung"进行猛攻，不过德军却能撑到该年的11月22日，其他七个要塞也一直维持到12月13日。

在1904年的日俄战争中，日本的乃木第三军于8月19日开始对俄罗斯军据守的旅顺要塞展开总攻击。但这是日军首次直接面对自16世纪以来就不断发展的正规西洋要塞，因此在首次攻击就出现了15860人的伤亡而惨遭失败。为此，日军就从日本本土运来28厘米口径榴弹炮，企图以此粉碎敌军要塞。但是又因为坑道作战上的错误、铁丝网的阻碍，以及俄军接连不断以机关枪、步枪、短程榴霰弹构成集中交叉火网，使得越过斜堤突击的日军一个接着一个粉身碎骨，造成3830人的伤亡，让第二次总攻击也以失败告终。之后，经过七天的炮击与调整攻击方向至203高地，日军才拿下旅顺要塞。对于这场作战，外国认为乃木将军根本就不懂攻城战，或觉得他真是一位忍耐力极强的人，下了许多讽刺性的评语。

见识过日俄战争的诸国，因此很快掌握了机关枪、铁丝网、手榴弹在防御时的有效性，确立为军事防御上的教义，并且将之写成教范。相反地，对于日军来说，这场严酷的教训却未在之后的防御上有任何应用。

## 巨大重炮

德国参谋本部相当重视重炮的效果，于1905年着手进行施里芬计划，这就与列日周边的比利时要塞和其他国境要塞形成对峙问题。为了解决此问题，他们就想到日军在进攻旅顺要塞时所使用的28厘米口径榴弹炮，并委托克虏伯公司制造让野战军也能使用的攻城炮。1911年，重量175吨、口径16.5英寸、射程16000码，被称为"伽马"的榴弹炮问世。之后，重量减轻至约42吨的这种火炮，在1914年8月12日夜里，以旁蒂赛（Pontisse）要塞为射击目标首次上阵开炮。数枚贯穿要塞天花板的炮弹，在穿过混凝土层、砂层、要塞本体的混凝土之后于内部炸开，除了炸毁内部设施之外，也杀伤了守备士兵。不过这种火炮对于凡尔登要塞依旧不管用。

# 20 世纪

## 总体战时代的国境防御及其极限
# 壕沟战与永久要塞线

## 第一次世界大战的壕沟战

### 野战工事的完备

在第一次世界大战中，伴随着防御战术的进步，也可以看见野战工事的发达。野战工事自古以来就会配合各种目的进行应用，在攻城战当中，为了在接近要塞时避开敌火，会以挖掘壕沟的方式前进。英军的威灵顿曾于拿破仑战争中在伊比利亚半岛作战立下功劳，而他也是把以往的野战工事改变成精致的第一线防御系统之先驱者。特别是在塞瓦斯托波尔战役时，壕沟扮演了相当重要的角色。

在1861—1865年的美国南北战争中，双方曾模仿独立战争时民兵以圆木当成掩蔽物并躲于其后射击的方法，因此体验到当初即时构筑散兵坑与壕沟在战术上的价值。欧洲采用这种战法的时间稍微晚了一点儿，在普法战争与布尔战争的苦战当中才学到它的有用性，并慢慢开始采用。而在现代战争中普遍采用的野战工事，则跟旋膛炮和机关枪所造成的影响有很大的关联。

### 兴登堡防线

德军在第一次世界大战中，曾依据修正过的施里芬计划展开包围巴黎的机动，不过却在1914年9月攻击埃纳（Aisne）时遭到顿挫，因而改采守势。接着，德、法两军就开始进行阵地的延翼竞争，从瑞士一直挖到敦刻尔克，绵延了数百公里，展开前所未有的阵地战。

关于野战工事，法军在1886年就已经推出过工事教范，但是最早的阵地工事却没有像这份教范那么麻烦，顶多只是能暂时避开敌火的壕沟而已。不过当战事一拖长，阵地就要进行整理，且为了避开敌军机关枪的扫射，还要在挖掘适当长度之后进行转折。

另外，伴随着战争的长期化，与新部队换防、伤兵救护、粮食及弹药补给等相关的需求都会一一浮现，不过要在开阔地带满足这些需求却相当困难，因此就会开挖一种连接第一线与后方的"联络壕"。为了避免联络壕遭到扫射，同样会被挖成折线状。另外，壕沟内还会设置能让士兵休息、睡觉、用餐的休憩所。乍听之下，这只是挖挖土的简易作业，但当时并没有掘进机械，因此一点儿也不轻松。由于沦为战场的壕沟阵地大多是位于地处低洼的佛兰德斯地区，挖下壕沟之后马上就会积水，对壕沟战形成极大的阻碍。两军在构筑阵地之际，同时也都在烦恼排水的问题。

另外，因为迫击炮、大炮激增的关系，壕沟阵地也必须对地下掩蔽处的顶部进行抗弹效果强化工作，因而用上了混凝土与钢材。为了不让敌兵接近，在壕沟前方会设置有刺铁丝网。

在构筑壕沟时，两军一开始都只是不断增建可靠度极低的构造物而已。后来除了第一道壕沟，又会在纵深上追加第二、第三道防御，最后连补给壕、手榴弹投掷壕等具备各种功能的壕沟都挖了出来。

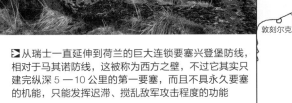
兴登堡防线中著名的"龙牙"（多列角锥形钢筋混凝土桩寨）系统

从瑞士一直延伸到荷兰的巨大连锁要塞兴登堡防线，相对于马其诺防线，这被称为西方之壁，不过它其实只建完纵深5—10公里的第一要塞，而且不具永久要塞的机能，只能发挥迟滞、搅乱敌军攻击程度的功能

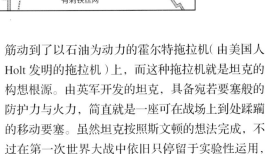

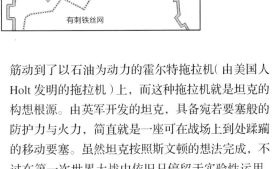

这种野战工事的究极完成品，就是有名的"兴登堡防线"。这道防线是在1916年至1917年冬季，于既有阵地线的后方所建。防线从齐洛伊·雷·摩雷诺开始，穿过阿拉斯（Arras）东南方，经由康布雷（Cambrai）以西，抵达圣康坦（Saint-Quentin）与拉费尔（La Fère）以及"夫人的乡间小路"，全长145公里。

第一线壕沟靠混凝土掩蔽壕补强，于前方设置岗哨。这座掩蔽壕是用来让进行逆袭或支援的部队待命的地方，之后则会设置反坦克障碍物与壕沟。在阵地的地底下，有司令部、火力协调中心、兵舍、医院等设施。全部设施以电话相连，而且有水电供应。在这些壕沟阵地当中，甚至还会形成纵深达6.5公里的要塞地带。

要攻击这些防御阵地，简直就跟攻城没有什么两样。攻击方会以对壕作战靠近敌阵地，但首先会被铁丝网挡住，然后遭到敌方阵地的机关枪扫射击退。在第一次世界大战的西部战线，这种铁丝网与机关枪扫射的组合着实让两军陷入恐惧，也造成了相当大的伤害。

1914年10月左右，正当两军都在摸索如何突破铁丝网阵地的方法时，英国的技术中校，之后升上少将的欧内斯特·斯文顿（Ernest Swinton）把脑筋动到了以石油为动力的霍尔特拖拉机（由美国人Holt发明的拖拉机）上，而这种拖拉机就是坦克的构想根源。由英军开发的坦克，具备宛若要塞般的防护力与火力，简直就是一座可在战场上到处踩躏的移动要塞。虽然坦克按照斯文顿的想法完成，不过在第一次世界大战中依旧只停留于实验性运用，但后来对下一场大战带来极大的影响。

第一次世界大战后的德国，有遭到法国、俄罗斯两面进攻的疑虑，而20世纪30年代的德国其实没有一般人想象中那样强大。为了保卫国境，他们在1934年于波兰东方国境上构筑了一连串的堡垒，1936年则于法国国境沿线构筑了大量土工碉堡。1938年，当希特勒提出从瑞士构筑一道巨大的要塞防线一直延伸到荷兰的计划。在报纸与电影当中称它为"西方之壁"，即齐格菲防线，宣称它

第4章 欧洲筑城发展史 **101**

要比马其诺防线长，也更具纵深，相当坚固，具有强大武装，在各方面都超越马其诺防线。

虽然实际上它并没有那么吓人，不过在军事上还是有意义的，且在构筑上其实没有花太多钱。在纵深约5—10公里宽的第一要塞带，备有小堡垒、反坦克炮、机关枪，以及拥有装备短炮身迫击炮的火力塔，可以相互支援的碉堡。在这片地带前方的有效距离内，会设置连续摆放四五列一种被称作"龙牙"的高度从80厘米到140厘米的各式金字塔形混凝土块的地区，用以阻挡当时的坦克和有轮车辆通过，就连铁道和水路也都以碉堡控制。

在第一要塞带后方约10公里之处，原本预定设置用来支援第一要塞带的第二要塞带，当时只是建了一些零星的堡垒。在其后方有野战重炮兵与防空机关炮的土工阵地，就连平时也会配置操作所需的最小限度士兵。

齐格菲防线与马其诺防线不一样，它并不是要当成一座进行积极防御的永久要塞，而只是要在机动预备队展开逆袭之前的期间，用以迟滞、搅乱敌军攻击而已。虽然齐格菲防线在构造中用到混凝土与钢铁，但是它的性质依旧属于野战工事。不过由于当时德国缺少钢材，主要使用混凝土。

## 永久要塞马其诺防线

### 有关国境防御的争论

在第一次世界大战结束之后，法国筑城界马上就开始对永久要塞的问题进行争论。有一方认为既然列日要塞和安特卫普要塞都被摧毁，那么永久要塞其实也不再具有意义；反之，另一派则认为凡尔登要塞和杜奥蒙（Douaumont）要塞即使承受了12万发以上的炮击都还能够维持机能，因此永久要塞依然有其效果，两方各说各话。

在这当中，约瑟夫·塞泽尔·霞飞（Joseph Césaire Joffre）元帅认为新的要塞线应该沿着北部国境构筑，而对于进入要塞带的敌军，应该以机动预备队发动逆袭。对于这项提案，凡尔登的英雄亨利·菲利普·贝当（Henri Philippe Pétain）元帅则表示反对，他主张必须有纵深防御。这是因为敌军很

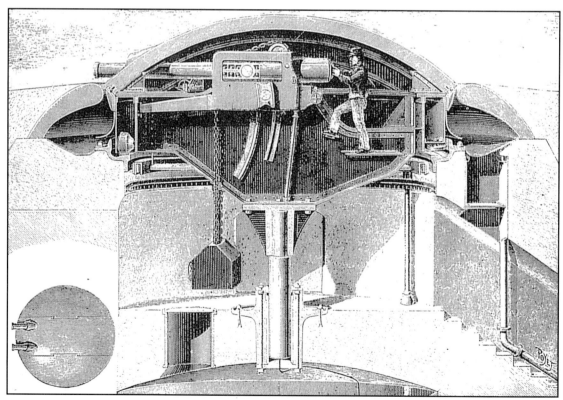

《伦敦新闻画报》中所画的升降式炮塔

容易就能绕过孤立的要塞，并且反过来包围它们，而应该从要塞中展开逆袭的机动部队到底能否发挥效用也不确定。如果是具有纵深的野战阵地，就会迫使敌军必须在前线对延展开来的阵地进行攻击，因而能够挡住敌军进攻。为此，就必须构筑深入地底的混凝土掩体才行。

话说回来，在这些与国境防卫有关的筑城讨论当中，还有一项值得注目的观点，提倡者为艾斯提耶将军与青年军官戴高乐。他们认为正确的国境防卫解决策略，应该是要建立以坦克为主体的机械化野战军。不过这种以攻势为第一的主义，会令人想起付出惨痛牺牲的凡尔登战役，因此很少有人能够接受这样的论调。

最后，在1925年12月的法国国防会议中，就决定采用贝当元帅的方案。理由主要有二：第一，贝当元帅是打过凡尔登战役的英雄，具有相关经验；第二，当时法军的氛围，基本上来讲是偏向以构筑"城墙"的方式阻止敌人入侵。戴高乐等人的思想因为会回到18世纪20年代而遭到剔除，官方也正式表明坦克的角色定位为由步兵指挥官指挥的步兵支援兵器。

因为这项决定，法国坦克部队的独立运用发展遭遇了阻碍。

## 马其诺防线的建设

1929年11月，马其诺被任命为国防部长。他在第一次世界大战时以士兵身份参战，在凡尔登身负濒死重伤之后转而成为政治家。他因为有凡尔登的亲身体验，而坚信贝当元帅的主张。马其诺防线在他的提倡之下，于1930年开始建设。虽然当初的马其诺防线计划是包括整个法国边境，不过基于财源和战略优先度上的考量，实际的马其诺防线以结果而言跟计划有所不同。

最初计划的马其诺防线，是可以涵盖洛林地区与梅斯地区这两个领域。马其诺防线的西翼为了保护隆维（Longwy）周围的铁钢产地，会延伸至蒙梅迪（Montmédy）。虽然之后有人批判为什么不延长到英吉利海峡，但这背后其实是有原因的。第一，马其诺防线本来的目的是要保护东北地区的工业地带。第二，贝当元帅认为工业地带西侧的防御只要破坏桥梁和道路即可，且近代军队根本就不可能穿过阿登森林，因此主张不需要建要塞。第三，在与比利时的国境沿线上构筑要塞，会产生政治上的问题。第四是技术上的问题，佛兰德斯地区有地下水的问题。第五，最大也是最单纯的问题，就是经费不足。

马其诺防线的防御纵深为6—10公里，设置于与德国接壤的边境后方。国境线上的所有道路和桥梁都设有碉堡，或是靠强化、要塞化的民房来把守。防线中设有地雷区、反坦克壕，在所有道路的交叉点都设有路障和地雷。在国境后方2公里处设置有哨线，哨所是可以容纳约30名士兵的混凝土构造物，备有反坦克炮、机关枪、手榴弹，与主防御阵地之间可通过电话进行通联。主抵抗线距离前哨线的哨所4—5公里，混合使用炮廓与壁垒。炮廓分为两层，上层为炮眼口，下层为仓库、弹药库、士兵寝室。屋顶备有装设机关枪的旋转火力塔，防御设施以深壕沟包围。各炮廓拥有独立的发电所或柴油发电机，且炮廓以地下坑道连接在一起。

炮廓要塞线依据地形以5—10公里的间隔设置，并以堡垒强化。虽然要塞线的大小各有不同，但基本上采用相同设计，把混凝土块打到地底下去，并包含防御阵地所需的一切要素。

防御区块会依炮兵和步兵各自区隔，在炮兵区块中，要塞顶上会装有可以将炮口探出去的"升降式炮塔"，炮塔正下方配备有操炮室、士兵寝室、弹药库。之后还增设了起居室、餐厅、厨房、射击管制室、通信室、发电所等设施。步兵区块的规划和炮兵的差不多，不过设施稍微多一点儿，而炮塔则比较少。另外，炮兵与步兵的堡垒有时会以坑道相连，甚至还会铺设掩蔽式的铁道，在炮兵与步兵的防御区块之间有电动列车行驶，用以搬运各种必需品。

## 马其诺防线的问题

以现代来说，马其诺防线已经跟凡尔登战役一样变成一个传说了。但是令人惊讶的是，法国虽然在1914—1918年学到了严酷的教训，但是马其诺防线配备的火力事实上依旧是轻武装。步兵防御区块的武装为25厘米口径与47厘米口径的反坦克炮、50厘米口径迫击炮以及机关枪。炮兵阵地则是各种75厘米口径炮、75厘米口径与81厘米口径迫击炮，以及一种特别为了马其诺防线而研发，称为扫把弹（Lance-bombe）的135厘米口径滑膛迫击炮。

炮塔的直径限制在 4 米以内，因此无法配置重炮，但就连防空机关炮也都没有配备。重炮与防空机关炮是从要塞线后方的炮兵阵地射击，依据位于要塞的炮廓和堡垒中的观测者指示，配合整体射击系统运用。

另外一项惊人的事情，就是马其诺防线在建设时并没有保密，兴建要塞的劳工甚至有一半是外国人。当然，这里面就有德国的间谍混进去，使得要塞的实体早就被德国参谋本部掌握。但更妙的是马其诺防线在此时就已经化为传奇，像说它从瑞士国境一直建到敦刻尔克的这种根本只有一半是事实的传言，居然还被当真记载。就连那位著名的历史学家李德哈特，都曾在 1937 年出版的书中写到马其诺防线是从敦刻尔克一直绵延到侏罗（Jura）山脉。

彻底掌握马其诺防线的德国参谋本部，就看准了防线在阿登森林的空隙进行突破。法国人想说要以积极宣传马其诺防线强大防御能力的方式，来使敌军忌惮于攻击，讽刺的是德军却是因为知道了这些，所以才找到空隙绕过马其诺防线。

## 小结

在过去，古代罗马帝国为了保护在扩大版图时取得的广大领土，筑起了具备必要防御力的边境城墙。经过约两千年之后，这种边境城墙可说是以马其诺防线和兴登堡防线之名复活。当然，这两座要塞因为科学技术与产业资本的发展，是汇集了丰富建筑材料与高度近代筑城技术的代表作，无法跟古代城墙相提并论。

不过在这源远流长的时代洪流当中，即使要塞在形态与功能上会把各时代、各地域的筑城方法以去芜存菁的方式接连流传，或是加以变化发展，但其防御设施的原则却都不曾改变。就像我们这一连串看下来的一样，从中世纪城堡的双重城墙化、增设强化的武装防御设施，到近世以后的棱堡、多角形要塞，再进化成环状分派堡式要塞，防御上的"纵深性"与"重视火力"原则不管在哪个时代都是不会改变的，即使是在现代，这些原则也都是防御的活用要领。

▼ 是否真无要塞能够永久防御，至今依旧留有射击孔的德国哈肯伯格要塞

威尔士的代表性城堡之一：卡那封城堡

✳ 传承历史与文化 ✳

# 欧洲名城探访

**在欧洲留有许多历经往日风华传承至今的城堡
各城堡都鲜明地反映出当地的风土文化以及时代流转的痕迹
在这些城堡中，也曾经上演过一出出悲欢离合的人间戏剧
刻画进这石造城堡中的历史耳语，仿佛正对来访者轻诉着**

# 英国城堡

将重点置于实战性的防卫机能 坚固的战斗性中世纪城堡

←卡那封城堡　至今仍留有在11世纪时于罗马军的城塞遗址上建构的土垒内庭堡遗迹，引人入胜。这在之后改建成壳形主城楼，并强化了城墙，持续不断改建，最后终于改头换面成为豪华绚烂的贵族宫殿。照片为留存于城内的小丘与壳形主城楼

❶ 哈莱克城堡　13 世纪由筑城王爱德华一世命筑城家詹姆斯建造的名城。耸立于临海的险峻岩石上,备有开合吊桥、城门主楼。在爱德华建造的要塞坚城当中,被认为是完成度最高的同心圆形城堡

❷ 基德韦利城堡　12 世纪建在河边半圆形地基上的城堡,13 世纪时在城堡内部又围上了一道方形的幕墙形成内郭,至于形成外郭的半圆形幕墙与巨大的门楼则是在 14 世纪时所建。现在所留下来的建筑物,大部分是在十字军远征时与爱德华一世同行的佩因·德·查沃思( Pain de Chaworth )所建,并受到叙利亚地区的坚城影响

❸ 利兹城堡　原本是构筑于 11 世纪末的诺曼式城堡,之后经过几次修复、扩张,遂变成像现在这样浮在湖中、拥有两个城区的美丽水城。在中世纪这里是包括法国公主在内的六名王妃所住的城堡,因此被称为"贵妇人宫殿",外观洗练,极富趣味

↑ 多佛城堡　位于英格兰王国入口处,具压倒性规模的大要塞。耸立于临海的断崖上,壕沟既深且宽,城墙又高又厚,相当坚固。外郭有 20 座以上 D 形塔,内郭则有十座方形塔( 照片 ),另外还留有两座门楼以及中央的巨大矩形主楼

↑**普法尔茨伯爵石城堡** 为了对通过莱茵河的船只征收关税,在14世纪初构筑于河中沙洲上的城堡。一开始它只有中间的五座角塔,不过之后则加上了形状像船一样的坚固外郭,因此别名"石头城"

# 德国城堡

## 反映中世纪德国历史
## 多如繁星的大量山岳城塞

❶ 卡兹城　耸立于突出的岩场上,前方与左右三面都是陡峭的斜面,形成天然屏障。无论是望楼还是外墙都很坚固,除了提高城堡的防御性之外,也兼具舒适的生活功能

❷ 纽伦堡城　此城的历史始于12世纪后半叶,红胡子腓特烈一世在以前就有的诸侯城堡以西构筑了新的皇帝城堡,而这座城堡后来就扮演起向那些想要追求自立的都市夸耀势力的角色。照片是都市围墙的门

❸ 科赫姆城　于11世纪后半叶创建在可以俯瞰摩塞尔河的山丘上,在17世纪末遭到了法军攻击,只有中央的大城塔得以幸免于难,因而保留住当时的英姿

❹ 马克思堡　耸立在可以俯瞰布洛巴赫市区的险峻山上,是莱茵河谷中唯一完全没有遭到破坏的城堡

← 瓦尔特堡　俯瞰着爱森纳赫市的城堡,在10世纪中叶于古道的要冲开始建筑。之后改建为诸侯的城堡,于13世纪初建成现在的样貌。19世纪时,在浪漫主义的影响下进行了大规模修复

# 法国城堡

## 历史悠久的王侯城堡 最后因宫廷文化而耀眼绽放

❶ **塔拉斯康城堡** 自古以来就耸立于法国南部重要交通线隆河河中的小岛上,城堡前的水面乍看之下是护城河,其实是隆河的分流河水。这座城在12—15世纪时建筑于罗马的城塞遗迹上,并没有经过改建,因此完美保留下了中世纪的样貌

❷ **尚博尔城堡** 16世纪初由弗朗索瓦一世破坏了原本的狩猎别馆后开始构筑,并于继任的亨利二世时代中完成。它虽然从一开始就是要建为城馆,不过外观则是模仿中世纪城堡,有很多座塔,大小塔楼倒映在水中相当美丽

❸ **索摩尔城堡** 耸立于可俯瞰卢瓦尔河的高地上。13世纪初,路易九世拆除了本来的城堡,建起新的城塞。到了14世纪末,安茹公爵路易一世又在这样的基础上增建了豪华的城馆。虽然外观看起来很厚重,不过内部则改建为舒适的居住空间

❹ **阿宰勒里多城堡** 由财务官吉尔·贝特罗在16世纪初开始建造,但主要施工者则是其妻菲莉帕,因此城馆与庭园洋溢着优雅的美感。将近完工的时候被国王没收,并于19世纪形成现在的样貌,是一座浮于安德尔河上的优雅城馆

**盖雅德城堡** 1196 年，英国的狮心王理查一世为了防卫当时属于英国的诺曼底所建的城堡，是座三面断崖、固若金汤的要塞。在狮心王死后，法国国王腓力二世进攻此城，并用奇计将之攻陷。后来路易十三为了防止在内乱中城堡被人利用，因此将它破坏至无法用于作战

Photo by Beniyama Yukio

**希侬城堡** 耸立在突出于卢瓦尔河支流维也纳河的山丘上。11 世纪交给安茹家族之后城堡继续增建，在 12 世纪中叶完成现在的坚城样貌。15 世纪初查理七世曾经把宫廷置于此处，成为政治的中心，但之后则被国王放弃，使得城堡的昔日荣光逐渐散去。照片为时钟塔

Photo by Beniyama Yukio

# 十字军城堡

## 在此可以看见被欧洲中世纪城堡汲取的东方先进筑城技术之根源

❶ **骑士堡** 残留于叙利亚北部的中世纪城堡建筑的最高杰作。原本是敌对阵营构筑的小城堡,十字军在夺取之后则彻底施以增强、改建工程,形成现在的样貌。保存状态良好,至今依然能感受到十字军时代的建筑技术魄力

❷ **朱拜勒城堡** 十字军占领了地中海沿岸丰饶的港湾都市,为了设下防线,就构筑了一连串被称为"珍珠首饰"的要塞群。现在残存于黎巴嫩海边的朱拜勒城堡就是其中之一

❸ **城堡** 建在位于城市中央小碗状山丘上的城堡,阿勒颇在十字军时代是伊斯兰阵营的要冲,为叙利亚北部繁荣的古邨。城堡的历史也相当古老,追溯至公元前10世纪,此处就已经有城寨存在

❹ **波弗特堡** 于12世纪初建造,是十字军时代典型的大城堡。耸立于约旦河谷的险峻地形中,号称拥有顽强的防御力。这是伊斯兰世界的英雄萨拉丁进攻失败的五座城堡之一

# 第5章

## 各国城堡进化的种种面相
# 城郭的深层发展史

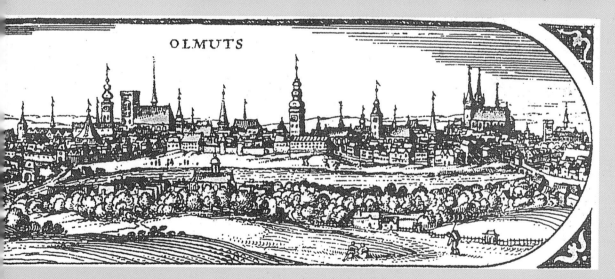

### 誓言统一不列颠群岛的爱德华国王

据说爱德华一世身材高头大马，五官端正，头脑清晰，善于演说。头发在小时候是金色，长大成人变成黑色，晚年则宛若天鹅一头雪白。

另外，当他迈入老年之后也没有发福，依旧有着健美的肌肉，行动毫不迟缓。他是一位经常亲自率军在前线奋战的英勇国王，终其一生完全没有在病床上躺过。

## 筑城王爱德华的城堡群耸立于威尔士

# 达成终极防御理想的中世纪城郭巅峰

成功征服威尔士的爱德华一世
祭出以城堡群构成占领网络的政策
之后，在西欧边境的凯尔特人之地
陆续建起了堪称中世纪最高杰作的城堡

文／西野博道

爱德华国王很能倾听议会和贵族的意见，同时也让英国国王的权威和权力不断提升。他是金雀花王朝历代国王当中自亨利二世以来的大器之才，为当时岌岌可危的英王室中值得期待的希望之星。在毫无人望的祖父约翰王和父亲亨利三世之后出现的这位国王，正可说是有如王牌一般的存在。

而这位极富英勇智略的英国国王爱德华一世，在中世纪欧洲城郭史中也是一位知名的筑城王。

爱德华国王所建的13—14世纪英国城堡，特别是建在威尔士的城堡群，就欧洲城郭史来说是相当耀眼的进步，爱德华一世促成了许多座足以代表中世纪欧洲城堡的名城建造。

爱德华因为十字军远征的关系而渡海前往欧洲大陆，当他从巴勒斯坦踏上归途时，却接到了父王亨利三世死于意大利的消息，因此急忙赶回英格兰，并于1272年成为英国国王爱德华一世。

爱德华国王对于领土相关问题，除了法国南部的加斯科涅领地之外，决定不再执着于在祖父约翰王手上丧失的祖传大陆领土，转而先去征服与英格兰相邻的威尔士、苏格兰、爱尔兰。也就是说，他优先关注的是统一整个不列颠群岛。

爱德华国王召开议会，与议会订定在没有他们的同意之下不得增税的公约。另外他也奖励贸易和产业，致力于经济发展，首先求取英格兰国内政治的安定。

而当时机成熟之后，他就立誓征服整个不列颠群岛，并对威尔士（1277—1282）和苏格兰（1296—

▲12世纪末，圭内斯的卢埃林大王为了统一威尔士而开始进军。到了孙子卢埃林王子的时代，已经几乎征服到了威尔士的中央部位

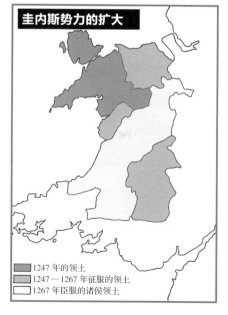

■ 1247年的领土
■ 1247—1267年征服的领土
□ 1267年臣服的诸侯领土

1307）展开侵略战争。

## 两度远征威尔士

威尔士是个气候严峻且山脉众多的地区，威尔士人的部族分散于各地生活，不存在统一王朝。人们几乎不以村、镇为单位生活，而只是饲养着家畜，住在以树枝搭建的简陋小屋里。各部族之间会不断交战，如果敌人攻过来的话，就会带着所有族人逃进森林里去，并以打游击的方式应战。他们并没有铠甲，武器是大弓、剑、标枪等物。据说即便在严寒的冬季，他们依然打赤脚作战。

原本威尔士人几乎都是英格兰的先住民族凯尔特人（不列颠人），他们以前是住在平原较多的肥沃英格兰地区，但因为遭到罗马军、维京人、盎格鲁-撒克逊人侵略的关系，就被赶到威尔士地区去了。

过去在盎格鲁-撒克逊的七王国时代，也有奥法王（Offa，756—796）在国境线上建造了一座称为"奥法堤"（Offa's Dyke）的边墙，切断了与威尔士的关系。

征服者威廉在征服英格兰之后，在国境上配置了切斯特（Chester）伯爵与什鲁斯伯里（Shrewsbury）伯爵，对威尔士进行监视。不过这些国境领主后来为了扩大领地，在没有得到国王许可之下就进攻了威尔士并夺取其领土。在威尔士南部和中央部的河川流域以及平地上，之所以从很早以前就已经有诺曼贵族的城堡与市镇，就是在于此。

12世纪时，威尔士人依旧是以各族长为中心生活在深山里，不过在称为圭内斯的威尔士西北部山岳地带，却出现了唯一的由威尔士人王族统治的区域。

1194年，卢埃林大王成为圭内斯的国王之后，就下定决心统一整个威尔士，并开始进军。卢埃林大王让威尔士人穿上铠甲编组部队，形成有组织的军队，开始攻陷由英格兰军据守的城堡。

当爱德华一世成为国王的时候，圭内斯的新领导人是卢埃林大王的孙子，也就是同名的卢埃林王子。卢埃林王子并未出席爱德华国王在伦敦威斯敏斯特的加冕仪式，坚决拒绝臣服。

卢埃林继承了祖父的遗志，誓言扫除威尔士的英格兰人，开始对位于威尔士中央部位的英格兰领地进军，并陆续成功夺回领地。

▲立于康威镇里的爱德华一世像

1276年，爱德华国王抓了卢埃林的未婚妻——西蒙·德·蒙特福特（Simon de Montfort）的女儿埃莉诺（Eleanor）当作人质，并出击威尔士镇压叛军（第一次威尔士远征）。

卢埃林军躲藏在海拔1085米的天险斯诺登山里面，以游击战进行对抗，不过爱德华国王却将其供给粮食的路线切断，对据守山里的卢埃林军展开兵粮攻法。最后双方缔结休战条约，将圭内斯以外的全部地区割让给英格兰，卢埃林则发誓臣服于爱德华国王。爱德华国王允许卢埃林与埃莉诺结婚，并于1278年亲自出席婚礼。

但是之后因为爱德华国王的智略而逐步被逼入绝境的卢埃林，于1282年再度反叛。爱德华国王的部队立即包围了叛军的大本营斯诺登山（第二次威尔士远征）。卢埃林一度突破包围网，并进入了威尔士中部，不过他却在比尔斯（Builth）附近的小冲突中，被根本就不知道他是卢埃林王子的敌兵杀害。

就这样，爱德华国王成功征服了整个威尔士，并分封领地给有战功的贵族，以及曾经协助战争的各个国境领主。

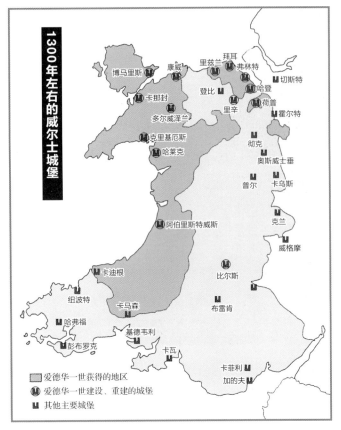

## 展开建造城堡的占领政策

爱德华国王在入侵威尔士的时候，留下了相当多的暴行伤痕。因此爱德华国王为了维持强行占领的圭内斯这个威尔士最危险地区的治安，就沿着海岸线建起了好几座坚固城堡。

就像要围住圭内斯的山区一样，在海岸线上连绵构筑了康威城堡、博马里斯城堡、卡那封城堡、克里基厄斯城堡、哈莱克城堡等新型城堡。这是为了让威尔士人见识英格兰的军事力量，以消弭他们的反叛之心而展开的城堡网占领政策。

其实，以打造城堡的方式来完全征服威尔士的想法，似乎早就已经存在于爱德华国王的占领计划当中。在第一次远征的步兵队里面，配属负责砍伐林木的人，在进军的同时便展开了筑城工程。他的出兵是从砍伐森林开始，一边与卢埃林军战斗和应付游击队奇袭，一边推进军队。而留下来的部队同时也就是筑城部队，成员由包含女性在内的许多工匠所组成。他们之后会暂时留在当地，并且着手打造城堡。

在第一次远征中，建好了比尔斯城堡、阿伯里斯特威斯（Aberystwyth）城堡、里兹兰（Rhuddlan）城堡、弗林特（Flint）城堡等，当初全部是木造建筑，在之后才改建成石造。

之所以要在沿海地带的大河流域连续构筑城堡，是因为当叛军进攻城堡的时候，可以从安全的海上以船只联系各个城堡，并补给救援物资、武器、兵力。如此一来，就可以不用靠近擅长在森林中打游击的威尔士军队，也不会让城堡陷入孤立无援。

像爱德华国王这种通过在威尔士各地建构许多震慑人心的最新型城堡来进行征服，借此维持治安的占领政策，恰似征服者威廉在征服英格兰之后，于各地建造大量土垒内庭堡，让诺曼贵族得以安全居住，以及扩大行政据点的占领政策，可说是爱德华国王刻意仿效威廉王而进行的战略。

最后，在1277—1295年，爱德华国王就在威尔士各地建了比尔斯城堡、阿伯里斯特威斯城堡、里兹兰城堡、弗林特城堡、康威城堡、卡那封城堡、哈莱克城堡、博马里斯城堡等新城堡。除此之外，他还修复了包括多尔威泽兰（Dolwyddelan）城堡、克里基厄斯城堡、荷普（Hope）城堡、拜耳（Bere）城堡等从威尔士人手上夺取的城堡。另外，他又命令各国境领主，构筑了由国王亲自设计规划的哈登（Hawarden）城堡、登比（Denbigh）城堡、里辛（Ruthin）城堡、霍尔特（Holt）城堡、彻克（Chirk）城堡等，以彻底监视征服之后的威尔士。

## 同心圆形城堡的登场

英国城堡的历史，是在诺曼底公爵威廉1066年征服英格兰前后，从木造的土垒内庭堡开始的。12世纪左右，几乎所有的城堡都改为石造，并且出现壳形主城楼与矩形城楼（塔形城楼）。后来到了12世纪末时，大小城塔从矩形变成多角形、圆

▲诺曼人带进不列颠岛的土垒内庭式城堡

▲加的夫城堡的壳形主城楼内侧

▲基德韦利城堡的门楼

形或是 D 形，13 世纪则出现了高耸的幕墙与巨大的门楼。

爱德华国王在威尔士建的新型城堡，就是诞生于其中的划时代城堡。爱德华国王所构筑的城堡大多会被称为同心圆形，也有人冠上国王的名号称之为爱德华式城堡。

这种爱德华式城堡，是爱德华国王依据他 1270—1272 年参与十字军远征耶路撒冷时所学来的筑城技术，结合他对欧洲城堡的相关知识，将之融会贯通后所发展出来的形式。国王本身着实拥有相当优秀的筑城技术，就连地点选择都是由爱德华国王亲自操刀，在筑城工程进行时也尽可能在现场监督、指示。

另外，在筑城王爱德华一世的麾下，还有出身于法国萨伏依（Savoy）的圣乔治的詹姆斯（James of Saint George）这位优秀的建筑家。1273 年，爱德华国王在萨伏依首次见到他的时候，詹姆斯就已经建过了几座城堡，享有筑城家之名。1277 年，在爱德华国王开始远征的时候，詹姆斯也被召唤至英格兰，并于此后三十余年，在威尔士过着建造城堡的下半生。詹姆斯并不单是个技师，1290 年，他被任命为同心圆形名城哈莱克城堡的总管，并且住在城内的门楼当中。

据说爱德华国王与詹姆斯所构筑的同心圆形城堡，应该是以叙利亚的"骑士堡"为典范。不论是爱德华的点子还是詹姆斯的经验、技术、灵感，都得以充分发挥，让这些城堡达到当时军事要塞的最高水准。

另外，这些同心圆形城堡造型皆很优美，也具有非常高的价值。它们与从土垒内庭堡发展而来的传统英国城堡最根本的差异，就在于整体的规划（筑城计划）。以往的城堡在规划上为了尽量活用自然地形，城堡建筑就无法左右对称，成为不规则的造型。而随着时代的演进，城堡也不断扩建增筑，规划就变得杂乱无章，整体建筑常常都会变得乱七八糟，因此最后就形成了变化丰富的厚重哥特式城堡。

话说回来，同心圆形城堡却完全没有不规则性。它全部是依理性来打造，建筑物左右均匀对称，具有规则性，在外观设计上符合几何学的平衡。即便如此，通过有效配置大小城塔与门楼，还是能够表现出像哥特式那种厚重感，看起来力道不失强劲。就这样，此种收束中世纪城堡有终之美的坚固城堡，便突然出现于荒凉的威尔士原野当中。

### 追求武装防卫机能的构造

打破既有常识构筑而成的同心圆形城堡基本构造，是以幕墙、墙塔、门楼构成。在角落设有圆塔的幕墙分为外郭与内郭双重（三重）构造，城墙以共通的中心点形成相等距离的同心圆，并配置城

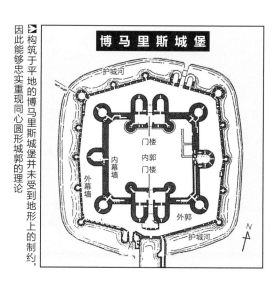

▶ 构筑于平地的博马里斯城堡并未受到地形上的制约，因此能够忠实重现同心圆形城郭的理论

塔、城门，建筑物上方也没有开着箭孔的城堞。而越是优秀的城堡，外幕墙（外城墙）与内幕墙（内城墙）之间的距离就会越靠近，且外幕墙也会建得比内幕墙还要低。如此一来，即使外郭遭到敌军占领，狭窄的外郭也无法架设攻城机械，会成为敌军攻击对象的城堡各处皆位于支援射击的射程内，保护相当周到。也就是说，这种构造不仅让内郭可以攻击位于外郭外侧的散兵，即使外郭被攻陷，从紧邻的高耸内郭幕墙也能轻易攻击敌兵。

采用了这种同心圆形城堡之后，以往位于内郭中央，当作城堡防卫最后抵抗据点的主城楼就不再需要，且门楼也持续发展、强化，使得城堡规划上的弱点就此消失。

有厚重瓮城守护的门楼变得巨大化，并且一分为二成为双塔门楼。在双座门楼之间有五六道铁制城门与吊闸，顶部还有屠孔挡住去路。此时的门楼在通路的上层备有城主的房间，从单纯的城门转变为具备独立居住设施与防卫机能的据点，逐渐主城楼化。当它的规模继续扩大之后，就被称为城门主楼。

过去曾是城堡最大弱点的城门，因为投入了当时最先进的筑城技术，从而具备了当作城堡最后防卫据点的主城楼功能。即使敌军突破了五六层城门冲入城内，位于门楼上层的司令塔依旧可以发挥主城楼的机能，攻击入侵城内的敌兵。至此，城内最大的弱点便摇身一变，成为最强的军事设施。

在同心圆形城堡当中，当然没有使用矩形塔。矩形塔四个角落的石砌万一崩塌的话就会很脆弱，也容易形成死角，在防御上有很多问题。如果是圆形塔的话，就能对来自各方进攻的敌军展开均等防御。另外，现今遗留下几座内侧空空如也的 D 形塔和圆塔，这并不是偷工减料，而是要让它们在万一被敌人占领时，于敌兵完全没有任何利用价值。

这种同心圆形城堡的守军人数，一般来讲只要 30 人就已经足够，是个相当惊人的数字。由此可知，它真的是一种易守难攻的城堡。另外，它的建造工期平均为五到七年。

## 转变为近世的军事要塞

说到爱德华国王在远征威尔士时所建的代表性同心圆形城堡，就包括阿伯里斯特威斯城堡、里兹兰城堡、哈莱克城堡、博马里斯城堡，也别忘了在威尔士还有卡菲利城堡、基德韦利（Kidwelly）城堡等主要的同心圆形城堡。

卡菲利城堡由盎格鲁－诺曼系的大贵族吉尔伯特·德·克莱尔（Gilbert de Clare）所拥有，要单靠一名贵族以个人的财力建设如此宏伟的同心圆形城堡，除此之外别无他例。该城于 1268 年开始建造，1277 年竣工。爱德华国王曾经造访过一次卡菲利城堡，并且着实感到惊讶。等到国王回到伦敦之后，就马上着手把王城伦敦塔的外郭改造成同心圆构型。接着，在之后开始征服威尔士时，还展开了前所未闻的大规模筑城行动。周围被人工湖所包围的卡菲利城堡，是建于威尔士最早也是最大的同心圆形名城。

另外，建在西威尔士地区的基德韦利城堡，一开始是座土垒内庭堡，13 世纪时由查沃斯（Chaworth）家族所持有。这个地区自从诺曼征服以来，很早开始就由英格兰贵族统治，当时的领主

▲被广大人工湖所包围的水城卡菲利城堡

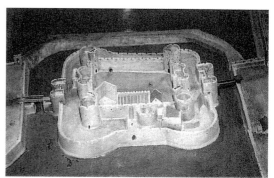
▲卡菲利城堡中心部分的复原模型

◀从流经城堡正下方的河上仰望基德韦利城堡

▲基德韦利城堡的复原模型

▲基德韦利城堡是建在河岸边的半圆形地基上，因此属于稍有变形的同心圆形城郭

潘恩·德·查沃斯还与爱德华国王一起跟随十字军远征，在叙利亚、巴勒斯坦受到了石造坚城的影响，因此而打造了基德韦利城堡。它是一座稍有变形的同心圆形城堡，相当值得瞩目。

包括1275—1285年进行的伦敦塔改造工程在内，爱德华国王除了威尔士之外，只要地理条件允许，就把位于整个英国之内的王城全部修改成同心圆形。虽然年代有前有后，相对于像多佛城堡那样在内郭是以方形塔搭配幕墙，在外郭则会用圆塔来搭配幕墙。去研究从以往的诺曼式城堡改造成同心圆形城堡的痕迹，就能探寻出各城堡的历史变迁，相当有趣。

而像卡那封城堡和康威城堡这种属于王室的大城堡，之所以也会建成同心圆形城堡，应该是基于地理上的理由。这两座

属于威尔士王子的城堡与其他的威尔士城堡规格并不相同，恐怕就是因为这样才反而要刻意建成同心圆形。同心圆形属于较具攻击性、威吓性的军事城堡，并不适合作为政治、文化中心。而这两座城堡都是拥有壮观外墙的威尔士城郭都市，时至今日依旧拥有非常高的价值。

同心圆形城堡除了是中世纪城堡的巅峰之外，它那几何学的造型也跟之后的棱堡式军事要塞有所关联，可说是连接中世纪城堡与近世军事要塞的桥梁。事实上，在此之后的城堡，军事要塞与王宫、宫殿皆完全分离，各自走上了不同的道路。

▼卡那封城堡与都市城墙的复原模型

▶耸立于卡那封城堡西端的鹰塔，是城内最大的塔

## 以水保护与建设都市城墙

说到 13 世纪的城郭特征时不可不提的,就是靠水来保护的这点。像由爱德华国王重建的肯特郡利兹(Leeds)城堡、肯纳尔沃斯(Kenilworth)城堡、伦敦塔,以及卡菲利城堡等,在城堡的外郭都围绕有越来越宽、越来越深的护城河。当时令守城士兵最为困扰的其中一种敌军攻城法就是穴攻法(在城墙下挖掘隧道,然后再点燃支撑用的木头,让城墙崩毁的作战),为了反制这种战法,壕沟就会越挖越大,甚至会使城堡像浮在湖里一样,这对之后构筑于 1385 年的博迪亚姆(Bodiam)城堡等处的护城河也带来很大的影响。

另外一项比较显著的特征,就是会刻意去建造城郭都市的都市城墙。若想进入由高耸的石造城墙所包围的城镇,就一定要通过城门才行。这种城门有好几道厚重的大门,也备有吊闸和屠孔,简直就像门楼一样。一旦增加城郭都市的防卫力,人口便会跟着增加,许多商人和工匠会从各地聚集过来。在道路两侧会开设市场,发展成热闹的商业都市。像这种都市城墙,一般认为是从法国南部的城郭都市卡尔卡松首先开始的。

爱德华国王首先在法国南部的加斯科涅建起城郭都市,于威尔士的占领政策中,也积极加入了这种城郭都市计划。最后,除了多尔威泽兰城堡与彻克城堡之外,几乎在所有的城堡周围都建起了都市城墙,围住城邑形成外郭。但实际上具备正规石造城墙、墙塔、门楼等设施的只有像登比城堡等少数案例,其他城郭都市几乎都是仅以木栅和土堆围起来而已,这恐怕是因为钱不够的关系。当然,有如前述一般,也有像康威城堡和卡那封城堡那样,直到今天都还留有许多可令人遥想中世纪的石造遗构。

爱德华国王从英格兰招来许多商人,让他们住在这都市城墙的内侧,发展出商业贸易都市。威尔士人在白天可以进入都市城墙内与英格兰商人交易,太阳西沉之后则须离开至城墙外。城墙除了保护英格兰商人之外,也确实让威尔士的经济状态好转,笼络了威尔士的人心。城主通常会兼任市长,最后连威尔士人都可以住在都市城墙周围,并在该处生活。

在威尔士因爱德华国王构筑的城堡而发展起来的城郭都市,之后则普及英国全境。像切斯特(Chester)、纽卡斯尔(Newcastle)、卡莱尔(Carlisle)等内有中世纪城堡的城市,在外圈都会建有坚固的石造城墙。

## 未完成的城堡网

爱德华一世所建的威尔士城堡群可说是欧洲城堡史上建筑技术的巅峰期,堪称最高杰作,不过 1294—1295 年,威尔士再度掀起叛乱,许多城堡遭到破坏或被夺取。爱德华国王紧急率领 3.1 万大军进入威尔士平乱,最后威尔士并没有独立成功,国王终于得以放心。

但此后英格兰国内外陆续发生了各种问题,绊住了国王的脚步,这包括加斯科涅问题、苏格兰问题、爱尔兰问题、对国内教会的课税问题、反战论的崛起问题等。晚年的爱德华国王一直无法找出有效的解决办法,让财政因此陷入困境,难题堆积如山。

最后,与詹姆斯共同计划出来的威尔士城堡网络群也就一直没有完成。

▶ 康威的都市城墙复原模型,最远处的就是康威城堡

▼ 都市城墙的米尔城门

◣◥迪尔堡是16世纪中期构筑的海岸要塞,同心圆式的几何形态可说是跨越至近世军事要塞的桥梁

另外,在征服苏格兰方面,爱德华国王当时被称为"苏格兰人之锤"(Hammer of the Scots),人们避之唯恐不及。他陆续派遣了当时号称世界最大规模的2万弓箭手部队等无敌军队进入苏格兰,却因为英雄罗伯特·布鲁斯(Robert Bruce)和威廉·华莱士(William Wallace)等人的抵抗,无法完全征服苏格兰。另外,苏格兰也和法国缔结同盟,联手对抗英格兰,因此状况变得更加艰困。

爱德华国王为了阻挡苏格兰军进入,在英格兰北部建了许多座城堡,其实在苏格兰的海岸线上也跟威尔士一样,曾经有计划要大规模建设由詹姆斯设计的同心圆形城堡群,但是最后因为缺乏资金的关系而没有实现。爱德华国王为了征服威尔士所花掉的筑城费用,已经超过了10万英镑。

征服苏格兰之所以会以失败告终,并不是因为爱德华国王的儿子爱德华二世太无能,也不是因为苏格兰人的爱国心和武艺比威尔士强,或是英雄比较多,其实真正的原因或许是募不到能够构筑坚固城堡网络的资金吧。

爱德华国王在1307年前往镇压再度掀起叛乱的苏格兰途中,于英格兰北部的阵地中去世。

## 失去军事据点功能的城堡

当14世纪从中国传入火药之后,就已开始在攻城当中使用。一开始火药的破坏力并不足够,在安全方面也有问题,只能当作以巨响吓吓城兵的手段。等到大炮能够在攻城战中发挥威力之后,威尔士城堡群所具有的军事据点意义便逐渐淡薄。另外,在出身威尔士的贵族亨利·都铎成为英格兰国王亨利七世的时候,阻碍英格兰人与威尔士人交流的都市城墙也被拆除。两个民族之间不仅积极通婚,威尔士在政治、文化方面都逐渐与英格兰融合。最后建在威尔士的那些城堡就都被废除,转用为地方的监狱、兵舍、兵器仓库等。贵族城主离开了很不舒适的城堡,搬迁到宫殿或宅邸等处去生活。

众所皆知,在玫瑰战争(1455—1485)与克伦威尔的市民革命(1642—1647)期间,许多城堡都遭到炸毁、破坏。而在16世纪的亨利八世时代,为了防止法国和西班牙来袭,在海岸线建起备有炮台的城堡(军事要塞)。不过像迪尔堡这种要塞,虽然具有"城堡"之名,但是里面却没有供国王或贵族居住的设施,只有军人驻守戒备,已经完全变成军事要塞。

虽然有很多座城堡在历次内乱中因遭到炮击而荒废,不过威尔士至今依然留下许多遗构。很讽刺地,威尔士这个地方就因为如此,在之后有幸成为了英国历史上的政治、文化以及产业中心。

最后,就让我们来谈谈在维多利亚王朝时代中引发的哥特复兴运动这种社会现象。领先世界最早成功进行工业革命的英国人,在19世纪也受到浪漫主义的影响,因此开始对城堡遗迹等中世纪建筑物和废墟产生了美感与爱恋,复兴、整修城堡的运动相当盛行,包括威尔士的加的夫城(在城内建有哥特式宫殿)、红堡(Caltell Coch,复兴的模拟城堡)、卡菲利城堡(复原中世纪城堡)在内,有许多城堡都被重建。时至今日,英国依旧有许多对中世纪相当感兴趣的历史爱好者。英国人除了追求最先进的科学技术之外,也有国民难以忘怀过去的强大。英国之所以会在各地细心保留着数量庞大的城堡,应该就是这种国民性的影响所致。

## 从德国城堡来看 中世纪城塞的实态与分布

# 从无数封建统治小区块发展出来的上万城堡群

13世纪时，德国建造了多如繁星的军事城堡"Burg"
其建设时期、数量、分布的实态，处处反映着当时
仍属于神圣罗马帝国的德国土地上细分化的政治状态
随着中世纪的落幕，城塞也走向终点，转移至城郭、宫殿的时代

文 / 鱼住昌良

### 重点放在军事面上的城堡

代表"城"意义的德文，一般会使用"Burg"与"Schloss"这两个词；Burg会建在比较险峻的山上，或是利用湖沼构成"水城"（Wasserbrug）。相对于较重视军事面的防御设施Burg，Schloss则大多会建在平地，除了军事功能之外，较偏向统治广大领域的政治性意义时就会使用这个词。在此将前者译为城堡，后者译为城郭。

像这种推移，笼统来说应该会令人联想到日本城堡从山城转移为平城的变迁。但是对于平地较多的德国来说，在平地会有比较多城堡也是理所当然的事情。

另外，作为本文主题的"Burg"这个德文词，虽然由来不是很确定，但较具可信度的说法，是在《日耳曼尼亚志》所记载的时代（公元1世纪左右），罗马用以抵御日耳曼的边墙上，会以一定间隔设置一种称为"burgus"的监视塔（兼宿营设施），而Burg应该就是从这个词转变过来的。"Burg"与"Turm"（塔）互相为类似的同义词，因此拉丁文的"burgus"恐怕也跟具有类似意思的希腊文"πύργος"（塔、城）有着某种关联也说不定。

不用说，语言是活的东西，它会因为使用的人与时代的不同而产生各式各样的变化，所以无法加以严密定义，区隔也是理所当然的事情。

另外再补充一点，当我们去德国观光时，若提到"德国的城堡"，除了上述的"城堡"与"城郭"之外，还会有一种德文称为"Residenz"（宫殿）的形式。若要将"Residenz"归类，它会属于近世以后才大量出现的君侯居城，这反映出在进入17世纪之后，德国的君侯与世俗诸侯都会改住在都市里面的现象。

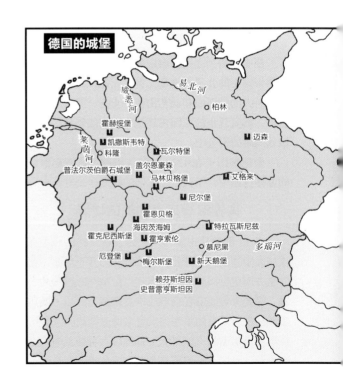

### 纽伦堡城

▶ 这座城堡始于 1050 年萨利安王朝亨利三世的军事据点（诸侯城堡的部分），在 12 世纪时于西侧又接着建起了皇帝城堡，一直到 16 世纪后半叶，有许多任国王或皇帝都曾在此停留，并召开帝国会议或是宫廷会议。照片中是一座称为圆塔（古高地德语称 Sinwell）的哥特式城塔，直径为 10 米，旁边有一口深达 50 米的水井

Photo by Beniyama Yukio

▶ 耸立于爱森纳赫市（Eisenach）郊外的山丘上，建于 1200 年，原本是诸侯的城堡，于 1319 年失火之后改建成哥特风格。13 世纪初，宫廷诗人曾在此城堡的大厅中展开热烈的吟诗较劲，是骑士文化的中心。1521—1522 年，路德在躲藏于此期间翻译出了德文圣经。城堡于"三十年战争"期间遭到破坏，并在 19 世纪时重建，但有些地方已经跟以前大不相同

第 123—127 页的图是依据 F. W. Krahe, *Burgen des deutschen Mittelalters: Grundriß-Lexikon* 绘制

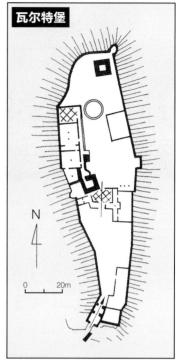

附带一提，在中世纪中期（12—13 世纪）之后的数个世纪期间如雨后春笋般大量出现的德国"中世纪都市"，其大多数市民都会倾向追求独立自主的"自由"与"自治"，封建的世俗贵族领主一般都会被排除在都市外面，这点必须多加留意（这点跟南欧的意大利等地并不相同）。

到了近世之后，大小领邦君主为了抑制这种都市市民和农民所组成的"共同体"崛起，树立专一的领域统制权，就会搬到都市里面去居住。而宫殿本身也不再具备军事功能，对于外敌的袭击，主要是依靠拥有外墙的都市来进行防卫。就这种防御形态而言，跟日本近世的城下町有着异曲同工之妙，相当有趣。

## 德国的分裂状况促进了城堡的建设

在进入中世纪城堡的主题之前，还要再提醒一点：近年吸引了大量观光客的南德新天鹅堡，虽然外观看起来是中世纪风格，但就如同大家所知道的那样，这是巴伐利亚王路德维希二世为了实现梦想，于 19 世纪建造的浪漫主义产物，实际上跟军事功能一点儿关系也没有。路德维希的梦想是重现那种有着圆桌武士们追求圣杯故事的中世纪鼎盛时期，也就是 13 世纪初的罗马式城堡，据说他用以当作原型的是瓦尔特堡（Wartburg）和纽伦堡的古城。

而瓦尔特堡和纽伦堡这两座古城，除了经过后世修缮与若干改建之外，基本上都将德国中世纪鼎盛时期的城堡特征保留至今，可以说是最好的案例。

瓦尔特堡因为宗教改革者马丁·路德曾在此处将新约圣经翻译成德文而著名，此城是在 11 世纪初为了控制从黑森（Hessen）到图林根的道路而构筑的，为一座纯粹的中世纪风格城堡。

矗立于纽伦堡市北端的皇帝堡（恺撒堡，Kaiserburg），是建在霍亨斯陶芬王朝（Hohenstaufen）的皇帝红胡子腓特烈一世的王权所及之外的既存诸侯城堡的西边（另外有一种说法认为它是从前任国王康拉德三世所建的城堡扩大改建而来）。皇帝堡后来在 15 世纪 40 年代又经过哈布斯堡家族的腓特烈三世施以大规模改造，变成国王宫廷式的风格，但即使换上新装，城内依然不失斯巴达式的质实刚健氛围，与城邑中的富庶市民住宅相比，并没有太多装饰，给人带来低调的感觉。

当然，虽说都是中世纪城堡，但它还是经过长达数百年的变迁，也不能忽视各地域的差异性，且建造地条件也会产生很大的影响。

关于"中世纪"的开始与结束时间，有着各式各样的观点存在，在此姑且将之定为起始于 8—9 世纪，也就是从法兰克时代后半期开始，然后结束于 15 世纪末。而在提到德国的时候，因此就不会是现行的疆域，而会包含目前的奥地利、瑞士等德语圈地区在内，以下就要针对这个范围的城堡沿革

第 5 章 城郭的深层发展史 **123**

**迈森城堡**

▲位于德累斯顿西北方15公里。最早是起源于德国进行东方政策时在10世纪前半叶设置的城堡 Misni。此处为主教所在地，因此是传教与防卫的据点。12世纪时，迈森（Meißen）边境成为韦廷（Wettiner）家族的世袭领地，并于15世纪后半叶开始在古城堡上建起新的城郭。新城堡以建城者的名字命名为亚伯雷西特堡（Albrechtsburg），在1710—1865年，都是王室的瓷器制造地。照片是从易北河畔仰望该城

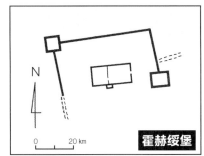

▲位于多特蒙德市（Dortmund）南部的遗迹霍赫绥堡（Hohensyburg），最早是一座筑于鲁尔河（Ruhr）与伦讷河（Lenne）汇流点的古撒克逊民众城寨。775年，查理大帝占据了城寨，并于外寨中建了教堂。在以前的土垒寨内侧曾经建有中世纪风格的城堡，不过却在1287年遭马克伯爵破坏，有部分城墙则转用至其他城堡。之后曾经重建，但又在16世纪完全崩毁。望楼的底面为7.5米×8.5米，墙壁厚1.6米

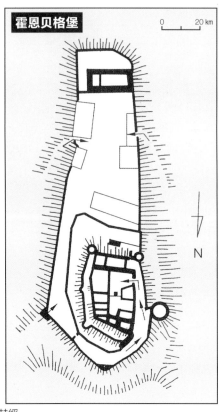

◁▲此城能够俯瞰内卡河（Neckar），城主是12世纪时劳芬（Lauffen）伯爵家族的封臣，并以此地的地名霍恩贝格（Hornberg）为其名。1259年，随着宗主权转移至施派尔主教区，作为受封者的城主也就跟着转移过去。在1366年的文书中提及此处有"两座城堡"，这上下两座城在中世纪后期则通过共同的外城结合在一起。17世纪时遭到破坏，后来部分重建，现在则是把旧厩舍改建成旅馆。望楼直径7.5米，高33米，共五层楼

与分布来作一个概述。

在此只能简单带过一下德国的历史。中世纪的德国在形式上属于神圣罗马帝国，而它并不是一个权力集中于国王（皇帝）的中央集权统一国家。以稍为极端一点的方式来说，皇帝纵使具有权威，却没有掌握权力，这使得神圣罗马帝国无法成为一个真正的国家。从与王权竞争的诸豪族中崛起的各种领邦权力，虽然成功形成类似国家的样子，但这些领邦诸侯本身却也不得不在形成国家的过程中不断与地方贵族、豪族们形成紧张关系，甚至被迫交战，而这就是中世纪德国的实际状态。

虽然前近代以及中世纪社会的共通特征就是豪族们都已经看清只有靠实力来自力救济才是真理，不过德国的状况却跟国王权力相对集中的法国和英国有所差异，而这一点则可以说明为什么中世纪德国会有数量如此庞大的城堡存在。

德国明显开始建设城堡，是在10世纪前半叶急于展开对外防务的萨克森王朝亨利一世的时代，而这个时期则符合在加洛林王朝的东法兰克王国消灭之后，一般所认定的德国史起始时期。而可以说是筑城爆发期的第二建设高峰，则是在12—13世纪的时候，后面会提到较具体的数字。此时期相当于从11世纪后半叶萨利安（Salian）王朝的亨利四世展开主教叙任权斗争的动乱时期，一直到国王"大空位期"（1254—1273）的分裂时代。

## 中世纪初期的避难城堡与城塞都市

话说回来，中世纪初期的中欧城堡只能算是一种避难城寨，并无人员常住，单纯是临时配置人员用的固定据点。这些城堡可以视为古日耳曼（塔西佗的时代）避难城寨（民众城寨）的延伸。

日耳曼时代的民众为了在危险来临时能够获得保护，就必须提供劳力去构筑、修缮城堡以作为代价。塔西佗曾经提到，对于这些以城堡为据点

的豪族，所有人都会保持敬畏，并提供家畜与谷物（《日耳曼尼亚志》第15章）。亨利一世国王在他的城堡规定当中，也提到"对于历来男女聚集之处，必须以坚固的壁垒或城墙包围"。

在亨利一世的城堡中，与这种避难城寨并列的还有一种当时的文书记载为"civitas"或"oppidum"，类似于都市的聚落，它的防御设施在击退来袭的匈牙利人与维京人时皆发挥了功效。而这些都市的聚落，就是类似于法国南部有名的卡尔卡松那种要塞都市。

"要塞都市"跟之前提到出现于中世纪中期之后的"中世纪都市"属于不同的范畴，但也并非毫无关联；今天一般用来表示"市民"意思的德文词汇"Bürger"（古高地德语则为Burgare），就是来自描述这种要塞都市的"Burg"（并非来自骑士的城堡），因此中世纪都市与城堡的关系就相当值得玩味。

亨利一世还在山丘上建了击退外敌用的城堡，这可以在迈森看到。来自东方的匈牙利人最令当时的国王头疼，而建城堡则能解决这个问题，借此巩固萨克森王朝的基础，进入下一位国王奥托一世（史称奥托大帝，962年之后是神圣罗马帝国皇帝）的盛世。

### 成为最后据点的骑士城堡与王城

在这之后陆续增加的城堡，于中世纪的时光流逝当中，逐渐转变成像霍赫绥堡或洪堡那种所谓的骑士城堡。

中世纪的典型城堡就是这种称为骑士城堡的形式，它们除了以军事功能为主之外，同时也是骑士们的居城。跟后世的城郭或那种简直已经是宫殿的建筑相比，这种城堡非常朴实，但随着封建制度扩及整个欧洲，这种有领主居住的城堡依然会成为统治者的象征。

城堡主要就是要让骑士与他的家人、仆人能够有个安全的居住场所，除了属于领邦君主的伯爵、大公之外，就连国王也都住在城堡里。像红胡子皇帝腓特烈一世就拥有恺撒斯韦特（Kaiserswerth）、艾格勒（Aigle）、盖尔恩豪森（Gelnhausen）、尼尔堡（Nürburg）等王城，而像瓦尔特堡和特拉瓦斯尼兹（Trausnitz）那种大公城堡，也都备有坚固的防御设施。只有住在相对安全的城堡中，才能对抗中世纪封建社会那种充满背叛与谋反的环境，是王公贵族的最后据点。

### 担负各式各样角色的城堡

中世纪城堡一如前述，属于军事性居城。但其实大多数城堡除了确保骑士家族的安全之外，还要应付许多问题。另外有些城堡还必须担负保护邻近居民的这种特别任务，拥有当作统治地区管理据点的功能。

举例来说，有像普法尔茨伯爵石城堡（Pfalzgrafenstein）那样用以收取关税的城堡，以及像赖芬斯坦因（Reifenstein）和史普雷亨斯坦因（Sprechenstein）那样管理交通路线的城堡等。普法尔茨伯爵石城堡位于莱茵河中央的沙洲上，最适合用来管理通过的船舶，后面两座则是控制着通往布里纳山口（Brenner Pass）的阿尔卑斯通路。

也有一些城堡是用来维持神圣罗马帝国的和平（治安），使皇帝或是国王的权力能够稳定。图林根地区的克夫豪森城堡（Kyffhäuser）就有这种功能，萨利安王朝时它是皇帝的城堡，驻扎有常备守军。

有些城堡则是要在攻城的时候作为后盾之用。对霍克尼西斯堡（Hohkönigsburg）来说，奥登堡（Oedenburg）就是扮演这样的角色，之所以会有很多两座城堡遥遥相望，便是基于此。

▶耸立于莱茵河中游考布（Kaub）附近的沙洲上。城塔是在14世纪前半叶由兼任莱茵宫中伯的国王路德维希四世所设置的关税所，并于15世纪初期建好了五角形的塔与六角形城墙。城墙厚2.6米，高6.5米。城塔有六层，高17米。这个地点是莱茵河的最狭窄之处，非常适合用来管制船舶。据说莱茵河在13世纪末时至少设置有44个关税所

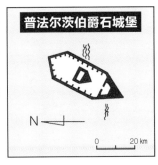

还有一种城堡，是用来对追求独立自主的都市展现贵族、领邦君主或是神职人员势力用的。纽伦堡的皇帝之城和诸侯之城，在很早之前就已经扮演着这样的角色。这种都市城堡多多少少也能发挥控制该地区的要塞功能，到了中世纪后期则用来抑制各都市次数逐渐增加的自立运动。

时间来到了 1525 年 5 月，为了挡住德国农民战争中大举压境而来的农民团，镇压以都市领主主教当靠山，并与农民联手的维尔茨堡市民，马林贝格堡（Festung Marienberg）就发挥了它的功能，是其中最好的案例。

据说在这座山丘上原本就有一座日耳曼人的避难城寨，而在墨洛温王朝时陆续由法兰克豪族改建为城堡，之后则归维尔茨堡主教区所有，1253 年以后成为领主维尔茨堡主教所常住的居城。14 世纪时，为了对应市民的反抗，城堡展开了扩充及强化。

也有一些城堡是用来保护像银矿或制盐厂等特定的重要设施，而就算加上了这些五花八门的功能，这些城堡的外观基本上来讲都没什么改变。

## 象征权力的石造城塔

对于建造城堡的贵族领主们来说，即使雇用自由隶农以及各种阶层的半自由人当作差役，建一座城堡依旧是件必须耗费庞大经费的大事业，如果领地不够丰饶是建不起的。这很难换算成今日的价格，而工程当中必须有大量熟练手工业者参与的这点，应该就是此等巨额花费最大的原因。

有些不是那么富裕的骑士，甚至还会住在城塔里面。也就是说，这种城堡里面就只有一座兼具起居住宅的城塔，是最小型的石造城堡。有很多地方都有这种城堡，它们大部分位在都市或农村附近，推测应该是骑士勉强可以负担得起的住所形式。像这种小小的城堡，在中世纪的各个时期都曾经有过。

然而，除此之外也有大型的城塔，那是一种建筑主人用来耀武扬威的豪华居住用城塔。

这种例子包括梅尔斯堡（Meersburg）和海因斯海姆（Heinsheim）等，这很明显就是由强而有力的领主建起来的城堡。城塔也曾经是一种流行。

即便它们可能因为周边经济状况并不是非常宽裕，因此没有什么装饰，不过城堡在当地依旧是鹤立鸡群的存在。不管是朴素的骑士城堡，还是奢华的领邦君主根据地，全都属于一种权力象征，宣示整个中世纪欧洲铺天盖地的封建制度。臣民们所住的那种用黏土建成的简陋房屋与石造城塔在质地上的区隔，依旧远远超过骑士们的朴素城堡与大公豪华城堡之间的差异。

对于隶属之下的人民，包括隶农与半自由人在内，这种城堡会一再产生压迫感，使他们觉得那是权威的所在地，而不是用来保护他们不被外敌侵扰的设施。要说原因的话，就是封建领主们在互相交战时，通常不会去攻击农村的居民，因此城堡只是用来保护他们自身安全的。

◀中间夹着美因河（Main），耸立于维尔茨堡对岸山丘上的古城。周围有 1.5 公里的城墙围绕，是维尔茨堡主教的居城，名称则来自加洛林时代位于该处的圣玛丽亚教堂。望楼直径 12.8 米，于 1250 年所建。西侧的塔为 15 世纪的哥特样式，而居住用房屋全部是在之后才增建的。1866 年遭普鲁士军炮火洗礼时是它最后一次扮演要塞角色，现在有一部分是博物馆

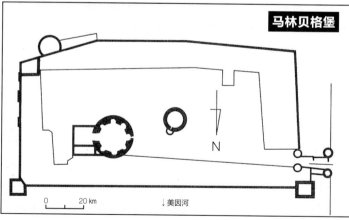

马林贝格堡

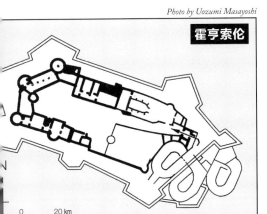

霍亨索伦

耸立于图宾根（Tübingen）南方不到30公里的山丘上，为普鲁士王室的发源地。最早的城堡可以追溯至1267年以前，不过却几乎没有留下痕迹。1450—1460年建的第二城堡有一部分是建在古城的地基上，而这也在持有者不断流转之间陆续崩毁。现存的建筑物是在1847—1867年由普鲁士王室重建的新哥特样式，与中世纪城堡有很大的差异

## 筑城合法化与封主的开城权

城堡建设的高峰期，是在中世纪中期的腓特烈二世皇帝时代。根据克拉厄（Friedrich-Wilhelm Krahe）的研究，中世纪的德国城堡建设约有4.9%是在11世纪，25.5%在12世纪，44.8%在13世纪，18.2%在14世纪，而只有4.2%属于15世纪。由此可知，中世纪城堡几乎有四分之三是在13世纪末之前建好的。

城堡建设到达顶点，是在霍亨斯陶芬王朝末期的1230年左右，与一般认为的骑士时代最盛时期相符。原本强行建造属于国王大权的炫耀用城堡是违法行为，但在管辖领主们的默认之下，不知不觉之间就合法化了。

城堡建设的掌控权，就是在这样的状况中从领邦君主的手中脱离。这可以说是因为在皇帝腓特烈二世未成年时发生了士瓦本公爵菲利普（Philip of Swabia）对奥托·冯·布伦瑞克（Otto von Braunschweig）的王权争夺战，之后腓特烈二世又长期不在德国（他跑去专心经营西西里），接着还进入国王的大空位时期，这使得德国陷入分裂状态，因此就促进各豪族加紧开始建设城堡。城堡的建设，事实上在进行时已经视王权为无物了。

在采邑制的封建关系，也就是以授封土地为媒介建立的主从关系中，上位封主因为战略上的需求，有权命封臣提供自己的城堡，也就是所谓的开城权。依据情况，封臣有时必须对封主开放自己的城堡，而封主也同样会被更上位的封主要求做同样的事情。

像这样，封主可以拿开城权当借口，派驻自己的守备队占据中世纪城堡。依据场合，这也可以当成把该封臣确实留在己方阵营，防止他背叛的绝佳手段。开城权会基于封主与封臣之间的契约让双方都先行了解，换句话说，在授予封地之际，大多数时候会保留开城权。

关于各城堡的成立年代，有些完全无可考据，多数也会有很多不一样的资讯混在一起。即便如此，之前提到过的克拉厄所做的研究已经算是能够令人接受，根据他的数据，可以得知所有的中世纪德国城堡有75%都是在13世纪末之前建好的。

各城堡的正确年代之所以会无法确切认定，原因有相当多种，不过最重要的还是文书史料的不足，且遗迹的保存状态也未必完好，再加上还有一般在决定年代时会产生的各种问题。在19世纪时，日期一般会倾向于往久远方向推移，不过现在却多半会反其道而行。但不论是何者，现在应该已经不会再有相信大多数城堡都是发源自古罗马时代这种天方夜谭的人了。

## 有明显地域差别的城堡分布密度

话说回来，像这种中世纪城堡在整个德国到底有几座呢？而在不同的地区，其分布又有怎样的差别呢？

也许有人已经发现，相对于在某个地区会推出许多关于城堡非常详细的研究与出版物，但在其他地区却可能几乎都看不到。研究与出版物很多的地方，想当然耳就有很多城堡或是城堡的遗迹，例如阿尔萨斯、克恩滕、南提洛、士瓦本山脉、法尔茨森林地区等等。特别是在那些针对每座城堡都有许多研究者大展身手的地区，其城堡数量与分布密度就会给人特别高的印象。如果城堡很多，就较能引起研究者的关注，因此就可以预想那些推出许多研究和出版物的地区，其城堡分布密度即相对较高。

请观察一下图A的城堡分布地图。这幅地

图是基于克拉厄所调查过的 4500 座德国中世纪城堡资料制作而成的,在德国与奥地利是以县或区(Landkreise 或 Bezirk)为单位,瑞士是以州(Kanton),法国则是以省(département)为单位,将城堡(或是城堡遗迹)的数量以黑色方形的大小来表示。由于没有详细的图例,每种大小方形所表示的具体数量并无法得知,但应该还是可以看出城堡分布的密度。

每个地区的分布密度很明显具有差异:可看出西南部较高,东北方较低。至于这种差异,应该是基于以下几种理由:

在绝大部分都是平地(或是平缓的丘陵地)的地方,城堡的防备就会是个困难的问题。关于位于平地的城堡,①比较容易被占领,并且遭到破坏。②像在威斯特伐利亚一样,只需要一点儿经费就能改建,因此大多已经无法分辨原本哪边是城堡。③比远离人境的城堡要容易被破坏和利用。因此可以推测,跟其他地方的城堡相比,消失的平地城堡数量应该会相当多。

在沼泽地很多的威斯特伐利亚等地,原本应该属于有很多城堡的地方,这是因为有非常多座城郭以前都曾经是水城。

仔细看一下这张地图就会发现,除了威斯特伐利亚以外,还有一些地方城堡的分布密度也很少,包括埃姆斯河(Ems)与易北河(Elbe)之间的地区,以及多瑙河南侧巴伐利亚的广大地带。这两个地区之所以城堡分布密度较小,绝对不是偶然现象,而是跟历史状况有所关联。在这两个地区,传统来说自由农民会比较多,且修道院的领地也很多。

即使修道院也是有可能利用修士所持的金钱或来自他人的馈赠、捐献建造城堡,不过修道院本身要建造城堡,除了相当特殊的案例之外,原则上是不会有的。相对于此,有些主教则会以领邦诸侯的身份参加战争,也会构筑城堡,出身卢森堡家族的特里尔大主教(Erzbischof von Trier)包尔丁(Balduin)就是这样的例子。

在都是森林的地带与人烟罕至的深山里,理所当然就没有什么城堡,城堡必须建在有人居住的地方才行。在开垦地带,首先也要有人先去,才会建起城堡。从这幅地图上也可以明显看出,在阿尔卑斯的高地上几乎都没有城堡存在。

在具有良质土壤、温和气候以及交通条件良好的地区,一般较能区分出小规模的封土,因此能够养活较多人民以及骑士。以结果而言,这种地方就会有比较多座城堡。拥有多一些封臣,就是各领邦君主所关心的事情,他们在经济允许的状况之下,会尽量授予多一些骑士封土。如此一来,居民数量与城堡数量之间应该就会产生某种相关性。基于这种理由促进城堡建设发展的最好例子,就是博岑(Bozen)周边的地区。

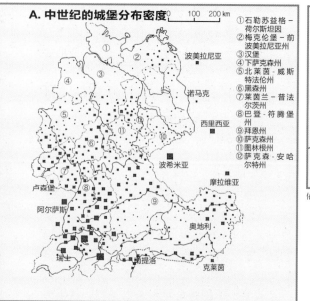

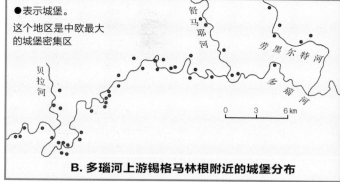

依 F. W. Krahe, *Burgen des deutschen Mittelalters; Grundriß-Lexikon* 绘制

中央权力的弱化也是促使城堡建设的原因之一。在国王权力与领邦君主权力衰退的地区，几乎已经无法阻挡小贵族去建城堡了，而这原本是属于国王的特权。就因为这样，在12—13世纪时的瑞士各地，就形成目前所看能到的这种为数惊人的城堡密集地区，而这些地区的经济却并不一定一直都很丰饶。

继承权的做法也跟促进城堡建设有所关联；就像以前的法兰克那样，在德国的许多地区，只要是男系的子孙都有继承权。为此，例如西南地区的农民，还曾经陷入了几乎无法生存的状态。以骑士的家系来说，这种继承法会让领地继续分割，因此而催生出新的城堡；至少原本的老城堡也没有大到能够让多位共同继承人全都住在一起。而这种继承法不论是对骑士还是农民，以长期来看都只会降低他们的社会地位（不过农民也有可能会增加单位耕地面积的收获量或强化耕作权，因此并没有这么单纯）。

骑士在分家之后，城堡当然就不会建得比较大，基于经济能力，甚至还会缩小。

多瑙河上游的锡格马林根（Sigmaringen）以西是城堡特别密集的地区，即使是在中世纪中欧，也是城堡分布密度最高的地方。将图B的地图与比例尺合起来看，就不难想象其密集度。

## 全盛时期的城堡数量甚至破万

在克拉厄制作《德国中世纪城堡》时，能收录在城堡（或城堡遗迹）略图中的约有4000座，不过整个德国的城堡合计数量，却无法单凭这个数据得知。有人说是1万座，也有人认为是2.5万座，不知到底哪个正确。要估计城堡的数量非常困难，而克拉厄则推测，若把完全被人遗忘的设施都考虑进去，在文章一开始所提到的广义德国领域，恐怕全部会有17500座左右的城堡。

当然，并不是所有的城堡都同时存在。城堡数量最多的时期，应该是在1300年前后。虽然在此之前便已废弃的城堡也不会就这样消失不见，不过建设高峰期还是像前面所说的那样，是在13世纪的时候。在那之后，新城堡的数量事实上已经逐渐减少。虽然要估计同时存在的城堡数量很困难，不过克拉厄把上述的17500座经过几种操作之后，认为同时期在使用的城堡数量应该会是13000座左右。

**中世纪德国城堡的分布**

| 人口密度 | 城堡间的距离（公里） | 每座城堡的分布面积（平方公里） | 平均面积（平方公里） | 占帝国内比例 |
|---|---|---|---|---|
| 稠密 | 2—4 | 4—16 | 12.5 | 10% |
| 中等 | 4—7 | 16—49 | 32.5 | 40% |
| 稀疏 | 7—10 | 49—100 | 75.0 | 50% |

依据 F. W. Krahe, *Burgen des deutschen Mittelalters: Grundriß-Lexikon* 制表

克拉厄所调查的地域总面积约为60万平方公里，以此为基础来计算的话，约46平方公里就会有一座城堡，而城堡与城堡的间隔平均则为6.8公里左右。克拉厄本身是把几乎没有城堡的约10万平方公里地区从60万平方公里当中扣除，算出每38平方公里会有一座城堡，城堡与城堡的间隔平均为6.2公里。

当然，实际上的城堡分布密度在各地会有所不同。以在此所举的数字为前提作成的克拉厄中世纪德国城堡分布模型则如上表所示，这几乎已经可以视为实际状态来考量了。

光看以上资料，应可重新了解中世纪德国的城堡分布状况是多么稠密。虽然没有具体数字可供对比，因此无法下达明确断定，但若和英国等处相比，德国城堡的密集程度应该会远远超过，其理由之一在前面已经提过。另外，关于城堡与城堡的间隔，以及城堡周围的地域面积，都会符合中世纪城堡的统治范围，也就是骑马的士兵在有事之际可以一日往返的距离，而与相邻势力的关系，也能由此作出某种程度的具体想象。

在13世纪到达巅峰（近50%）的筑城数量，就像在前文也提到过的那样，在进入14世纪之后掉到18%，15世纪则只剩下4%左右，呈现急速停滞的状况，使中世纪城堡的时代走向了终点。像领邦国家这种地区性集权国家的陆续成立，使得属于下级贵族的骑士阶层逐渐凋零，而除了对应这种政治状况的变迁之外，攻城战术的变化也着实带来了很大的影响。在此因为篇幅的关系无法详述，只能说因火器的发展而使得从前的城堡明显丧失了军事机能。

从中世纪转变至近世的过程，就如一开始所说的那样，是从城堡转换为城郭，然后再进入宫殿的时代。城堡作为军事性防御设施的机能，最后就让位给了近代要塞。

## 从武装城堡转变为生活用的城馆

卢瓦尔河中游以及下游这块称为卢瓦尔河地区的地方，有着为数众多的城堡。

10世纪左右，法国的国王权力依旧很弱，国内处于一种诸侯相互争斗的战国时代状态。而在此地区的东边是由布洛瓦家族雄霸一方，西边则是安茹家族的势力范围，双方持续进行着激烈的斗争，并开始在各地陆续筑起城堡。

1154年，因为征服者威廉在英国断绝了血统，安茹家族的亨利继承了英国王位，也就是世称的金雀花王朝亨利二世。由于他跟拥有法国最大领地的阿基坦（Aquitaine）公爵家族女主人艾伦诺结婚，安茹家族与阿基坦公爵家族的领地加起来就达到当时整个法国的一半。亨利二世在身为英国国王的同时，又像这样在法国统治广大领地，因此对于法国国王来说极具威胁性。

为期约三百年的英法斗争，便因此埋下了种子。在那段期间，卢瓦尔河各地的城堡时常会沦为战场，展开精彩的历史。这场因为有圣女贞德活跃而闻名的百年战争，以法国胜利作终，时为1453年。

从此之后，法国就进入了国王中央集权的时代，不管是多大的贵族，都已无力再和国王对抗。战场因此转移至法国与外国的国境地带，这使得卢瓦尔河地区的城堡不再具有太大意义。另外，因为大炮发展以及战术产生变化的关系，让中世纪风格的城堡也逐渐落后时代。

过去属于安茹家族或是布洛瓦家族的城堡，此时已经全部收归王室所有，因此历代法国国王就会将这些城堡改建，让它们卸下战袍，改头换面成为进行优雅宫廷生活的城馆。

# 卢瓦尔河畔的法国王公贵族城馆

## 自武装解放 转换为优雅城馆

零星分布于卢瓦尔河各地的城堡在过去曾是英法战争的舞台
随着法兰西王国的中央集权化，其战略意义便告消失
并改头换面成为以优雅舒适生活为目的的城馆
它们最后甚至发展为豪华的宫殿建筑，写下另一种城郭史

文／红山雪夫

英法之间的斗争长达三百年，在百年战争末期，卢瓦尔河成为了两方阵营的军事分界线。卢瓦尔河各地的城堡时常会沦为战场，担负着军事据点的任务

国王们之所以会喜欢卢瓦尔河地区，是基于以下理由：这里距离巴黎相对较近，而且气候也远比巴黎温和；另外，此处风景也很优美，又有很多当时的王侯最爱的狩猎场。因此贵族们就陆续在这块土地上设置了许多优雅的城馆。

## 固若金汤的昂热城堡

看过以上历史之后，就让我们来探访几座卢瓦尔河地区的名城吧。首先是安茹家族的发源地——昂热城堡（Château d'Angers）。

卢瓦尔河地区的地势为低矮丘陵和平原混杂，而自中世纪以来，城堡则多半会建在台地的边缘。昂热城堡也是如此，它位于卢瓦尔河支流曼恩河（Maine）旁边的高地边缘，后面使用既宽且深的壕沟作出区域划分，这属于此状况下的标准手段。

这座高地的边缘是呈现断崖状态，对于筑城来说真是恰到好处。安茹家族以此城为根据地，在10世纪左右开始扩张势力，并于11世纪前半叶的富尔克黑（Fulk Nerra）伯爵时代，打稳了后世大放异彩的基础。Nerra是他的昵称，为法语黑色的意思。他骁勇善战，同时也是位出色的战略家。传说他的祖母是位魔女，且他本身看起来也黑黝黝的，因此而得此名。

当亨利二世在法国统治着广大领地时，也是以这座城堡作为大本营。

现在此城并不完全是当时的样貌，而是在收归法国王室所有之后，于1228—1238年由路易九世改建过。城墙的高度达到40米，具有会使人有点儿难以靠近的威容。而其中的秘密，就在于城墙是紧贴着高地边缘的断崖而建。也就是说，在城墙内侧属于天然的稳固地基。对于这样的城墙，不管是挖洞弄垮城墙还是使用破城槌，都英雄无用武之地。

城墙上总共有17座巨大的圆塔向外突出，并使用红色的石头与白色的石头装点出横线花纹，相当美观。其实这些塔原本的高度会更高一些，而且上面还建有三角锥形屋顶，与地面的高度差达到60米。16世纪80年代，亨利三世怕它被宗教战争的内战所利用，因此将城堡捣毁了一半。

在中央的两座圆塔之间，可以看到一个比地面高出许多的地方，此处是该城原本的入口。这个入口是通过高悬于空中的开合吊桥与突出在外的城地连接，若不经过这块城地，就没有办法进出城堡。

▲中央的两座圆塔之间可以看到原本的入口，在这前面旧时有一个突出去的城区，与城堡外部相连

19世纪时，为了开辟一条较宽的道路，这块突出的城地就被铲除，消失得无影无踪。而从前的壕沟变成具有图样的花坛，城内则变成博物馆。

## 藏有波澜万丈历史的希侬城堡

接着，来看看希侬城堡。这座城堡也是建在三面都是断崖的细长台地末端，现在城内有个称为库德雷（Coudray）的区域，在古时候就曾建起一座由木栅围绕起来的城寨，954年左右则由布洛瓦伯爵提奥巴尔（Theobald）改建成石造城堡，并开始发展为此城。布洛瓦家族在1044年战败，此城易手于安茹家族。之后，安茹家族便陆续扩大其规模，并于12世纪中叶完成现行规划的坚固城堡。

希侬城堡在英法斗争的历史中也曾登场。法国国王腓力二世当时正盘算着要如何夺取英国国王亨利二世在法国所持有的广大领地，而他看准了晚年的亨利二世与王后艾伦诺以及儿子理查（之后的狮心王）不合的空隙，便笼络他们以进攻亨利二世。年轻时号称所向无敌的亨利二世，此时毕竟也已年老体衰，且家臣还几乎都站在理查那边。

发生这种君主闹父子之争的事态，对于封建家臣们来说，心境其实相当复杂。如果站在亨利二世这边，万一他突然死掉了，那么继位的理查不就会视自己为逆臣，并夺走手上的封土吗？因此封建家臣们之所以会舍弃亨利二世而改投理查阵营，也不是没有道理的。

亨利二世吃了大败仗，并逃进希侬城堡中，当他终于肯签下和议之后，便耗尽精力撒手人寰。

▲耸立于卢瓦尔河支流维也纳河畔山丘上的希侬城堡

继承英国王位的理查（狮心王），在刚好十年之后于一次小冲突中受了箭伤，并因化脓而性命垂危。虽然他急忙赶回希侬，但是还没抵达城堡，就在城外镇里的小屋中咽气。这座小屋在15世纪改建成镇民会馆，现在则变成历史博物馆。

继承理查衣钵的弟弟约翰（失地王）因为性格苛刻而不具人望，且也不如哥哥理查那样善战，因此不出几年他在法国的领地就几乎都被腓力二世所夺。希侬城堡经过半年左右的包围，最后还是失陷，成为了法国王室的囊中之物。

经过约两世纪后，1429年圣女贞德在这座城堡中首次会见了太子查理，并就此带领法国在百年战争中走向最终胜利，从而留名青史。

希侬城堡正是一座符合这种波澜万丈历史的古城，从城堡上可以眺望希侬市街，以及卢瓦尔河的支流维也纳河。

而若从维也纳河瞻仰希侬城堡，看起来也会很壮观。位于面向城堡左方高地末端的就是库德雷城区，接着隔一座壕沟的则是中央城区，不过壕沟因为有城墙挡住，从下方是看不到的。位于中央城区右端的高塔是称为时钟塔的塔门，此处是希侬城唯一的出入口。继续往前走又会碰到一道既宽且深的壕沟，右方则会突出一块圣乔治城区。这个城区是亨利二世为了增强防备而加上去的，今日则是住宅林立。

## 与圣女贞德有关的布洛瓦城堡

一如前述，以1500年左右为界线停止了战备功用的布洛瓦城堡，改头换面成为供王侯贵族享受舒适优雅生活的城馆。而这一般都会是把建造于中世纪的城堡进行部分改造，让它可以当作城馆使用，布洛瓦城与昂布瓦斯城堡（Château d'Amboise）就是其中最好的范例。

布洛瓦城堡是布洛瓦伯爵家族的发迹地，于1392年转移至奥尔良家族手中，最后则变成国王的资产。在卢瓦尔河地区为数众多的城堡当中，算起来历代国王停留期间最长的就是这座城堡。此城建在台地的末端，以壕沟区隔出城区，不过城区名称却没有按照往例，而是反过来从台地末端那边起算为第一城区（相当于外城），壕沟这边则是第二城区（相当于内城），这应该是因为末端那边的地形并不适合用来当作内城吧。

以前的第一城区现在变成游览车的停车场与小公园，走到小公园的末端，就能俯瞰卢瓦尔河以及旧城区的房舍。用来区隔第一城区与第二城区的"中央壕沟"已经被填平，位于里侧第二城区的建筑物在各时代都曾经过增加、修改，因此看起来会是个不规则的口字形。以筑城史的观点来看，比较令人感兴趣的是位于北侧的弗朗索瓦一世楼房，它在16世纪被改建为城馆的建筑物正中间，依然保留着中世纪城堡的厚实石墙，以及右旋攀登的狭窄楼梯等构造。

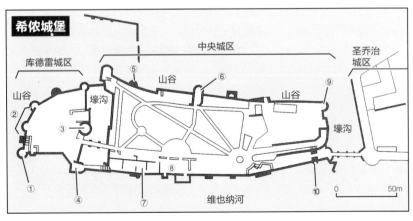

① 穆兰塔（12世纪）
② 建于954年的最古老城墙
③ 古德烈塔（主城塔，13世纪）
④ 博瓦吉塔
⑤ 阿尔香东塔
⑥ 锡安塔
⑦ 王室居住塔
⑧ 圣女贞德会见太子的大厅遗迹
⑨ 埃修盖塔（13世纪）
⑩ 时钟塔

➡ 重建于16世纪的弗朗索瓦一世城楼的正面楼梯，这是为了举办绚烂豪华的迎宾宴而构思的，用上了许多文艺复兴的样式

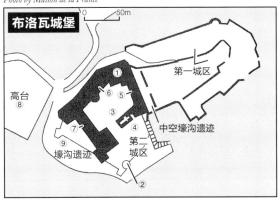

①三部会室（13世纪） ②前塔（13世纪）
③查理·奥尔良公爵回廊（15世纪末—16世纪初）
④圣加列礼拜堂（15世纪末—16世纪初）
⑤路易十二城楼（15世纪末—16世纪初）
⑥弗朗索瓦一世城楼（16世纪）
⑦加斯顿·奥尔良公爵城楼（17世纪）
⑧以壕沟自台地切割的痕迹
⑨这附近的壕沟遗迹至今仍是个深谷

在布洛瓦城堡中，曾经发生过许多在历史上相当有名的事件。1429年，圣女贞德在此集结了她最早的势力，并于解救奥尔良行动中打下第一仗。1588年，亨利三世把旧教徒的首领吉斯（Guise）公爵叫到他在城堡里的房间内，让埋伏的刺客将之暗杀。接下来亨利四世的王后玛丽·德·美第奇（Maria de'Medici）因为国王猝死而掌握权势，却因为儿子路易十三发动政变而被监禁此城堡中，并以绳梯冒死逃脱。

## 经过历代国王改建的昂布瓦斯城堡

昂布瓦斯城堡位于可以俯瞰卢瓦尔河桥梁的高地末端，要在像卢瓦尔河这么宽阔的河流上架桥，无论技术还是资金都会产生许多问题，因此以前就只有特定地点会有桥梁。不管是旅人还是载运货物的马车，会全部集中到这些地方来。万一爆发战争，不论是想移动我方兵力、运送货物，或是阻挡敌人，桥梁都会是极为重要的地点。

因此，在可以控制桥梁的地方就会建起城堡，除了备战之外，通常也会在平常对过桥的旅人和商品课征通行费。虽然每笔通行费金额不多，但是一旦数量累积起来，对领主来说也会是一笔可观的现金收入。

在昂布瓦斯刚好有座河中的沙洲可以用来架桥，因此从罗马时代开始就已经有跨越卢瓦尔河的桥梁。而现在这座可以俯视桥梁的城堡，据说最早也可以追溯至罗马时代的城塞。

这座城堡是按照一般规则，将高地末端那边视为第二城区，往东跨过一道壕沟后则是第一城区。

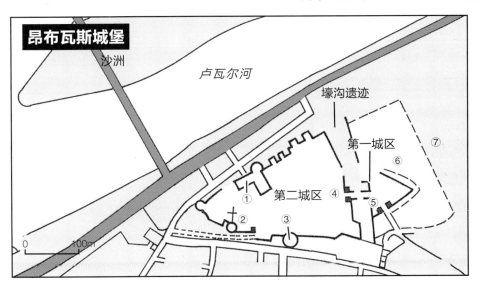

①现存的城馆
②圣于贝尔礼拜堂
③瓦尔特塔
④第二城门
⑤第一城门
⑥在这附近应该也曾经有壕沟
⑦在这附近应该曾经有外郭的城墙与壕沟

第5章 城郭的深层发展史　133

对城郭有兴趣的人，建议可以从停车场往东方走，登上石阶梯后进入第一城门、经过像公园一样的第一城区、经过壕沟、穿越第二城门，然后抵达第二城区里面。至于一般的观光客都会直接从停车场往西走，然后经过一道后世建造的诡异坡道直接进入第二城区。

第二城区从15世纪末到16世纪前半叶，由查理八世、路易十二、弗朗索瓦一世这三代国王对中世纪以来的城堡进行整修，使它变成一座有两个中庭围绕的大规模城馆。很可惜的是大部分都在后世的战乱中被破坏，只剩下前面提到的第二城门、圣于贝尔（Saint-Hubert）礼拜堂，以及面向卢瓦尔河的城馆部分而已。

即便如此，这座城馆依然具有一座巨大的圆塔，矗立于高耸的城墙上，如实诉说着它以前是座多么坚固的城堡。圣于贝尔礼拜堂规模虽然不大，却是座属于后期哥特样式的华丽建筑，里面还有莱昂纳多·达·芬奇的坟墓。他被弗朗索瓦一世招聘前来到此地，并获得距离此城不远处的克洛·吕斯（Clos Lucé）城馆，在该处度过其生涯的最后三年时光。

至于历史上的事件，比较有名的是在1560年时有1500余名新教徒在城堡中被屠杀。

## 外观壮丽的尚博尔城堡

进入16世纪之后，开始兴起完全破坏中世纪城堡或狩猎行馆，然后重新利用原本的土地新构筑自由设计城馆的动作。位于卢瓦尔河地区的尚博尔城堡（Château de Chambord）、舍农索城堡（Château de Chenonceau）、阿宰勒里多城堡（Château d'Azay-le-Rideau）就是这样的例子。

之所以不太会另外去选土地建新的城馆，是基于以下几种理由：这种把古老城堡拆掉改建的做法，对于极为重视传统以及权威的王侯贵族来说，正好符合其喜好，而且也比较方便取得整理好的土地。另外，在这些地方周围也具备既有的狩猎林场和庭园，这也是一个优点。

首先来看看尚博尔城堡，这是弗朗索瓦一世于1519年动工，并于亨利二世时代完成的。其正面宽155米，纵深117米，是座有440个房间的大建筑。庭院的面积居然广达55平方公里，跟东京的山手线内侧几乎相同。它被长32公里的壕沟所包围，有6座城门。这里原本是布洛瓦家族的狩猎行馆，后来在转手奥尔良家族后收归王室所有。

尚博尔城堡的平面规划是仿造中世纪城堡的形式，在长方形城郭的四个角上设有圆塔，接着于西北侧建有一座大正方形的主城塔（donjon），并于其四角配置圆塔，但是完全没有备战用的设施。这种主城塔是城堡的核心，相当于日本城堡的天守，不过在这座城中只是单纯用来展现壮丽的外观罢了。

弗朗索瓦一世是一位什么东西都喜欢越大越好的国王，在建这座城堡的时候，甚至还计划改变卢瓦尔河的河道将河水引入庭园内，不过这毕竟还是无法做到，因此最后就只引入了支流科松河（Cosson）的河水。他把水引到城堡旁边设置为护城河，不过之后路易十五将这座城堡赐予萨克森元帅之后，大部分护城河都被填平，正面的庭园也被毁坏，变成一座宽广的练兵场，形成在这座壮丽的大建筑物正面并没有

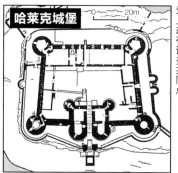

◤哈莱克城堡是英国的爱德华一世于13世纪所建的同心圆形城堡，是中世纪军事城堡的最高水准。而尚博尔城堡虽然全无军备需要，不过两者在平面规划上却有许多共同点

任何庭园的珍奇景观。

绕到背面之后，就可以看到这座城堡倒映于科松河水面的美丽容姿。

话说回来，当这座城堡兴建完成并实际开始使用之后，进入冬季时却发生了一个令人非常困扰的问题。当时是靠设置在墙壁上的壁炉来取暖，因此不管炉火烧得再怎么旺，都只有靠近暖炉的国王与大人们能够感受到温暖，其他大多数的人都只能挨寒受冻，唯有拼命多穿点儿衣服才能止住颤抖。这似乎是因为国王说了句"大，便是美"，因此建筑家们在建房子时就完全没有考量到冬季的取暖效果。

就因为这样，即便尚博尔城堡是耗费巨资兴建，但是从弗朗索瓦一世到路易十四的历代国王，却只使用过少数几次而已。

## 采用新设计的舍农索城堡

舍农索城堡是以类似桥梁的形式建在卢瓦尔河的支流谢尔河（Cher）上，别名为"桥上之城"。这本来是马克（Marques）家族在13世纪为了战备而构筑的城堡，但因为该家族的财政陷入困难，所以就卖了此城，由新兴的资本家——国王的财务官托马斯·波赫尔（Thomas Bohier）买下。1513年，他把除了主城塔之外的古城全都拆毁，并利用设置在河中的大型水车台座，在上面建起了城馆，这是极具独创性的设计。

说起水车，在日本多半是以水流的高低落差能量来转动水车，但在卢瓦尔河地区因为地势比较平缓，所以一般是在河中设置大型水车，并利用水流动力来转动。中世纪的领主禁止领民制造自己的水车，而必须在领主的水车场磨粉，借此收取使用费。

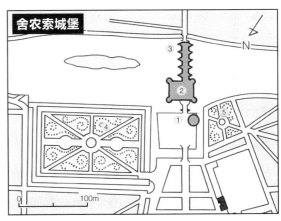

① 马克家族城堡的主城楼（13世纪）
② 波赫尔夫妇所建的城馆
③ 凯瑟琳·德·美第奇增建的部分
④ 黛安娜·德·普瓦捷的庭园
⑤ 凯瑟琳·德·美第奇的庭园

话题回到托马斯·波赫尔，由于他自己一直都忙于工作东奔西跑，实际指挥城馆建造的其实是他的妻子凯瑟琳·布里索内（Katherine Briçonnet）。她并非名门贵族出身，而是银行家的女儿，因此她就不会拘泥于城堡的传统，而发展出了两种新设计。首先是加上平行楼梯，再就是增设以往城堡都没有的走廊。

传统的城堡楼梯，都是以向右转的方式攀登的狭窄螺旋梯。形状看起来就像半开的扇子一样，以石头砌成，扇形的外缘会嵌进圆筒形的石墙，枢轴的部分则会相互交叠堆积而上，最后便于轴心形成一根粗石柱。

在作战时，由下往上攀登的敌人会因为石柱的阻碍而无法有效施展右手所持的武器。反之，守方则能以石柱和左手所持的盾牌来防御，并让右手自由地攻击敌人，这就是设计出"右旋攀登狭窄螺旋梯"的原因。

若是平行楼梯，敌人就能一口气轻易爬上来，而且还能一边用盾牌护住头顶，一边砍向守军的双脚，对守方非常不利。

同样基于防卫上的理由，传统城堡内的居住设施并不会设置相通的走廊。进到入口之后第一个会碰到的一定是卫兵哨所，然后还要从该处陆续打开好几个房间的门，才能通到城主与其家人的所在之处。

即便城堡已卸下战斗任务转变成优雅的住宅，王侯贵族却依然执着于这样的传统，不过出身平民的资本家夫人，却明快地将之打破。

狭窄螺旋梯到底有多难爬，读者只要体验过一次就会永生难忘。除此之外居然还没有走廊，这对平民夫人凯瑟琳·布里索内来说想必是不合理到极点。当时还没有客厅的概念，如果是身份较低的来

◀ 传统的右旋攀登式螺旋梯

第5章 城郭的深层发展史 135

访者，就会在入口接应，或是交给管家处理。而身份较高的客人，在礼仪上就必须邀请他们进到城主和夫人的房间去。如此一来，客人就必须穿过所有的房间才行，而且不论是要进行宴会准备、收拾善后、打扫清洁等任何一项工作，没有走廊实在很不方便。

### 平行楼梯与庭园成为打造城馆的范本

当舍农索城堡完成三年之后，波赫尔夫妻便相继过世。波赫尔虽然是负责征税的人，不过他应课征的税金却被发现有很多钱其实没有纳入国库，因此，作为代价国王就接收了这座城堡。

之后此城堡就成为王室的一座离宫，一旦国王与王后在此停留，许多贵族和夫人也都会前来问候，并实际体验这座加入新设计的城馆之便利性，然后作为自己打造城馆时的参考。这包括要尽可能将水引入庭园中，以设置具有五彩缤纷的美丽图样的花坛；而城堡必须采用狭窄螺旋梯的旧观念也被抛弃，改为使用施以豪华装饰的、赏心悦目的宽敞直行楼梯。

接着，在进入巴洛克时代之后，这又更往前推进了一步。进入城馆之后，在正面马上就会设置一座壮丽的平行楼梯，成为展现城馆豪华张力的重点，以此蔚为流行。就连贵妇人礼服的长长衣摆，也都会为了在上下这种平行楼梯时能看起来更美观而多花心思设计，这是在狭窄螺旋梯时代根本就无法想象的事情。

但是在城馆中不设置走廊，而是以房间接着房间通行的这种方式，在之后却依然没有改变。这应该是因为王侯贵族还是想要守住他们的威严，而且安全上的疑虑也依然无法忽视。就算是建于舍农索城堡150余年之后的凡尔赛宫，也还是没有走廊，取而代之的是在各房间后面会设置佣人专用的通路。

有点儿讲太远了，让我们再拉回来看舍农索城堡。该城是以庭园美丽而闻名，进入外门之后马上就是两排高大的法桐树，形成爽朗的绿色隧道，走着走着就会看到13世纪留下来的古老主城塔，然后城馆便映入眼帘。面向城馆的左侧是集亨利二世宠爱于一身的侧室黛安娜·德·普瓦捷（Diane de Poitiers）所打造的庭园，右侧则是在国王死后马上把她赶出宫的王后凯瑟琳·德·美第奇（Catherine de' Medici）所打造的庭园。两边的庭园都是美丽的图样花坛，一如前文所述，它们已成为后续城馆建造庭园时的范本。

把波赫尔夫妻建造的城馆延长，形成现在像桥一样形状的也是凯瑟琳·德·美第奇。

### 溅满鲜血的古城遗迹阿宰勒里多城堡

阿宰勒里多城堡是座优美的城馆，若要探讨其历史，则须追溯至百年战争末期的乱世。

一切的起源是来自法国国王查理六世得了精神病，法国阵营因此分裂为勃艮第派与查理太子派，并且展开了斗争，使英国阵营占尽渔翁之利。勃艮第家族是王室的分支，为法国第一大贵族，他们想跟英国联手，并且拥立与两者关系皆很深的人去当国王。另外查理六世的王后伊萨博（Isabeau）也加入了勃艮第派，还说出"我儿查理是不义之子，并不是国王的亲骨肉"这种话。除了父亲发疯之外，就连生母都说自己是私生子，这还真是晴天霹雳。如果此话当真，那么查理就根本没有太子资格，太子派的主张就失去了立足之地。

为此，查理便率军从图尔开拔，沿着通往希依

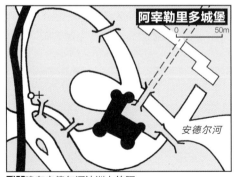

◀▲建在安德尔河沙洲上的阿宰勒里多城堡，照片是从右图的右前方看过去的样子

城堡的道路急速挺进。在这条道路渡过卢瓦尔河支流安德尔河的地方，有一座勃艮第派的小城堡。此时勃艮第派与太子派还没开始爆发激烈战争，不过在看到查理一行人通过时，城兵们居然从城堡上不断冷嘲热讽道："私生子、私生子……"以当时太子的立场来说，私生子这三个字是打死也不能提的。因此查理在盛怒之下就把城堡周边的城镇放火烧了，且完全不理会守备队长的投降，攻进了城堡将354名守军全都抓来血祭。

在这之后刚好一百年的1518年，出身平民而代替父亲成为国王财务官，并因此累积巨财的吉勒·贝特洛（Gilles Berthelot）买下了这座城堡的遗址，并且开始建起了城馆。由于当时国王的财务和征税工作量越来越庞大，徒具虚名的贵族当中没有一个人能够派得上用场，国王就必须录用经济处理能力强的平民才行。

跟前述的波赫尔一样，贝特洛也是忙于工作东奔西跑，因此城馆建设的指挥就交给了妻子菲莉帕·雷斯贝（Philippa Lesbahy）。阿宰勒里多城堡之所以会展现符合女性喜好的优雅美丽外观，就是导因于此。她应该也向处于相似立场的舍农索城堡女主人凯瑟琳·布里索内讨教了不少。

过了九年，当城馆近乎完成之时，却发生了讨人厌的事件。贝特洛的表亲，也是担任国王财务官的雅克·德·博纳（Jacques de Beaune）遭到逮捕，因为盗用公款而被施以绞刑。当时公款的会计处理系统尚未确立，几乎只有概略计算而已。如此一来，要蒙混公款确实很方便，但要是遭到检举挪用公款的话，却也很难提出清白的反证。事实的真相，就是那些对平民出身的财务官怀恨在心的名门贵族看上了这点，动了些手脚把雅克给处理了。

贝特洛因此感到相当不安，便舍弃了一切与家人一起逃往国外。从他那里借了很多钱的贵族们，不是叹道："明明就是个老百姓，居然还拥有一座城

▲进入17世纪之后，国王就把宫廷移至巴黎近郊，并建起诸如凡尔赛宫等大规模的豪华王室宫殿

堡，真是成何体统！"就是在背后偷笑道："这下欠的钱就一笔勾销了。"因为这样，这座城堡就收归弗朗索瓦一世所有，并交给国王的亲卫队长继续把工程完成。

本来的城堡是建在安德尔河中的沙洲上，是卢瓦尔河地区少见的水城。阿宰勒里多城堡也在城地内引入丰富的流水，如果从西侧眺望城馆的话，看起来就像建在一座大池塘里面一样。

它的平面规划是L形，并模仿城郭在各角落配置圆塔，在三楼部分则有看起来像哨兵通道和突堞口的外观。当然，这都只是徒具形式而已，目的是让它看起来能像座城堡。

像这样，为了增添城馆的威严，通常就会在外形上加入一些会令人联想到中世纪城堡的壕沟、角塔、主城塔、哨兵通路、突堞口等只具外观的构造，甚至还有城馆会加上开合吊桥。

就算同样是城堡，去探讨从完全以备战为目的的中世纪城堡，到这种以优雅生活为目的的城馆之变迁过程，实在是相当引人入胜。

话说回来，上述的城馆全是在15—16世纪建造的。而在接下来的17—18世纪，卢瓦尔河地区就几乎不再建造王室的城馆。此时国王的宫廷主要在巴黎或是巴黎附近，并开始出现规模远比卢瓦尔河地区的城馆庞大，像凡尔赛宫那样的宫殿。

13世纪,在以英国、法国为中心的西欧城堡形式上,可以看到戏剧性的变化。

在此之前,西欧的城堡主流都属于一种称为"诺曼式"的城寨。这是在一座土丘上,建起一座四角形的主城楼,然后把四周用壕沟和防护栅栏围起来,构造相当单纯。至于建材方面,是以木材为主,就连城寨中最核心部分的主城楼,也要到即将进入12世纪时才有一小部分开始改用石材。就今日的"城堡"这个词语而言,其形象会显得相当简陋,是种小规模的建筑物。

但在进入了13世纪之后,它却在突然之间改头换面,变成一种与诺曼式截然不同的城堡。

这种城堡是由门、塔、仓库、居住空间、作业空间等多数建筑物复合而成,是种大规模的城堡。一改诺曼式的贫弱感,展现令人耳目一新的防卫能力。至于在建材方面,也舍弃了以往的木造形式而全面改用石材。为此,城堡的外观就有很大的改变,变成一种极具厚重感的牢靠的大型城堡。

而城堡形式之所以会出现这种急遽改变,到底是基于何种原因呢?有几种答案马上就会浮现,像"12世纪是整个社会因文艺复兴而跃动的时代",或者"伴随着建造罗马式教堂而开始进步的石工技术",抑或"以往用以获取建材的森林资源已告衰竭"……

但在这些原因当中,还有一个更直接、更具决定性的原动力,也就是十字军东征。

关于十字军东征的概要,应该不用再多作说明了吧。

"将神与基督的圣地从异教徒手中夺回来。"1095年,在罗马教皇乌尔班二世的昭告之下,上自王侯,下至贫民,组成了龙蛇杂处的集团,大举往东方的伊斯兰世界进攻,并在同时进行殖民。在总计两百年间,一共发动了八次远征,规模相当庞大,可以说是欧洲中世纪历史上最大的事件。

十字军在当初只是纯粹抱持着宗教意识出发远征,但在经过了漫长的时代之后,他们的思想产生

## 为欧洲带来影响
## 固若金汤的十字军城堡

# 由东西文化接触发展出的划时代筑城技术变革

从11世纪末开始的十字军远征,对当时的东方诸国带来莫大的冲击
与此同时,十字军对于这些敌对国家所具备的成熟文化也感到相当惊讶
而在这种以"战争"为名的交流当中,筑城术的发展也跟着开花结果

文/小林雾野

▲叙利亚骑士堡的素描

了大幅扭曲。"基督徒对穆斯林"这个大前提已经不复存在，取而代之的是政治上的妥协、当地现实主义、纯粹追求利益等，重点已经自战斗脱离，变成以现实的思考为主。因此十字军的这段历史就已不再是单纯的战争史，而是提供了一个"包含战争及对立在内的、广义的欧洲与伊斯兰世界文化交流"的机会与场所，对当时发展仍比伊斯兰世界迟缓的欧洲各文化分野产生了很大的刺激。

筑城技术也是其中之一。由十字军带来的东西交流平台，首先是改变了大叙利亚地区（十字军活动舞台的地域总称，包括现在的叙利亚、黎巴嫩、巴勒斯坦等地区）的军事城堡，最后甚至促使欧洲的中世纪城堡建筑全部改头换面。

在此就要来看看，十字军时代中出现于大叙利亚地区的大型城堡，以及它传播至欧洲的经过。

## 大城堡的诞生背景

1098年，第一次十字军开始从欧洲往圣地远征，首先就让我们来看看当时伊斯兰阵营所构筑的城堡吧。

从中世纪一直到这个时候，伊斯兰阵营所筑的城堡会有几个明确的特征，这是因为他们继承了古罗马与拜占庭帝国所拥有的筑城技术。

古罗马是基于科学思想的城面配置和防卫系统；拜占庭帝国则因时常与外敌接触而发展出的实用知识和独特筑城形式。

当时大叙利亚地区的主流，是拜占庭帝国为偏远地区发展出来的一种拜占庭-阿拉伯式城堡。这是一种在四角形城墙的四个角落各配置一座角塔、构造相当简单的城堡，且城墙也不是很注重强度，并非拿来死守之用。这种城堡反映拜占庭帝国对于城堡的基本想法，相当令人感兴趣。就拜占庭而言，在这些属于偏远地带的区域，城堡的重点功能是"大扎营地"，而不是"死守之地"。要说原因，是因为拜占庭军的士兵数量一直都很充裕，没必要孤军奋战，而且当地敌对的阿拉伯军也没有先进的攻城器械，所以拜占庭军从一开始就没必要将死守视为建堡的前提。

而当时的伊斯兰军队也不重视包围战，他们拿

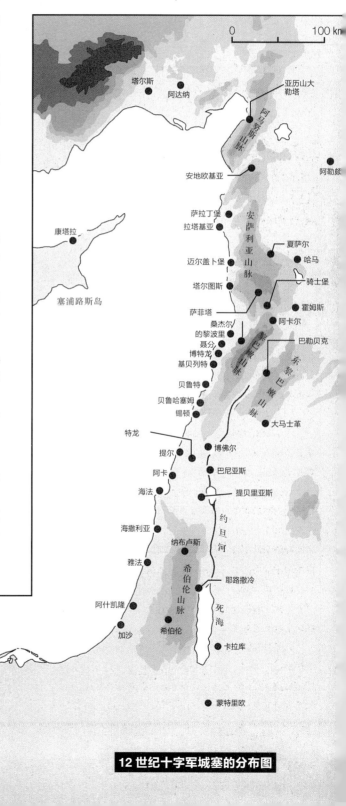

**12世纪十字军城塞的分布图**

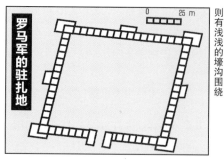

罗马军的驻扎地　只有在四周围上墙壁的简单构造，墙内有木造的建筑物，外圈则有浅浅的壕沟围绕

手的是机动性战法。就这点而言，像拜占庭式城堡这种即使遭到包围，守军也会积极出城突击的开放性格，可说是正合他们的意。因此中世纪的伊斯兰军队就依据他们所期望的实用性，巧妙地学走了罗马和拜占庭的技术来构筑他们的城堡。

接着，十字军就来了。欧洲人一看到这种前所未见、远比自己的城堡还要洗练的伊斯兰城堡时，着实受到了冲击。与此同时，于当地殖民的十字军为了对抗前来夺回失地的伊斯兰势力，就必须立刻拥有城堡才行。

他们以令人震惊的速度学会了当地的筑城法，同时也从自欧洲带来的筑城技术当中选用了一些能派上用场的方法。

至此，催生十字军时代大城堡的背景便告形成。在十字军时代出现于圣地的大城堡，只靠基督徒阵营是绝对无法完成的，同时也并非直接由伊斯兰城堡发展而来。这种城堡是在穆斯林和基督徒双方的筑城技术接触之后，产生相辅相成作用所形成的产物。

将伊斯兰阵营自古以来拥有的传统筑城技术，和从欧洲带进来的文艺复兴优秀石工技术这两种要素相融合，再通过因一直处于紧张关系下而令人惊异的建造速度发展，十字军城堡就诞生了。

## 十字军城堡的筑城模式

十字军在大叙利亚地区构筑城堡时，一般会按以下流程进行。

（一）攻击伊斯兰城堡并夺取之

（二）考量这些城堡在战略、政治上的重要程度

（三）依据上述重要程度来提高其防卫性，进行改建、加强工程

（四）大城堡诞生

至于为什么十字军会采用"夺取伊斯兰阵营的城堡后对其增建、改筑"这种模式，应该不用多说也能晓得。对于身处敌营正中央的他们来说，因为随时会有遭到伊斯兰阵营攻击的危险，所以一刻也不能掉以轻心。他们必须火速确保牢固的防卫据点，因此就无暇另觅地点兴建城堡。

虽然在很早的时候曾经尝试过另觅地点建造新城堡，但因为他们当时所拥有的诺曼式筑城技术并不适合当地的地形以及战略，所以很快便宣告放弃。

十字军以这种方式取得的城堡有100座左右，不过它们并非都被改建成大城堡。必须耗费莫大劳力和资金的增强工程，首先要在"完全看透城堡的重要程度"之后，再挑选于战略、地形上具有绝对必要性的城堡来进行彻底改造。

在此，就让我们来看一下大叙利亚地区的地形吧。

叙利亚、巴勒斯坦地区的地形，具有一些相当有趣的特征。

首先请将目光移至呈直线纵列的东地中海海岸线。这个沿岸地带自古以来就培育了许多文明都市，到了中世纪进入伊斯兰时代之后，也靠着肥沃的土地与良港持续带来富足。当然，从这里也能靠船只直接与拜占庭帝国和北非、南欧等地直接往来，是个相当便利的地方。

接着要看的是正好与海岸线平行的五座山脉。由北而南为阿马努斯山脉（Amanus）、安萨利亚山脉（An-Nusayriyah）、黎巴嫩山脉、东黎巴嫩山脉（Anti Lebanon）、希伯伦山脉（Hebron），在这些连绵群山结束的地方，地形改变为包含约旦河、死海在内的地沟带，并且被大峡谷所包夹。

而这些山脉与地沟带所拉出的一列纵线东侧，在经过一小块田园地带之后，便是一望无际的广大沙漠地带。

也就是说，当地的地形会呈现南北走向的丰饶海岸、与之平行的山脉和大溪谷、沙漠地带这三种样貌，并且区隔得非常清楚。

第一次十字军远征时来到此地的欧洲人，夺取了富饶的沿岸地带，并且建立了殖民国家。过去伊斯兰阵营手中用来监视和防御港湾及港湾都市的城堡群，也就是沿着东地中海的海岸线成串排列、被称为"珍珠首饰"的多座沿岸城堡，全部落入了十

字军阵营之手。

另外,请再多注意一下这张地图。除了这条"珍珠首饰"之外,可以发现在山脉与峡谷地带之间也有多座城堡零星分布。

这些城堡一般会被称作"山岳城塞",显然是为了控制穿梭于山地和峡谷之间的少数道路。

一如前述,败给第一次十字军的伊斯兰阵营主力,会从沿岸地区被逼入沙漠地带。他们为了再度回击沿岸的十字军领地,就必须横贯通过高耸的山脉及峡谷才行。而这些山岳城塞就是用来监视这些穿山越谷道路的动静,并且在此迎击故军。因为它们是否能够发挥功能,会对十字军国家产生整体影响,所以地位极为重要。

为此,在最重要的通路沿线各点,就会集中许多具备强大防卫能力的山岳城塞,并连成一条线。城与城之间的距离必须控制在能以马匹于一天之内抵达的范围,以经常进行密集联络。另外像点火信号、狼烟、飞鸽传书(十字军时代伊斯兰阵营发展出来的技法)等通信方法也多使用。

特别是那条位于现在叙利亚霍姆斯市的西边,连接着内陆与海岸被称为"霍姆斯走廊"的细长道路,对于当时的整个大叙利亚地区来说,是数一数二的兵家必争之地。在此地有包括堪称城堡中名城的骑士堡在内的许多大城堡,它们像星座一样相互联结。

从位于高处的骑士堡平台上,可直接以肉眼看见隔壁的阿卡城,而另外一座邻城萨菲塔城(Safita)也距离不到15公里,这就是当时能够以狼烟等方法进行频繁联络的距离。而只要来到萨菲塔城,地中海就已近在眼前。往北有迈尔盖卜堡(Qala'at Al-Marqab)以及拉塔基亚(Latakia),往南则是中枢的黎波里和相当于十字军国家心脏部位的

| 十字军简史 | |
|---|---|
| 1096 年 | 因为前年罗马教皇乌尔班二世的十字军宣告,而开始了第一次十字军东征(一1099 年) |
| 1098 年 | 十字军占领安条克 |
| 1099 年 | 十字军占领耶路撒冷,建立耶路撒冷国家 |
| 1101 年 | 即使几次援军远征失败,十字军势力还是扩展至叙利亚、巴勒斯坦、黎巴嫩(一1143 年) |
| 1144 年 | 赞吉王朝(北伊拉克)消灭了十字军的埃德萨伯国 |
| 1147 年 | 第二次十字军东征(一1149 年),由法国国王路易七世与德国皇帝康拉德三世指挥 |
| 1183 年 | 萨拉丁让埃及与叙利亚统一,成为反十字军的攻势 |
| 1187 年 | 萨拉丁在哈丁战役中取胜,夺回耶路撒冷 |
| 1188 年 | 萨拉丁夺回除了的黎波里、提尔、安条克之外的十字军领地 |
| 1189 年 | 第三次十字军东征(一1192 年),由德国国王腓特烈一世、法国国王腓力二世、英国国王理查一世指挥 |
| 1191 年 | 十字军夺回阿卡 |
| 1192 年 | 萨拉丁让兴起于埃及的阿尤布王朝与十字军讲和 |
| 1202 年 | 第四次十字军东征(一1204 年),由蒙斐拉侯爵博尼法乔二世、佛兰德斯伯爵博杜安九世指挥 |
| 1204 年 | 十字军占领君士坦丁堡,建立东方拉丁帝国 |
| 1212 年 | 组织少年十字军 |
| 1217 年 | 第五次十字军东征(一1221 年),由耶路撒冷王布列讷的约翰与匈牙利王安德雷亚二世指挥 |
| 1218 年 | 十字军占领杜姆亚特 |
| 1221 年 | 十字军远征开罗失败之余,还丧失了杜姆亚特 |
| 1228 年 | 第六次十字军东征(一1229 年),根据与阿尤布王朝缔结的雅法条约,由德国国王兼西西里国王腓特烈二世取回耶路撒冷。腓特烈二世成为耶路撒冷王 |
| 1239 年 | 阿尤布王朝重新夺回耶路撒冷 |
| 1248 年 | 第七次十字军东征(一1254 年),由法国国王路易九世指挥 |
| 1249 年 | 路易国王占领杜姆亚特 |
| 1250 年 | 十字军在曼苏拉战役中败退。路易九世归还杜姆亚特(同年马穆鲁克王朝在埃及成立)。路易九世调整位于巴勒斯坦与叙利亚的十字军组织,国王本身则出发前往东方(一1254 年) |
| 1260 年 | 马穆鲁克王朝由苏丹拜巴尔一世统治 |
| 1265 年 | 拜巴尔一世夺回海撒利亚与阿尔斯弗 |
| 1268 年 | 拜巴尔一世夺回安条克 |
| 1270 年 | 第八次十字军东征(一1291 年)。路易九世死于突尼斯 |
| 1289 年 | 马穆鲁克王朝苏丹盖拉温夺回的黎波里 |
| 1291 年 | 马穆鲁克王朝苏丹哈利勒夺回阿卡。叙利亚的十字军国家灭亡 |

阿勒颇城（叙利亚）

耶路撒冷王国所属城市，通往这些地方的距离都在50公里以内。

位于这些重要地点的密集的山岳城塞，如实展现了当时的紧张状况，且至今历历在目。这些在地图上乍看之下仅有如撒沙般四处散落的十字军山岳城塞布置，事实上都是依据他们敏锐的战略考量来构成的。

## 以守城战为主的十字军城堡

十字军城堡是以改造伊斯兰城堡的形式开始发展的，而其增建改筑的目的就只有一个，那就是"防卫"。

十字军时代的攻城战模式为：攻城方包围城堡，以大型攻城器械或坑道来突破城墙冲进城内。

代表性的攻城方式有：

· 攻城塔：让士兵爬至与城墙同高，使他们能冲入城内；

· 投石机：可抛掷大型石弹或可燃性弹丸，用以破坏城墙；

· 坑道：在城墙最弱的部分挖掘地下坑道，并且以木框支撑，等坑道挖完之后，再一口气放火把木框烧毁，让坑道整个崩塌，借此破坏城墙。

守城方使用弓矢、石块、热水、热油、硫黄、生石灰等阻止散兵靠近城墙。有时还会往城外展开奇袭突击，对敌阵营产生损伤。

至于胜负的决定，当时的伊斯兰阵营是处于复杂的小势力分裂状态，因此大多会以政治或外交手段来决定。举例如下：

· 在攻防战进行中两军开始交涉；

· 在攻防战进行中因为周边政治状况改变，使攻城军撤退；

· 守城阵营判断开城也不会有损失，因此决定开城。

在十字军时代的两个世纪当中，十字军阵营与伊斯兰阵营相比，在士兵数量上显然居于劣势。因此如果真的硬碰硬对战的话，就难免会遭惨败，所以他们在战略上就会采取回避不利于自身的野战，而选择即使靠少量兵力也能与敌方对抗的守城战。通过对城堡附加强大的防御力，使己方阵营的综合战力能够提高。

就像前面提过的一样，被十字军夺取的伊斯兰阵营城堡，以拜占庭帝国配属于边境地区的拜占庭-阿拉伯式为主。这些城堡原本都只重视机动性，而没有顾及防御性，因此他们就对其进行了彻底的增建改造。让这些城堡的基本性能从重视机动性转变为重视防御性，完全改头换面。十字军投入了大量人力、资金、时间以及无限的毅力，终于能改造出固若金汤的城堡。

以结果来说，在整个筑城史中让城堡的防御性有显著发展，并且具有外观上美感的，就是在这个十字军时代。

## 大城堡的诞生

接着就让我们来看看十字军大城堡的构造吧。

十字军城堡的种类可以分成附属在市镇旁边的城堡（例如大马士革），或是直接把市镇城塞化的"城塞都市"（例如耶路撒冷、阿卡）等类型。不过远比这些城堡还能显著发挥十字军筑城技术本领的，则是那些建筑在险峻的自然环境中，例如山谷边缘的斜坡、海边断崖、丘陵顶端等处的"山岳城塞"。

对于主要会将偏僻地区的城塞当作扎营地的拜占庭军来说，他们应该不太会喜欢山岳城塞。因为光是要入城、出城、搬运储备物资，就得花费相当大的劳力。而重视机动性的阿拉伯军，似乎也只认为山岳城塞单纯就是个监视山体鞍部用的关卡而已。相对于此，十字军则认为山岳城塞从一开始就具备天险作为屏障，是种理想的城塞。就连被拜占庭嫌弃的狭窄陡峭登城坡道，都被十字军视为最好的防御手段。正因如此，他们才会在这些连现代土木技术都很难作业的山顶、斜坡等地形上，又更进一步加建了增强工程。除了城墙、壕沟这些外部防线之外，为了因应外部防线万一遭到突破时的状况，还会在内部设下第二道防线。

虽然在斜坡上施工的确是一件非常辛苦的事情，不过这种非水平面的地形却能使敌军无法设置攻城机械，可说已经具备了先天的防卫能力。位于山间的坚硬岩盘地基，也会成为城塞的助力，可以避免城墙下方被敌人挖掘坑道，因此筑城者们就会用尽各种努力去取得坚硬的岩盘。关于这点，可以实际感受到十字军强大执念的，就是位于北叙利亚的萨拉丁堡。在脚下的地面挖了一条令人目眩的垂直壕沟，其深度居然达到了27米，且挖得相当整齐，这到底是花费了多少劳力才打造出来的啊！

随着十字军城塞的增强以及工程规模陆续扩大，城堡的经营形式也会跟着改变。当初城主原本都是十字军的贵族，不过他们在12世纪前半叶因为遭到伊斯兰阵营的反击以及水土不服等因素而逐渐折损，使得贵族的绝对数量陆续减少，因此光是靠他们的力量已无法经营全部城堡。除此之外，在严峻的环境以及时常紧张之下，又必须支出庞大的工程费与维持费，这使得山岳城塞本身很难再靠单一贵族的力量来经营维持。要在山岳中维持这种大规模城塞，必须花费超乎想象的庞大资金才行。以位于约旦河谷中的萨菲塔来说，在被十字军夺取之后，耗时两年半的改造工程费用巨大，而每年的维持费也不少，因此财政能力必须相当强大才行。

就算山岳城塞的所有权产生空白，一般贵族却几乎没有被任命为新城主。取而代之的是会把城堡交给一种被称为"骑士团"的组织，如圣殿骑士团、医院骑士团、条顿骑士团等。

当时在圣地活动的这种由半宗教半世俗的士兵所组成的骑士团组织，带有三言两语很难说清楚的复杂性。

骑士团组织一开始只是负责圣地巡礼的护卫以及支援工作，不过当欧洲的十字军热潮达到高峰之后，无法亲自参加远征的诸侯就捐助庞大的资金，而骑士团又把这些资金当成本钱投资到金融业等各式各样的事业，因此他们拥有丰厚的财力。

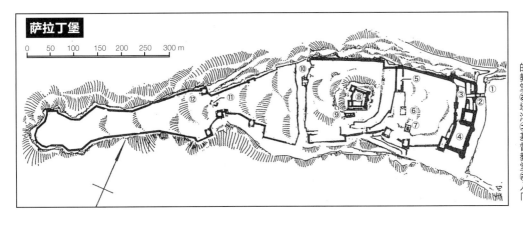

萨拉丁堡　①入口②壕沟③第一城堡储藏库④兵营⑤浴场⑥清真寺⑦储水处⑧拜占庭时代的城堡⑨法兰克人的教堂⑩壕沟⑪基督教堂⑫入口

▲阿勒颇（叙利亚）

▲桑杰尔（黎巴嫩）

◀博佛尔（黎巴嫩）

▲马尔卡布（叙利亚）

**留存于各地的十字军城堡遗迹**

▶马尔卡布（叙利亚）

骑士团后来就成长为拥有完整组织架构、进行能够冷酷看透状况的现实性思考，且具备几乎相当于常备军的大规模军队的组织。随着时代演进，他们遂攀升至基督教阵营的领导地位，并站在与伊斯兰阵营冲突的最前线。

当城堡被交到具有丰厚财力、组织稳固的骑士团手上之后，增建、改筑工程也急遽加速。因此从12世纪后半叶开始，就进入了十字军大城堡建设的黄金时代。以现在的叙利亚为中心，时至今日依旧令我们感到惊艳的大城堡，就是在那时陆续诞生的。至于在这个巅峰时期所产生的名城，则可以举出以下几个例子。例如耸立于被奥龙特斯河（Orontes）所切削之壮观峡谷上的夏萨尔城，立于海岸断崖上睥睨着从塞浦路斯岛开出之船舶的马尔卡布，以及位于连接沙漠和海岸的霍姆斯走廊旁边、只身耸立于狂风吹拂的连绵丘陵中、走过八个世纪风吹雨打的十字军城堡最高杰作——骑士堡。

虽然十字军除了奉神之名之外几乎可说是相当无知与无谋，不过因他们而生的大城堡，的确是达到了筑城史上的一个顶峰。这些因为险峻地形与复杂战史的关系而将防御性发挥到极致的城堡，确实散发着一种独特的美感。

## 大城堡的防御系统

接下来，就要以较具体的方式来探讨一下十字军城堡的防卫系统。

为了提高防御能力，十字军在城堡上增加了各式各样的防御设施。他们也会对既有的设施进行大幅改良，使其产生显著进步。

在这个系统里的各种方案当中，比较令人产生兴趣的则有以下几项。

（1）双层同心的城塞。令人意外的是，像这种筑起两道形状几近似似（两者的中心点相同）之城墙的形式，在以往的拜占庭、阿拉伯以及欧洲都不曾出现过。这是一种能够在守城战时使防卫能力倍增的最单纯也最具效果的手法，以圣约翰骑士团所拥有的城堡为中心，普及许多座山岳城塞中。这是十字军时代最具代表性的设计，赋予了十字军城堡外观上的独特共通性。

（2）在城墙的每边配置多座城塔。用以减少城墙的死角，并能提高城堡本身的强度。除此之外，在战时也因此出现让各城塔独立应战的防御战法。基于这种战法而设计出的城塔，则是以位于开罗的开罗城最为洗练。

（3）城塔的形状从四角形改成圆形。可使视野与弓矢的瞄准角度大幅变宽，可说是拜占庭式角塔的一大转变。

（4）在城墙的基座部分加上斜角。可使城墙的基座增厚，提高防御力。同时也能阻止攻城机械逼近城墙正下方。

（5）石落（突廊）。这是来自拜占庭的点子，十字军也予以采用。可使弓矢的瞄准角度变宽，且能对正下方投掷石块、火壶等物。

（6）吊闸。在东方从古罗马时代之后就被人遗忘，十字军使其复活。

（7）黑暗通道。突破城门入侵城内的敌兵，会迷失在城内建有天花板的黑暗狭窄走廊中。当然，在这些走廊上会设有吊闸、急转弯、埋伏、从天花板的洞穴浇下热油、投掷石头、长枪等陷阱。

除此之外，还有像把攀登至城堡的道路复杂化、将城墙表面弄光滑等深入各种细节的巧思。不惜耗费大量的劳力，也要想尽办法提高城堡的防卫能力，这就是十字军阵营的执念。

由于加上了这些防卫系统，十字军城堡在外观上变得很巨大，成长至可以称为要塞的规模。

## 奢侈而充满活力的大城堡内部

一座十字军城堡内部，会有小至数十人，大至上千人的骑士，还有辅佐他们的侍从，以及仆役、帮佣住在里面。

而他们到底是过着怎样的生活呢？会像众所皆知的中世纪欧洲城堡那样，舍弃一切舒适性，过着不便且不洁的生活吗？

十字军的城堡跟欧洲的中世纪城堡，在性质上是完全不同的。就像前面讲过的一样，这些大城堡大多是归骑士团所有，因此一开始会基于骑士团"半修道会、半军队"的独特性质，形成一种恪守基督教戒律的空间。

在几乎所有的骑士团城堡中，都会有一座面对着城堡中庭的华丽礼拜堂，身兼祭司的上级骑士会在这个地方进行弥撒日课。同样在城内的中央附近，会有附属于修道院的会餐用大餐厅，并有每周固定的肉类料理、精进料理等菜单，不会有人吃太撑或吃不饱，众人会一起用餐。

不过当他们与神圣义务脱节之后，城堡中的生活就为之一变。不仅摆脱了"黑衣修道士的禁欲生活"这种印象，并与同时代不自由的欧洲大相径庭。此时城堡基于当时中东洗练的文化，转变为一种奢侈而优雅的空间。城中有着华丽的餐桌、舒适的房间等，在日常生活上可说是让同时期的欧洲城堡完全无法媲美，因此使来自欧洲的造访者惊讶不已。

这种现象是留下过记录的，来自欧登堡（Oldenburg）的威尔布兰德曾经这样描述贝鲁特城："上级骑士的房间地板上有马赛克拼贴，房间的墙壁上贴有大理石片，并拼凑成非常美丽的图案，圆形的天花板则呈现宛若蓝天般的颜色……在房间的正中央，有座以各种颜色的大理石制成的泉水盘，并且打磨得相当光亮。"

贝尔伯瓦尔城也让一位来自欧洲的无名访问者大为惊讶，城中有座可以从城堡屋顶巧妙引入用水的壮观土耳其浴场（蒸汽浴室），而且那还是供一般士兵使用的。

另外，城堡以自给自足为前提，因此也是生产工厂。在城内备有打铁、木工、裁缝等各式各样的工坊空间，专业工匠与住在附近骑士团所属农场的村民，会依据需求在此工作。

城堡的中庭可以发挥集散近邻地区物资的功能，当城门开启时，许多周边居民就会在此交易，运进农产品、家畜等各式各样的物品来贩售，彼此互通有无。

在此会呈现一种与基督教骑士团城堡印象有所不同的热闹与喧嚣，各种气味、骚然的杂音、人们的笑骂声、争执与和解的对话都于此处交融，充满了日常生活的世俗氛围。这种样貌已经超越了单纯的城堡，而比较接近一座"拥有城墙的小型都市"。

而城堡内部还有一项不可或缺的设施，那就是粮食与水的储备。这可说是城堡的生命线，不管是哪座城，都会慎重其事地准备妥当。

首先是水源方面，几乎所有的城堡都会备有两种以上的蓄水池、水井、护城河、水道桥等水利设施，即使有一种遭到破坏（大多会是水道桥），还能靠其他设施撑过一年以上的围困。

至于粮食的储备，则是会在城堡的中央附近规划充分的空间，并在该处储存大量的粮食。举例来说，像骑士堡这种大城堡，在其城堡中央的储藏库中，能存储可供应数百名守军吃五年的粮食。另外也会饲养许多供食用的家畜，且备有屠宰、加工的场所。

有了这些准备之后，在战争故事当中时常可以听到的兵粮攻法就几乎派不上用场。不过现实却常常会与计算有落差，一旦到了战时，就会有许多住在周围村落的难民跑进城内，有时人数甚至超过城堡所能收容的极限。就算储备的粮食充分考虑过多余的量，还是出现过城堡因饥饿而被攻陷的案例。其中比较有趣的是虽然充分储备了水与粮食，最后却因为忘记储备盐而被攻陷的夏尔巴克城。

## 十字军城堡传回欧洲

诞生于十字军时代的大城堡，在功能性上可说发展至登峰造极，是留名筑城史上的一大杰作。

它具有压倒性的防御力。外观上也极为厚重，固若金汤。

以十字军战士身份，或是以巡礼为目的造访大叙利亚地区的王公贵族们，在看到这样的城堡之后便大为触动，并热切期盼能在本国构筑相同形式的城堡。而前来巡礼或担任技师的工匠们，就把这些城堡的筑城技术带回欧洲。13世纪时欧洲城堡所产生的变化，就是受到这些人带回的技术影响。

到了1189年，因为有两个人造访了圣地，而促使这种变化一举加速。他们就是英国的狮心王理查，以及法国的尊严王腓力。

这两位国王都随着第三次十字军一起前来，但

位于罗德岛（希腊）的医院骑士团城堡

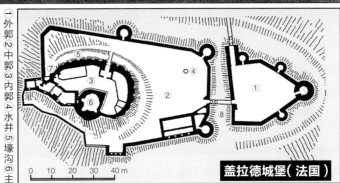

①外郭 ②中郭 ③内郭 ④水井 ⑤壕沟 ⑥主城塔 ⑦后门 ⑧壕沟

把主城塔置于后方，并且设有好几道门，以城堡来说是发展相当完整的形式，上图照片为遗迹

盖拉德城堡（法国）

讽刺的是在他们归国之后，就展开了激烈的领地争夺战。在以两位国王为核心、诸侯纷立的战乱当中，这种出现在圣地的高防御性城堡，就让各方极力想要尽快引进。

其中特别是具有战士天分的理查，对于他亲眼看过并奋战过的十字军式城堡，可说是从心底为之倾倒。在他眼中，被伊斯兰世界包围的十字军国家，就仿佛是他留在法国本土内的诺曼底领地一样，为了保卫自己的领地，理查便以突飞猛进之势展开了十字军式城堡的兴建与增修改造。

在此要介绍其中众所公认的逸品，也就是盖拉德城堡（Chteau Gaillard）。

盖拉德城堡位于巴黎西北方 80 公里的洛山德（Les Andelys）地区，耸立于一座小山丘上，可以对蜿蜒的塞纳河一览无余。它的这种容貌，的确就像是直接把叙利亚的山岳城塞整个移过来一样。同心的三道城墙、各自独立发挥功能的圆塔、备有吊闸的内部、深邃的壕沟、厚实的墙壁……原本只会出现在东方十字军城堡上的厚重功能和壮美外观，此时却在欧洲现身。

理查似乎在这座城堡上投注了异常的心思，因此建造只花了一年就大功告成。他在完工当天的清晨，还兴奋地大喊："我这一岁的女儿真是拥有大器量！"

盖拉德城堡这个名称所代表的意思就是固若金汤的城堡，带领法军进攻的腓力屡次遭到击退。不过这座坚城还是在理查战死沙场五年之后于壮烈的包围战中陷落，令人意外的是，在它那滴水不漏的防御网当中，唯一的盲点就是厕所的茅坑，敌军便是从该处入侵并攻陷此城的。

13 世纪的西欧城堡发展动力，就像这样是来自采用诞生于圣地的十字军大城堡。

十字军城堡赋予了兵力居一边倒劣势的十字军国家力量，因此而产生了为期约两个世纪的"十字军时代"。而相同形式的城堡模式则传回欧洲，之后又因为攻城机械的发展和攻城技术的改变等战略面的影响，中世纪末期的欧洲历史再度产生震荡。

第 5 章 城郭的深层发展史

# 致力钻研城塞的阿拉伯的劳伦斯

文／小林雾野

> 劳伦斯是阿拉伯民族运动的英雄
> 同时却也是位钻研有道的城堡迷！
> 在小时候培养出的对城堡的异常热情
> 驱使青年劳伦斯毅然深入异教之地……

对于托马斯·爱德华·劳伦斯（Thomas Edward Lawrence，通称阿拉伯的劳伦斯），到底要怎么形容他比较恰当呢？

具行动力、善于内省、富正义感、利己主义、梦想家、冷眼旁观、禁欲、锋芒毕露、自虐狂、讨厌女性……

不管是好是坏，有时甚至还会有正好相反的形容词能够同时套用在劳伦斯身上。虽然他一直被视为英雄，但又有许多不同角度的证言，再加上他自己也没有明说的性取向，他的真实面貌越来越难掌握，是一位给人诸多强烈印象的另类英雄。

一般而言，劳伦斯是因为"在第一次世界大战中协助阿拉伯民族脱离奥斯曼帝国的独立运动，在中东战场上来回驰骋的革命家"而闻名。不过在这之前，他20岁左右时却是一个极富历史学者资质的青年，是一个对从古代到中世纪的文学、工艺、战争、建筑等各种领域拥有广博知识的历史研究者。而在这五花八门的研究对象当中，最令年轻劳伦斯有热情，后来甚至对他的生涯带来决定性影响的，就是"中世纪的城堡"。

## 热衷于拓印墓碑的少年

从少年时期开始，劳伦斯心里似乎就像映照着他的未来一般，相当复杂且充满谜团。这可能是因为他在户籍上登记为私生子，且又受到狂热信奉基督教的母亲的严格教育影响。他最明显的特征，就是会对感兴趣的事物彻底投入，将全部精神集中在上面，这有时会使劳伦斯燃起近乎异常的执着心，并导致他做出一些破天荒的行动。

举例来说，从9岁开始，劳伦斯最热衷的行为就是去拓印教堂内的墓碑和纪念碑。当时他已经跑遍所有自己能跑的范围，并专注在拓印碑文上，收集的拓本几乎把他寝室的墙壁贴满了。

有一天，他在与朋友一起去的教堂中发现了一块精美的墓碑，不过这墓碑却位于木制教友座椅下方的地板上，实在很难动手。朋友劝他放弃，但劳伦斯可不这么想。他根本就没有一丝犹豫，突然跑了出来，并大声敲坏了教友座椅，然后强行拓印墓碑。而且在那个瞬间，最令他朋友心寒的则是劳伦斯那仿佛在宣扬胜利似的大笑声……

少年劳伦斯的兴趣可说是一个接着一个陆续扩大；从拓印到骑士故事，然后再从宗教建筑变成中世纪城堡建筑——此时正是他15岁左右。

对中世纪城堡燃起热情的劳伦斯，每次休假都会骑着脚踏车前往各地探访古城。15岁时跑遍东英格兰，16岁则逛完了威尔士。至于法国方面，他从17岁开始一共去了八次。

事实上，他在骑脚踏车旅行时只带了换洗衣物、雨衣、素描本、照相机而已，一天可以骑180英里，中间只吃面包、牛奶、水果。对于这个年龄的少年来说，这实在太辛苦了，不过对于当时的他而言，还有一个强烈的意志就是要"锻炼身心"。劳伦斯平常就会进行一些几近于军队

**托马斯·爱德华·劳伦斯**
（1888—1935）

生于英国，第一次世界大战时率领阿拉伯人攻击奥斯曼帝国军队，之后还被拍成《阿拉伯的劳伦斯》这部知名电影。1922年成为英国殖民地大臣丘吉尔的顾问，为阿拉伯独立尽了心力，不过却因为与英国的政策和意见相左而辞职，最后因摩托车事故逝世，享年47岁

劳伦斯留下来的图画。上图为硬笔画，左图是铅笔素描

## 极为酷烈的中东之旅

1909年，21岁的劳伦斯在牛津大学就读最后一年时，他与城堡的距离急遽缩短。由于他的毕业论文题目是"欧洲中世纪城堡与十字军城堡的关系"，为了进行调查，他首次踏入了叙利亚地区。

而这项城堡调查，同时是一件脱离常轨的极限之旅。他订立的计划是要一个人徒步1800公里走完叙利亚、巴勒斯坦、外约旦地区，而且还是在太阳最为灼热的三个月酷暑期间。

在踏上旅程之前，劳伦斯先去找他的老师，也就是中东的权威学者讨论。想当然耳，他们就跟劳伦斯解说当地的风土病、酷暑、道路状况，以及最重要的当地阿拉伯人和贝都因人难以相处的气质和习惯，让他知道与这些人接触时的危

修炼的严格锻炼，像绝食数天、骑脚踏车直到累倒为止等超乎寻常的行动，且他自己都甘之如饴。这种把自己逼入极限状态，然后置之死地而后生的行为，会让劳伦斯对自己产生强烈的自负感，不论他是否察觉到这点，他的一生确实一直是这样过的。

险性。

对此，劳伦斯的回答不用说也知道吧。他完全无视这些老学究的经验与忠告，仿佛是要挑战自己的精神、肉体极限一般，开始冲向这些十字军城堡。

● 7月9—31日　贝鲁特→格拉利亚→迦密山→地中海→泰拉→西顿→贝鲁特

● 8月6日—9月6日　贝鲁特→的黎波里→北叙利亚地区→拉塔基亚→奥龙特斯→安条克→阿勒颇

● 9月7日—9月22日　阿勒颇→埃德萨→阿勒颇（这里使用了车辆）

从开始到最后，都是酷烈至极的旅程。猛暑之下，即使在阴影处气温也超过40摄氏度，他还感染了四次疟疾，手脚上受了数不尽的擦伤、割伤。但劳伦斯视这些为无物，持续进行着他的旅程。劳伦斯这条汉子不仅拥有超乎常人的精神力，同时也拥有极为健壮的肉体。在他的一生当中一共有9次战斗伤、7次飞机事故、33处骨折的记录，令人无法置信。而他这号称"相当于原始人"的作风，早在他最初的这场冒险旅行中就已经发挥出来了。

他不止一次被卷入危险当中，劳伦斯有一次还被盗贼夺走护身用的手枪。对方在他眼前举枪准备射击，却不知道要开保险，让劳伦斯幸运地逃过一劫。

在这样艰难的条件下，劳伦斯完全没有屈服，最终完成了城堡调查。在登录于当地地图的50座城堡中，他制作出了一条可以巡礼37座城堡的路线，而且除了1座城之外全部被他调查完毕。

## 从历史学者变成战士

劳伦斯的首次中东旅行，根据他自己所述，最后花了三天三夜就整理完毕，写成论文《12世纪末欧洲军事建筑中的十字军影响》。

至于内容也相当符合劳伦斯的风格，与当时的学会定说可说是完全唱反调。对于"位于圣地的十字军城堡，是受到拜占庭帝国与阿拉伯的影响所建成的"这种定说，他则认为"十字军城堡除了少数几座例外，几乎都是直接应用法国和意大利等欧洲的筑城方法"。他以自己长年观察英法中世纪城堡的经验加上这次驰骋中东的旅程作为背书，表现出过度的自信，以毫不留余地的方式强调自己的主张。

劳伦斯的主张光看总论的话的确有些牵强，令人无法坦然接受。不过若一个一个去看他论文中所举例的城堡，却着实能充分吸引当时权威的目光。

这篇论文获得了牛津大学的优秀评价，使他即将成为一位前途有望的青年历史学者。

不过，在劳伦斯撑过困难的中东徒步旅行之后所带回来的，却是他原本没有预期到的东西。

"也许我在阿拉伯人当中以阿拉伯人的方式生活的关系，因此比那些和商队及翻译一起旅行的人更能对他们的日常生活有深一层的认识。"

"我已经在此变成阿拉伯人了，要再度成为英国人应该很难吧。"

……在他从叙利亚寄出的几封信中已可以看出端倪。他以城堡为契机踏入了阿拉伯地区，而这个地方又吸引住他的目光。这就跟劳伦斯在少年时代时，从一种兴趣引发更多兴趣的连锁反应一样。城堡成为将劳伦斯带入更广大世界的、也是最大的一块垫脚石。

在此之后，劳伦斯大显身手，就如同在许多研究书籍与电影中所描述的那样。随着第一次世界大战的爆发，他加入了原本讨厌的军队。他以中东为舞台，坚持追求阿拉伯民族独立的信念，在各地留下了纵横无尽的足迹。即使在战争结束之后，"阿拉伯的劳伦斯"这个偶像形象也不断围绕着他，陪他过完了波澜壮阔的一生。

至此"历史学者劳伦斯"的登场空间，可说是消失殆尽，讽刺的是，就是他最爱的城堡让他想走的历史学者道路产生了重大转折。他偏离了历史研究者的道路，转往"历史当事人"的方向前进。

城堡对于劳伦斯来说，首先是少年时代热烈憧憬的对象，然后将他引至十字军与阿拉伯之地，最后则让他背负起阿拉伯战士的命运。

# 第6章

**改变历史的大攻城战**

# 四座坚城的攻防记录

# 1271 ●十字军最强的城堡为何会被攻陷

## 骑士堡的陷落

**医院骑士团 VS 马穆鲁克军**

文／小林雾野

号称"穆斯林的喉中刺"
创下难攻不落神话的城堡
——骑士堡
这座耸立于丘陵顶端的城堡
如今也到了被攻陷的时刻

Illustration by Nakano Koichi

1271年，长达二百年的十字军历史即将进入终章。仿佛是象征着这种完结一般，十字军所拥有的最强城堡——骑士堡，此时也到了陷落的时刻。

——守方是由基督徒医院骑士团的骑士所组成的守备大队。

——攻方则是埃及马穆鲁克王朝的第五代苏丹拜巴尔斯的军团。

在分隔叙利亚海岸线与沙漠地带的安萨利亚山脉、黎巴嫩山脉之间，有一条通称"霍姆斯走廊"的重要道路。而骑士堡原本就是为了保护这条重要道路由当地的伊斯兰领主所构筑的。该城在1110年时，被跟随第一次十字军势力的安条克公爵坦克雷德（Tancred）夺取，而其所有权很快就转移到位于圣地的医院骑士团的手中。

所谓骑士团，是一种遵从基督教精神的半世俗武装组织。他们随着十字军时代的前行，逐渐拥有可观的财力、强大的军事力，以及冷静的现实眼光。骑士团取代了被内斗绊住手脚的软弱欧洲贵族，成长为基督教阵营的领导者。他们彻底奉行现实主义，精通于与伊斯兰王侯进行表面交涉和台面下的工作，是被外敌团团包围的十字军阵营殖民国家最强大的支柱。

自从骑士堡在1142年被交到医院骑士团手上之后，就被认定为一个重要城堡，而骑士团则以所持的庞大人力和财力，将它进行彻底的增强与改建。而改建的结果——

"说到希腊建筑就是帕台农神殿（Parthenon），哥特式教堂是沙特尔大教堂（Chartres Cathedral），而中世纪城堡则是骑士堡……"

历史学者T. S. 博斯如是说。而这个事实，只要看一眼这座城堡就能了然于心。在海拔650米、瞭望视野良好的连绵丘陵上，萧萧不绝于耳的凄厉风声中，骑士堡沉默地耸立着。它那具压倒性的厚重感与顽强的坚固感，带给观者鲜明强烈的冲击，在该地展现巨大的存在感。

骑士堡位于火成岩所构成的山丘上，以长约200米、宽约140米的不规则梯形建造而成，其构造可说是十字军时代大城堡的典型。

围住城堡的是几乎拥有完全相同中心的两道城墙，并有外城墙共十三座、内城墙共六座的或圆形或方形巨塔，这使得原本就很厚的城墙强度更上一层楼。壕沟是兼具蓄水池功能的护城河，在内外城墙之间的部分地区挖掘。而在外城墙的外侧并没有壕沟，这是理所当然的事。由于城堡是建在孤立的山丘上，而外城墙的根部紧邻的就是山丘斜面，根本就没有挖掘壕沟的空间。若从山丘下方向上仰望，事实上城墙的高度就相当于30米。

很明显，骑士堡是全部十字军城堡当中拥有最大规模与强度的城堡。当时的伊斯兰历史学家阿里·伊本·艾西尔（Ali Ibn al-Athir）称它为"穆斯林的喉中刺"，而有个匈牙利人则赞誉它为"基督教国家的锁钥"，过去曾有几位穆斯林英雄试着攻击这座城堡，但都没有人能成功攻陷它。就连伊斯兰世界最大的胜利者萨拉丁（Saladin），都把骑士堡列为他生涯中所无法夺回的仅有的五座敌城之一。骑士堡"难攻不落"的神话至此宣告诞生，伊斯兰阵营也不再出现妄想攻取此城的人。

不过风水总会轮流转。有位毫不在意骑士堡不败神话的汉子，如今来到了此城跟前。

## 马穆鲁克军的进击

1271年2月21日，由埃及马穆鲁克王朝的苏丹拜巴尔斯亲自率领的埃及军队，出现在骑士堡的面前。

埃及军于1月底从开罗出阵，一边攻击残存于山脉地带的十字军城堡，一边持续北上。在他们抵达此地之前，已经席卷过了巴勒贝克（Baalbek）近郊的基督徒地区，并于2月攻陷骑士堡旁边的萨菲塔城。

攻取萨菲塔城的时候，根本连仗都没有打。光是听到苏丹所率领的埃及军兵临城下，拥有该城的圣殿骑士团总长就下令守军投降。他如是说："跟城堡相比，士兵的生命比较重要。反正迟早会被攻陷。"

真是现实到了极点。但也多亏于此，700名守军与包含其妻小在内的家人全部平安撤出城堡，这可说是比起荣誉而言更重视现实利益的骑士团展现其现实思考的最佳实例。

不过这种抉择也不能只用现实主义来解释，他们当时所遭遇的敌人，也就是埃及的苏丹，确实是一位能够令他们招架不住的超级王者。

拜巴尔斯一世，是年48岁，苏丹在位第十一年。他原本是出身奴隶的军人，但最后亲手谋杀了两位苏丹，让自己登上该宝座。不管就战士而言、将军而言，还是主政者而言，他都能发挥毫无疑问

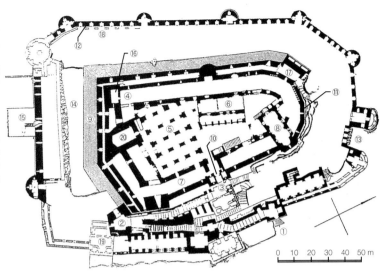

**骑士堡的规划图**

①入口②横躺路③斧头通道④水井⑤大柱厅⑥大厅⑦仓库⑧礼拜堂⑨倾斜壁面⑩吊闸⑪内城墙⑫外城墙⑬北侧入口⑭护城河⑮嘉拉温苏丹之塔⑯城主房间(总长房)⑰二楼暗门⑱开合吊桥、石落⑲浴场⑳三层主塔

一开始是由伊斯兰领主建造,称为"斜坡之城"的小城寨(年代不明)。1031年,霍姆斯领主让库尔德族守备队进驻此城。1110年被十字军安条克公爵坦克雷德夺取之后,曾暂时转交给黎波里伯爵,最后于1142年归医院骑士团所有

的力量,使陷入困境的伊斯兰阵营立场一口气反转,进而展现强大攻势。

如果王者的资质不只是要靠实力,也要靠点儿运气的话,那么拜巴尔斯也是其最佳典型。

1265年,在过去的十年之间让伊斯兰世界陷入恐惧的蒙古旭烈兀病逝,而且蒙古帝国的钦察汗国也突然向伊斯兰阵营靠拢,使拜巴尔斯成功与他们缔结同盟。在此之后,蒙古人内部分裂的加剧,使得13世纪时的伊斯兰世界能够完全回避与他们最怕的蒙古帝国展开全面对决的危机。

至于另外一面的敌人十字军,持续追求崇高十字军精神的法国国王路易九世也在旭烈兀死后五年在远征突尼西亚途中客死异乡,从欧洲袭来新十字军的可能性因此降到最低。对于苏丹来说,遭遇"被十字军与蒙古人同盟夹击"这种威胁的可能性也消失得无影无踪。

周围的状况陆续变得对苏丹拜巴尔斯有利,在他面前已经不再有强大的敌人,使他之后得以专心致力于规划收复被十字军和蒙古人夺走的伊斯兰领土。此时他已经进行过30次以上的军事远征,并且几乎都以胜利收场。170年来根深蒂固的十字军领土,就此踏上了灰飞烟灭的道路。1271年时十字军还留在手上的,只有首都阿卡、大都市的黎波里和一些小城市,以及各骑士团所拥有的坚固城堡群而已。

在拜巴尔斯苏丹势如破竹的攻击之下,就连萨拉丁也无法达成的全体穆斯林所希望的"将十字军自地中海扫地出门"已经再也不是梦想。时机已经成熟。攻陷了阿卡之后,为了完全消灭十字军,拜巴尔斯终于挥军攻向长年成为"穆斯林喉中刺"的要塞——骑士堡。

## 全体穆斯林之梦

"他(拜巴尔斯)于2月21日包围骑士堡,3月4日攻下其近郊。"历史学家伊本·弗拉特(Ibn al-Furat)记述道。

若要炮击号称固若金汤的骑士堡,就得夺取唯一的死角,也就是城堡的南面。刚好吻合于山丘顶部的骑士堡有三面都是斜面,因此无法架设攻城机械,只有南面在前方有一点平地。

就跟多位先人一样,拜巴尔斯也攻取了这块南面平地,并且架设攻城机械开始攻城。不过拜巴尔斯此时却露出一副伤透脑筋的表情。

挡在全身湿透的苏丹眼前的,只有骑士堡那巨大的灰色外墙。医院骑士团战士从城垛上沉默地向下俯视,其黑色外套上刻画的白色十字架图样清晰可见。而城堡的背景则是暗沉沉的天空,以及沙沙作响的豆大雨滴。

"下儿天了,这雨——"

吓了一跳的近卫赶紧缩起身子,苏丹今天也发出了怒吼。进攻的准备早已完成,在此阶段随时都能展开完美的攻击,不过这一带却下起了不合季节

⇨入口左侧延伸的隧道，以剧烈的明暗变化来扰乱入侵者的眼睛

⇦城堡南面的巨大斜壁，正面的塔为三层式主塔，在斜壁下方可看到护城河

⇦医院骑士团在13世纪时的服装，采用符合神职人员的深暗的颜色

Illustration by Nakano Kōichi

▲12世纪时的马穆鲁克士兵服装

⇦建造于海拔650米山丘上的城堡，自集市街仰望可充分感受其雄伟

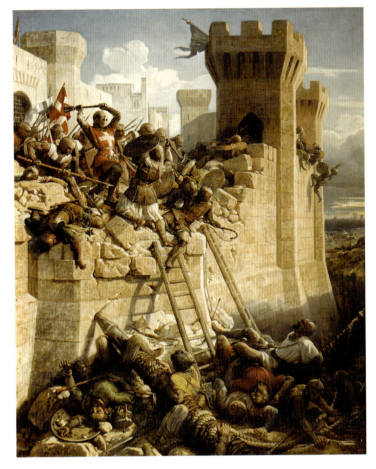

▲公元 1191 年十字军东征中的攻城战役

的大雨。脚下的地面因此变得泥泞，这使得巨大的攻城机械动弹不得。

"雨要什么时候才会停啊，雨啊！"

苏丹越骂越生气，周围的空气也因此凝重到极点，一丝不安开始在阵营内飘散。这位曾在过去30次远征中大获全胜的男子汉，难道也在这座享有盛名的骑士堡面前动摇了吗？抑或因为被这场在预料之外降下的大雨绊住，所以丧失了冷静。漫骂、焦躁，这样下去，真的能拿下连萨拉丁都无法攻破的骑士堡吗？

此时，只有一名长年为苏丹拿铁弓的亲卫士兵像没事儿一般地说道："奉阿拉之名，只要雨能停，苏丹也会重开笑颜。"

的确就是这样。

话一说完，长久持续的大雨便骤然停止，站稳脚步的埃及苏丹，表情也为之一变。他喜滋滋地亲自指挥着大军，展开了迅雷不及掩耳的进攻。昨日的怒气仿佛不曾存在一样，苏丹欣喜雀跃地在瞬间攻下南面的平地，并将攻城机械运往该处。

拜巴尔斯相当直率，不管喜怒哀乐全都直接表现在脸上。光是占领这块南面平地，他就已经确信一定会获得胜利了，甚至还急着将大量金银财宝赏赐给部下。

到了3月22日，一旦进击的桥头堡确立，转瞬之间就开始响起了凄厉的爆炸声。

他们瞄准骑士团的南面外墙，展开了怒涛般的集中攻击。堆积如山的巨大石弹陆续乘上投石机，呼啸着划过天空，并猛烈撞击到城墙上。无情残酷的石弹之雨，就这样毫不间断地倾泻至城墙中央。由于实在太过激烈，守军根本就无暇应战。看来埃及苏丹是想在短时间内分出胜负，他们并没有挖掘坑道，而只想以正攻法的石弹攻击来突破城墙。似乎是想要强行扯裂这绝对无法攻破的厚实骑士堡外墙一样，凄厉的炮击持续不断。

在这激烈的轰鸣以及破坏声响彻数日之后，3月31日，城堡的塔上出现了一个破口。

第6章 四座坚城的攻防记录　157

## 医院骑士团 vs 马穆鲁克军

除了在过去两次大地震之外绝对不会崩毁的骑士堡,此时已开始崩解。

"冲啊!"随着苏丹的号令,埃及将士一齐发出高昂的喊声对城内展开突击,但是却没有爆发战斗,守城的骑士并没有作太大的抵抗。他们从一开始就看出若积极迎战得势的埃及苏丹,那就相当于困兽之斗,因此只打算仰赖这座"固若金汤"的城堡保护。他们相信城墙是绝对不会被攻破的,而一旦这个信念破灭,他们能做的也只有舍弃外城墙退入内城墙而已。另一方面,跑得比较慢的士兵与前来避难的周边农民等基督徒,却意外地受到了神的恩宠。与远征军同行的下一任苏丹(拜巴尔斯的长子)赐予他们慈悲,将其当场释放。

就这样,外城墙遭到攻陷。在埃及士兵兴奋的骚动当中,暌违了160年,骑士堡城门终于被伊斯兰军打开。大量石弹与攻城机械发出喀啦喀啦的声音展开移动,慎重选择放列地点后,便开始准备仔细瞄准接下一个目标。这个目标就是当下仍然能看到抵抗意识、位于内城墙的南面的、医院骑士们所据守的三层主塔。

在这些战斗准备当中,可以看到拜巴尔斯的心情非常好。他把指挥权交到部下手中,自己则一个人在外城墙上来回踱步。他不断感叹着这座城堡追求登峰造极防御性的设计以及滴水不漏的构造,并且将注意力移至内城墙的某一点上。他所关注的是骑士们所据守的主塔,其墙面厚达8.5米。不知道他在想些什么,苏丹独自喃喃念着,若有所思地仔细观察。

"他在期待接下来要展开的炮击啦。苏丹的心情在战斗时是最愉悦的。"之前发过言的铁弓持手再度进行推测,不过这次他却大错特错了。怎么说呢?

——因为后来根本就没有对主塔进行炮击。

在骑士堡上方,

▷从南边俯瞰城堡遗迹

晴朗的天空正无限延展。

此时万籁俱寂,空气重返宁静。突然造访的寂静,使得潜伏据守在主塔里的守军感到困惑。他们从细长的箭孔战战兢兢地往外窥视,发现埃及军在做好万全的战斗准备之下,却一动也不动地静止着。只有异常的寂静,笼罩着整个空间。

对于异常事态,医院骑士们慎重地展开思考。也就是说,莫非敌人是要改采兵粮战法?等待武器的补充?或是外部的政治状况产生了重大变化,使苏丹无法开始进攻?

此时,晴空中出现了一道轨迹。

"是鸽子!"年轻骑士发出希望的叫喊。这真的是要发生什么巨大变化了!主塔正充满了兴奋。抓住翩然飞临的传书鸽之后,解开鸽子爪上的书信,并赶紧念出信上的法文句子。

"有没有搞错啊……"上级骑士绷着一张脸喃喃念着。书信是来自位于的黎波里医院骑士团总长的投降命令。

就跟之前莎菲塔城圣殿骑士团一样,骑士堡的守军也接到了来自骑士团总长的投降命令。

## 黯然落幕

在这只鸽子飞临之后,主塔内到底发生了什么事情,至今仍无人知晓。想必是发生相当紧张的戏剧化场面吧,单靠伊本·弗拉特所留下来的事务性记述,根本就无法让人发挥一丝丝想象力。

"他们要求保障其生命,我方则以对方必须回归本国为接受条件。"

1271年4月7日，骑士堡的守军全员投降，这是埃及军出现后第45天的事。骑士堡被十字军夺走160余年，并轻易挡下了无数次的伊斯兰军攻击，但如今却就此轻易陷落。

……那一天，从骑士堡的城门排出了一长条由马匹、货车、徒步者构成的杂乱队列。在埃及士兵交错的漫骂声中，医院骑士团以从礼拜堂带出的银十字架为前导，开始走出了城外。刻画着白色十字架的黑外套身影，一个接着一个消逝在通往山丘下的长长坡道上。

而在内城墙西南塔的上方楼层，拜巴尔斯正从有着哥特式圆顶的"总长房"以绝佳的好心情目送着他们。他穿着刚换上的崭新军装，从这扇以中世纪城堡来说算是例外的注重采光与视野的大窗子探出身，露出男子汉攻陷固若金汤之城后才配展现的会心一笑。——在这笑容背后，其实是有很深含义的。

"当时的苏丹，其实是模仿身在的黎波里的法兰克人总长的笔迹写下了那封书信。"

也就是说，那飞鸽传书带来的是一封"假书信"。原本应该固若金汤的骑士堡，就是因为这么一点儿小伎俩而结束了光荣的历史。

但是关于这封假书信，其实是存有疑问的。守城的骑士们真的会相信这是真的，简简单单就被骗到吗？

我想答案会是"否"吧。他们应该知道那是假信，但还是故意装作被骗。他们知道即使继续据守在主塔中，在强大的埃及军面前也迟早要败北，为了保全面子与安全结束这场战争，这封假信就是一个很重要的关键。

然而，拜巴尔斯应该也已经预测这样的想法。为了节省攻击顽强主塔所需耗费的时间和武器，他经过充分考量之后才实行了这项策略。这种比起荣誉来说更重视实利的现实思考，在埃及苏丹身上也能看到。

由于假书信这项奇计，以及双方阵营都采行以实利为优先的现实主义之故，骑士堡终能无血开城。城堡的大部分构造因此免遭破坏，对于后世的人们来说，实在是要抱持无尽的感谢之意。其中特别珍贵的部分则属秀丽的罗马式礼拜堂，以及中庭通廊有如宝石般的哥特式柱饰，经过八个世纪的风霜，时至今日依旧保存下来，让造访该城的我们能

▲留在城堡西侧的突堞口遗迹

与往昔古人发出同等的惊叹。这也许能算是奇迹般的幸运吧。

固若金汤的骑士堡再度回到穆斯林手中，它是一座诞生于十字军时代、筑城史上无与伦比的杰作，至今仍耸立于叙利亚的丘陵中，让人瞻仰它壮丽的全景。

拜巴尔斯有个癖好，就是会在夺取的城堡上刻下自己的名字。在骑士堡中，他也在主城门最醒目的地方堂而皇之地刻下了自己的功绩，让我们至今仍能看见。

但是在同一座城内的一个不起眼小角落，一手建设出这座地上最美丽大城堡的医院骑士团也留下了一块意义深远的拉丁语碑文，悄悄地展现着它的存在：

"即使富有，即使聪颖，即使美丽，只要有一丝傲慢，就全遭污染。"

不知为何，这句话才能使人感受到静谧的感慨，真是不可思议。

# 1429 奥尔良攻防战

● 突破包围战术盲点的圣女贞德后援决战

**英法百年战争的转折点**

为了解救被英格兰军队包围的要冲奥尔良
查理七世派出了起死回生的后援部队
使战争进入了一转折点

文／佐藤贤一

因圣女贞德登场而闻名的奥尔良攻防战，属于跨越14、15世纪的英法百年战争之中的一幕。战事始于1428年6月，至1429年5月分出胜负，在探讨其过程之前，首先要针对双方阵营的势力范围作个大致解说。

自从英格兰王室于1415年再度登陆诺曼底之后，便持续往南挺进，最后甚至掌握了包括首都巴黎在内的整个法国北部，而法国王室则被迫逃往布尔日（Bourges），试图以南部当作最后的反攻基地。

话说回来，发源于中央高地并向西注入大西洋的卢瓦尔河，不仅是法国四大河流之一，且自古以来就是法国的南北分界线。因此在我们即将要探讨的局面当中，这条河就会成为英法势力的楚河汉界，也是两军对峙的最前线。对于英军来说，他们无非想要早日攻下查理七世位于卢瓦尔河以北的仅存据点。反之，对法军而言这则是必须死守的关键，其中最重要的战略据点就是位于中游的大都市——奥尔良。

担任英格兰幼主亨利六世摄政的贝德福德（Bedford）公爵，当初原本是看上位于更下游的都市昂热。他之所以会把目标变更为奥尔良，是因为判断奥尔良要比昂热容易攻取。虽说如此，这也是就比较而论；奥尔良的防御设施绝对不会差到哪里去。奥尔良从于格·卡佩（Hugues Cape）的时代开始，长久以来就是法国王室重要的直辖领地（当时是由分家的奥尔良公爵直辖），因此其防御设施也都经过历代君王逐步改进。面积约37公顷的旧市镇，使用周长达到2590米的石墙围绕起来。这道围墙相当高耸，并配置有28座塔，五个出入口也都以坚固的双塔楼阁把守。例如面向卢瓦尔河的圣凯瑟琳（Sainte-Catherine）门，就是以一座称为小城堡（Châtelet）的堡垒防守，该处同时也是奥尔良常驻守军的宿舍（参阅第165页图）。它唯一比昂热、巴黎和鲁昂弱的，就只是在都市内没有配置核心城堡而已。

基于这些地点、规模上的要素，奥尔良无非就是个重要的大舞台。为了争夺此地，英法两军进行了将近一年的长期对抗，接下来便要以作为转机的圣女贞德登场为界，将战争的经过分为前后两个部分来探讨，并于文章最后试着推敲两军形势逆转的原因。

## 奥尔良陷入孤立

1428年6月，开始进攻的英军很快就推进至沙特尔（Chartres），最高指挥官索尔兹伯里（Salisbury）伯爵则是这个时代最优秀的将军之一。索尔兹伯里偏好组织部署，他从沙特尔陆续占领了周围的小都市和城堡，意图先着手孤立奥尔良。看到这样的动作之后，奥尔良的守备队长哥库尔与市民就已经察觉会遭到包围，因此决定在7月时先下手为强。在那个时代，都市可以分为前述那种位于围墙内的旧市镇、向外扩张的新市镇，以及郊外地区。而郊外地区就是个弱点，不仅会轻易遭到压制，民宅以及石造的宗教建筑还会直接被敌军拿来当成宿舍及阵地使用。依照惯例，奥尔良的守军自行撤除了部分位于郊外的街区，而索尔兹伯里这边则在 9 月完成了前置准备，并于 10 月 12 日开始进军奥尔良，在卢瓦尔河南岸郊外的废墟布阵。索尔兹伯里意图在此切断法国国王势力范围与法国南部之间的联络，跟守军的料想如出一辙。17 日，谑称"伪军"的大炮自圣让勒布朗（Saint-Jean-Le-Blanc）堤防开火，隆隆炮声正宣告着围攻正式展开。

在这里要来提一下大炮。大炮应用于实战可追溯至 14 世纪，并于 15 世纪成为一般兵器，除了定置于防卫设施中的大型火炮之外，还有能以马车搬运的中型炮，以及个人可以携带的小型炮，种类相当繁多。像奥尔良这种大都市，备有大小合计 72 门的火炮，且至少有 18 位炮兵长官，可说是相当惊人。在性能方面，例如前述英军所用的"伪军"那种大型火炮，可以跨越宽达 400 米的卢瓦尔河攻击城市中心，因此推测射程应可达 900 米。不过此时大炮还算不上是决定性兵器，真正开始摸索如何正式利用火炮，是在 15 世纪 10 年代的时候。如果真的练就火炮战术，像奥尔良这种中世纪型防御设施，根本连三天都抵挡不了。

揭开序幕的英军炮击，此时充其量是惊吓人马用的佯攻手段而已，索尔兹伯里的真正目标是要控制奥尔良桥。就城郭都市奥尔良来说，这座桥也是个关键性的重要设施。这座北端架于圣凯瑟琳门、跨越着卢瓦尔河的石桥，由 19 座桥墩支撑，以当时的技术而言规模号称最大等级，相当壮观。从市门过桥前往南岸时，必须经过利用沙洲建起的堡垒，最后则会碰到巨大的图尔勒斯（Tourelles）堡垒。构筑于南端的图尔勒斯堡垒是座典型的双塔石造楼阁，前方还有引入河水的壕沟和土堤，以及由高耸围墙保护的小广场。在有事之际能够形成多道防线，简直就是一座要塞（参阅 167 页图）。

10 月 22 日，当英军攻击图尔勒斯堡垒时，法军没作多大抵抗就轻易弃守，并自行爆破了位于图尔勒斯堡垒前方 100 米的部分桥墩以阻断通行。虽然以此可以阻止英军进入市内，但与南岸的联络也就此断绝，这使奥尔良陷入进一步孤立。

索尔兹伯里于 24 日登上了刚到手的图尔勒斯堡垒，此时他的表情大概是笑容满面吧，正当他居高临下眺望着奥尔良的绝景时，却发生了意想不到的状况。一颗炮弹从奥尔良市内飞了出来，而索尔兹伯里的脸则被直接命中。莎士比亚在《亨利六世》中是把这段故事描写成小孩子的恶作剧，而史实也是一位勇敢的年轻法军随从所为，无论如何，这都是一件出人意表的事情。卷入这种窘境的索尔兹伯里，其掉以轻心应该曾被严厉指责吧。包围军的总司令，就这样在三天后死亡。

由于索尔兹伯里的阵亡，攻防战又进入了激烈状态。继任总司令的塔尔博特（Talbot）沿用前者的方针，以陆续构筑阵地的方式建立包围网，因此花上了一整个冬天的时间。这种阵地拥有土堆与两道壕沟，以及防御板、束柴、有刺铁丝，属于一种简单型的阵地，其中还有几座是利用宗教建筑的废墟和堤防构成。距离都市 400—600 米，包围西北方的六座阵地，各自以 30—50 米的间隔绵密配置，封锁了主要道路。这六座阵地于 12 月完成，进入 1429 年后还加上了壕沟与垒道，以方便联系与妨碍通行。至于西南包围网，是以新任队长格拉斯戴尔（Glasdale）所负责的图尔勒斯堡垒为中心，以能够支援该城的形式精心构筑。

事实上，英军主力在各阵地留下了 500 名守军之后，就已经在 11 月 8 日为了过冬而分散至先前占领的周边都市默恩（Meung）和雅尔若（Jargeau）去了。只要挑选这种不适合战斗的季节打持久战，让大都市陷入饥饿，使其气力衰竭，就能逼迫它投降。英军曾经在十年前用这种战术攻陷了鲁昂，但这次的包围网却似乎有个缺陷——与西面的包围网相比，东面的包围网其实有漏洞。虽然守城军因早有预警而前往东方郊区实施破坏，不过包围军的动向却很迟钝。在南岸的堤防上设有圣让勒布朗阵地，不过北岸却只有在 3 月之后于距离都市 2 公里外的地方建了圣勒（Saint-Leu）阵地而已。因此虽然要多绕一点儿路，但只要通过相当于都市东门的勃艮第门，就还是有办法自由出入包围网。名将索尔兹伯里应该是绝对不会允许这种状况发生的，而法军就把这座勃艮第门当作珍贵的生命线，开始积极进行活动。

此时奥尔良也获得了援军。奥尔良公爵的私生子约翰被拔擢为新的防卫军总司令，并与之后成为提督的布由、成为大总管的夏畹、成为元帅的桑特莱伊诸位队长同行前往救援。这样的团队可说是凑齐了即将在不久之后成为法国砥柱的精英，光从这点来看，后来之所以能挽回大局，就既非做梦也非奇迹了。其中最为有名的则是拉海尔（La Hire）队长，拉海尔是出了名的素行不良、举止粗鲁，常穿

着显眼的红色披风，不过就指挥官的才能而言，他则是当时首屈一指的人物。1427年，他曾破索尔兹伯里于蒙塔日（Montargis），保住了这个法军在卢瓦尔河以北的重要据点。

补充兵力之后的法军，在1429年2月10日自奥尔良出击。为了准备持久战，他们袭击了英军的补给队，抢得满载粮食的300辆载货马车，毅然决然遂行作战。不过最后却因为克莱蒙（Clermont）伯爵的援军来迟，使得12日的会战以惨败收场。这场因马车所载的粮食而被讽刺为"鲱鱼作战"的事件，使得好不容易燃起士气的奥尔良再度衰竭。事实上，包括为了此事而郁闷的拉海尔在内，有好几位队长都决定弃城而去。鲱鱼不来，士兵出走。虽然悲观的市民为获得休战而努力奔走，不过却无法从担任中介的勃艮第公爵那里得到满意的回应。

在这个充满绝望的局面中，有个神奇的谣言传了开来。其人唤作"La Pucelle"，这原本是"处女"之意，但在俗语中则常用来指"女仆"，总而言之就是个会令人联想到年轻姑娘的词语。而这位小姑娘却发出了惊人豪语：她要解放奥尔良之围，让查理七世于兰斯（Reims）正式加冕。当初根本就没有几个人把她的话当真，不要说根本就没打过仗了，小姑娘就连拿起沉重的剑也会左摇右晃。

不过她却在希侬城成功与查理七世见了面，且经过一番交涉之后，查理七世还真的决定派她前往奥尔良。4月29日，她举着画有端坐于天空的救世主以及手持百合花天使的三角锦旗抵达勃艮第门，并受到奥尔良民众的热烈欢迎。这些原本已处于绝望深渊的人并没有再想太多，大家都决定深信这位小姑娘。这位在后世成为法国爱国心的象征、被当作圣女崇拜的人，就是鼎鼎有名的圣女贞德。

## 战略的戏剧性变化

因为贞德的登场，战事进展一口气开始加速。在看过程之前，先让我们来比较一下英法两军的实力吧。首先是士兵数量，在1428年索尔兹伯里与贝德福德公爵交换的契约书当中，可以看到长枪兵400人、长弓兵2250人的数字。长枪兵指的是作为兵力核心的重装骑兵，而长弓兵则负责支援。如果加在一起算的话，当时的总兵力就是2700人，

△ 起源于罗马时代的著名历史都市奥尔良，在市中心的广场上有圣女贞德的雕像

但因不久之后就有援军到来，因此在奥尔良攻防战中作战的英军推测会有 4000 人的规模。于冬季分散至周边都市的兵力，春天时再度回到了奥尔良。另一方面，法军在 1428 年 9 月之前据守于奥尔良的守军仅仅有 1000 人左右。后来战况好转，也有援军进入市内，虽然兵力确实增加了，却不是非常稳定。举例来说，在导致士气低落的"鲱鱼之战"后，兵力还减为长枪兵 499 人、射兵（弓兵与弩兵的总称）389 人。圣女贞德出现后，包括拉海尔在内的多数将士再度入城，并扩张兵力至 3000 人的规模。在以下的决战过程当中，可以先视英法两军的兵力比为 4：3。

接着值得注意的，是质实刚健的稳定英军，以及优柔寡断的不稳定法军。这已无关数量，而是素质上的问题了。两军的士兵虽然都有封建贵族混在里面，不过就大家都是领饷打仗的这点来看，他们全都属于佣兵。虽然这点双方皆同，不过内情却大异其趣。首先是士兵出身地的问题：英军除了少数例外，几乎完全没有威尔士人和爱尔兰人，而是纯粹以英格兰人构成。对于意气相投的同国人来说，

比较能够保持团结，在沟通上也较为容易。相对于此，法军不仅是由原本就具有很强地域主义的法国各地招募而来，里面还包括了外国佣兵。别说是西班牙人、意大利人了，甚至还有苏格兰人混在里面，光是他们就占了整体的四分之一，可说真的是相当混杂。要这群乌合之众能自动自发团结，根本就是缘木求鱼。

另外双方阵营的行政、财政优劣，也使两军的差距拉大。英军的士兵是基于契约从军，包括前面提到的士兵数量，以及从军期间各自的装备、薪饷等细节都巨细靡遗写在契约内容里，并非毫无意义的空头支票。行政手腕优秀的贝德福德公爵每个月一定会按时发饷，因此能使兵士确实履行契约内容。相较于此，法军的行政、财政则相当空虚。查理七世在此时几乎已呈破产状态，要定期发饷简直就是痴人说梦，他只能有一顿没一顿地发给队长们薪资。而契约书也订得相当笼统，就连应该率领的士兵数量都没写清楚。但反过来看，法军士兵却也因此会视有利情况而自行集结，甚至形成可恃战力。圣女贞德带给士兵们的激励，便因此能促使其

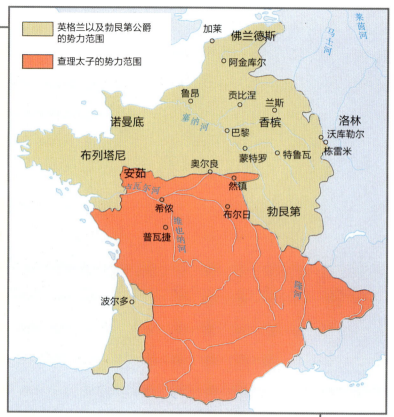

**何谓英法百年战争**

指中世纪末期，英法之间断断续续发生的战争（1339—1453）。战争的起源是因为1328年时法国的卡佩王朝绝嗣，瓦卢瓦朝的腓力六世一继承王位，英格兰王爱德华三世就以自己的母亲出身卡佩家族这个理由，主张他具有王位继承权。战争一开始，英军在克雷西（Crécy）战役、普瓦捷（Poitiers）战役击败了法军，并依据《布雷蒂尼条约》（Treaty of Brétigny）扩大领土。战争中期，法军虽然恢复势力，却发生了内部纠纷，在阿金库尔（Agincourt）战役吃了大败仗。进入末期之后，要冲奥尔良遭到包围，使法军陷入绝望状态，但因为圣女贞德的登场，使得他们能够成功反扑。以结果来说，英军除了英法海峡沿岸的加莱（Calais）之外，悉数被赶出了欧洲大陆

▲查理七世。在圣女贞德大显身手解放了奥尔良之后，于兰斯成功举行了加冕仪式

▲希侬城堡，圣女贞德在此成功谒见了通称"太子"的查理七世

团结一致作战，在这样的背景之下，法军的军事效率便能大为提升。如果他们是个稳定的组织，那圣女贞德就没有出场的必要了。这是因为若像英军那样遵守契约，士兵就绝对不会多做分外之事。

无论如何，圣女贞德的登场的确使得法军改头换面，以作战面来说，以往的消极策略也从此转为积极。将士纷纷从奥尔良往外突围，让攻守之势逆转，开始反攻英军阵地。至于他们的目标，当然就是出了勃艮第门之后的东面地带。

5月4日，法军首先攻陷圣勒阵地。隔了一天升天祭假日之后，在6日渡河直指圣让勒布朗阵地，英军已经撤退，再加上进攻的法军有拉海尔等人奋力作战，因此就连奥古斯丁（Augustin）堡垒也被攻了下来。到了7日，两军终于在图尔勒斯堡垒进行决战。法军在英军的重重防线上架起梯子、挥舞利剑、张弓放矢，将防线一道道突破。经过一整天的白刃战之后，法军终于攻陷了这座小要塞。即使能维持西面阵地，一旦最重要的图尔勒斯堡垒被夺取，那么包围网就难以继续支撑了。8日，英军自剩下的阵地撤出，全军转进至默恩，最后则退

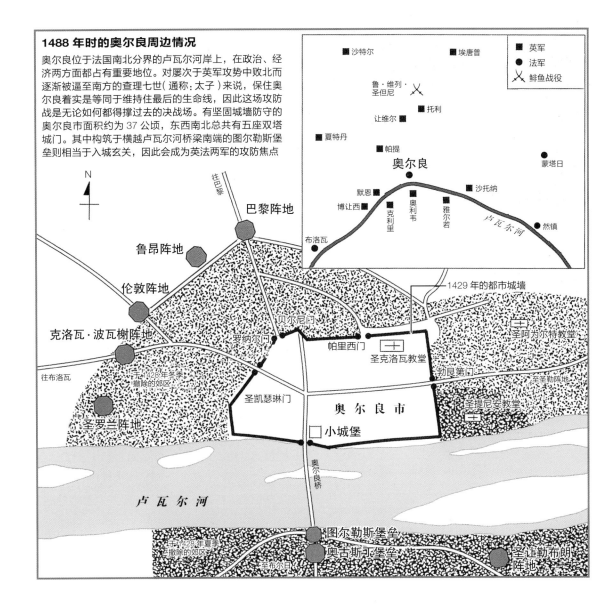

**1488 年时的奥尔良周边情况**

奥尔良位于法国南北分界的卢瓦尔河岸上,在政治、经济两方面都占有重要地位。对屡次于英军攻势中败北而逐渐被逼至南方的查理七世(通称:太子)来说,保住奥尔良着实是等同于维持住最后的生命线,因此这场攻防战是无论如何都得撑过去的决战场。有坚固城墙防守的奥尔良市面积约为 37 公顷,东西南北总共有五座双塔城门。其中构筑于横越卢瓦尔河桥梁南端的图尔勒斯堡垒则相当于入城玄关,因此会成为英法两军的攻防焦点

到了雅尔若,奥尔良攻防战就此分出雌雄。

## 名为"奇迹"的必然

细看这场战事的经过,会有一件事令人很好奇,那就是法军的胜因究竟为何?如果真的是像街头巷尾的传说那样,导因于救世主圣女贞德所创造的奇迹,那就没什么好讨论的了。但不轻易满足的我们,则会留意当时人在现场的布由在之后所著的回忆录中对此役写下的评论。除了前面讲过的包围漏洞之外,布由还指出英军从一开始采用建设阵地形成包围网的这种方法,就已经是个致命的错误,因为这是一种"过于分散兵力"的系统。原来如此啊,以发生在 7 日的决战来看,规模 3000 人的法军除了留下一小部分在市内之外,几乎把全军都投入战场,相对于此,英军不仅要派人留守其他阵地,就连图尔勒斯堡垒本身都只配置了四五百人而已。再加上队长格拉斯戴尔麾下的士兵也无法维持像法军将士那样高昂的士气,若要说原因,借用布由的话,就是士兵"不管是就名誉还是利害关系来说,守城一定会比守阵地要认真"。当然,他的这种分析并不能说很中肯,因为成功构筑起包围网的案例实在是太多了。不过那些都是拖入持久战之后才有办法成功,虽然奥尔良攻防战看似会变成持久战,不过却因为救世主怒涛般的战意而在一夕之间改变。不论英军再怎么优秀,也没办法在几天之内迅速切换花了半年以上时间经营的完整布阵。圣女贞德的满腔热血和精妙掌控时机出人意表地突破战术盲点,对我们来说才是真正的奇迹也说不定。

第 6 章 四座坚城的攻防记录

# 1453 ●欧洲最大城塞屈服于大炮之日

# 君士坦丁堡沦陷

**奥斯曼帝国 vs 拜占庭帝国**

文／铃木董

硝烟沸腾！粉尘漫天！
撕裂天地般的巨响撼动着大地
前所未闻的巨大火炮击穿了固若金汤的巨墙
随着保护帝都横跨千年的巨大城墙崩解倒塌
中世纪城堡的时代也拉下了大幕——

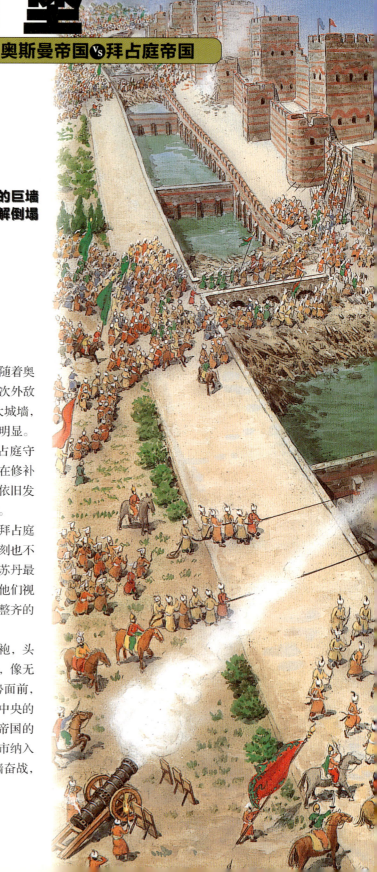

## 大城墙撼动之日

　　巨大的石弹呼啸着凄厉声响陆续飞来，随着奥斯曼军的炮击屡屡命中，屹立千年、在无数次外敌侵略中保护着拜占庭帝都君士坦丁堡的巨大城墙，终究也开始出现损伤，城墙上的裂痕越来越明显。过去靠着这道巨墙撑过漫长攻防日子的拜占庭守军，在这将近两个月的战斗当中，每一刻都在修补城墙中度过。但奥斯曼军毫不间断的炮击却依旧发挥威力，使得城墙陆续出现难以修复的损伤。

　　除了猛烈的炮击之外，对于巨墙后面的拜占庭守军来说，最具威胁的还是奥斯曼军士兵一刻也不放松的攻击。而且现在站在最前线的，还是苏丹最亲信的精锐禁卫军团——新军（Janissary）。他们视拜占庭阵营的激烈反击为无物，不断持续着整齐的波状攻击，并逐步贴近城墙。

　　这些无敌步兵身穿以艳丽毛毡制成的长袍，头上那造型独特的高耸四角形白头巾摇来晃去，像无尽的波涛一样扑向城墙。在如此浩大的声势面前，城墙仿佛真的动摇了起来。在耸立于大城墙中央的圣罗马努斯（St. Romanus）门西边，奥斯曼帝国的年轻苏丹穆罕默德二世正燃起将这座巨大城市纳入掌中的野望，静静观望着自己的精兵与巨墙奋战，时为1453年5月29日。

**帝都沦陷的瞬间**

奥斯曼军熟知只有突破大城墙才是取得拜占庭千年帝都的唯一方法,因此为了在城墙上打开突破口,便对它施以连日炮击。虽然大城墙是建筑于远比大炮出现之前还要古老的时代,但它依旧很能抵挡炮弹轰击。而且陆续出现的损伤,也都由守军拼死修补起来。奥斯曼阵营拿出几乎与城墙同高、外面铺有皮革的木制攻城车进攻,但这却被拜占庭军以火焰放射器"希腊火"给烧毁,因此铩羽而归。奥斯曼军也尝试挖掘地道入侵,而拜占庭军则以对抗坑道阻止了他们。不过在兵力上的差别还是产生了影响,形势对拜占庭阵营越来越不利。到了5月29日,奥斯曼军展开全面进攻,固若金汤的大城墙终于宣告屈服。

## 牵扯诸族的大城墙

公元前7世纪由希腊人兴建的拜占庭城，在罗马皇帝君士坦丁大帝手上成为了取代罗马市的大罗马帝国首都，这是330年的事情。之后，拜占庭城便以君士坦丁堡这个名字为人所知。

这座城市建于分隔欧洲和亚洲的博斯普鲁斯海峡西岸，北临金角湾，东面、南面为马尔马拉海，三面被海包围，与陆地连接的唯有西侧而已。在临海那三面只要围上一道城墙就能防守，而内陆与色雷斯（Thrace）地区连接的西方则是此城在防御上最大的弱点。为此，君士坦丁大帝之后的历代皇帝就致力于建设城墙，用以保护城市的西边。随着都市的发展，市区跨越城墙往西方扩大，因此在外侧又筑起新的城墙用以保护城区。即使在395年罗马帝国分裂为东西两半之后，此城依旧作为东罗马帝国，也就是拜占庭帝国的首都持续发展着。

特别是在413年由狄奥多西二世所完成并以狄奥多西为名的城墙，是西侧防御的基础。这座城墙虽然在狄奥多西二世在位时的447年因大地震而受到严重损伤，不过却马上被修复，并挡住了不但威胁西欧，同时又步步进逼拜占庭帝都的匈人阿提拉（Attila）的大军。此后，这座大城墙便一直镇守着这块东西交通要冲之地，成功抵挡前来挑战的各个民族。

7世纪中叶以后，随着大征服活动而诞生的伊斯兰世界也多次派出军队来袭，不过大城墙依旧守护着这座城市。就这样，君士坦丁堡横跨千年成为东西贸易的中心，是繁荣文明的一大象征。

## 巨墙的构造

保护君士坦丁堡西侧的大城墙是以狄奥多西城墙为主，在外侧又多建了两道城墙形成三重防线，且在更外侧还有宽广的壕沟围绕着。

最内侧的城墙被称为内墙，也就是狄奥多西墙，它是座高12米、宽5米的巨大墙壁。在城墙

1413—1451年的拜占庭帝国与奥斯曼帝国版图

顶部设有走道，可供守军活动。除此之外，内墙每隔约55米还会设置墙塔。塔高达到18米，在全长6.5公里的内墙上总共配置有96座塔。

这座耸立着墙塔的大城墙保护着拜占庭帝都，是固若金汤的铜墙铁壁，让来攻者无不胆怯。

内墙的外侧堆上土堆构成走道。这座走道比市内的地平面还要高，因此能使敌人难以挖掘坑道入侵至走道部位。在这座土堆走道的外侧，设置一座比内墙矮一点儿的外墙。这座外墙的高度为8.5米，宽度为2米，与内墙一样备有96座塔，但内墙塔与外墙塔的位置是采交错配置，使内外墙塔能够更容易以弓箭击退攻城者。外墙外侧也围绕着走道，在其外侧则有另一道高2米左右的胸墙。在设计上是先以这座胸壁为盾，在最外侧的走道上进行防御战斗。

在墙的外侧围绕着一条宽20米、深10米的壕沟，这座壕沟有一部分可以在有事之际引入马尔马拉海和金角湾的海水形成护城河。

如此大规模的城墙与防御设施，在当时的欧洲可说是独一无二，简直就是拜占庭帝国实力与威信的象征。而这座大城墙建成以后，也完全没有在敌袭中被攻破过。

1204年，意图掌握东西方交易权力的意大利海商都市威尼斯，以及原本应该前往夺回圣地的第四次十字军，都曾经因故占领了拜占庭的帝都君士坦丁堡，不过当时他们都是自海上攻击金角湾沿岸的单薄城墙，才会把城给攻下来。而在半世纪后的1261年，拜占庭要把帝都抢回去时，则是从刚好开着的城门直接把军队开进去。

## 奥斯曼的挑战

随着岁月流逝，再度正面挑战这座坚固大城墙的则是奥斯曼帝国，它是一个由土耳其穆斯林所建立的国家。

土耳其人的故乡位于中亚，自伊斯兰世界于7世纪显现以来，便逐步伊斯兰化。到了11世纪

前半叶，突厥的游牧部族乌古斯人（Oghuz）有部分从中亚进入伊朗，建立了塞尔柱突厥。他们在1071年的曼齐克特（Manzikert）战役中击败拜占庭军，并进攻当时属于拜占庭的安纳托利亚。1077年，这个王朝的其中一位王族成员在安纳托利亚建立了罗姆苏丹国，席卷了整个安纳托利亚。

以此为契机，1096年十字军从西欧来袭，使得罗姆苏丹国一时呈现衰退，不过后来再度兴盛了起来，并于13世纪前半叶到达巅峰时期。但是到了1243年，安纳托利亚因蒙古军入侵而衰败，使得安纳托利亚被土耳其系各君侯国以及勇士（Ghazi）集团所割据。

奥斯曼帝国的源流来自13世纪末，在拜占庭世界与伊斯兰世界之间的安纳托利亚最北端，由一位称为奥斯曼（Osman）的人所领导的土耳其系勇士集团。奥斯曼集团是个擅长骑马打仗，有时也会徒步作战的勇士集团，他们一边征服附近的拜占庭帝国聚落，一边发展壮大。

1326年，初代奥斯曼之子，也就是第二代的奥尔汗（Orhan）征服了拜占庭都市布尔萨（Bursa），并以此为据点发展为君侯国。到了14世纪后半叶，第三代的穆拉德一世大举进入巴尔干半岛，征服了拜占庭的重要都市阿德里安堡（Hadrianopolis，现称埃迪尔内），成为横跨巴尔干与安纳托利亚的帝国。

在这样的发展中，以骑马为主的战士加上步兵，便开始形成直属于君主的常备军团。在穆拉德一世之下，成立了常备步兵禁卫军团新军。这支部队是强行征集帝国领地内的基督徒子弟作为君主的奴隶，并令他们改信伊斯兰教、学习土耳其语、施以特别训练后养成的军团。新军军团是一支拥有钢铁纪律的精强步兵部队，为奥斯曼军的核心。

1389年，到了奥斯曼王朝第四代苏丹巴耶塞特一世时，帝国的版图再度扩张，一度把拜占庭帝国所拥有的安纳托利亚和巴尔干几乎整个纳入疆域，还包围拜占庭帝都君士坦丁堡达三次之多。但是于1400年展开的第三次包围因为仍然欠缺充分的海军实力以及大炮，所以无法攻破巨墙。且1402年因为中亚英雄帖木儿的侵略引发了安卡拉战役，而巴耶塞特在此役打了败仗，所以帝都的包围也以失败告终。

## 乌尔班巨炮

1402年在安卡拉战败后，奥斯曼帝国就面临了分裂与消灭的危机，而在之后的约半个世纪期间，他们则费心于重建国家与收复失地。1451年穆罕默德二世即位成为奥斯曼王朝第七代苏丹后，拜占庭帝都的巨墙便直接面临了史上最大的挑战。穆罕默德即位之后，旋即要忙于抵挡盘踞在安纳托利亚南部的宿敌卡拉曼（Karamanids）君侯国进攻。拜占庭皇帝君士坦丁十一世看到这样的情形之后，便提出要增加流亡帝都的奥斯曼家族成员奥尔汗的监视费用，但穆罕默德对此则不以为然。

这位年轻的苏丹抱持着过去所有伊斯兰君主都不曾有过的野心，那就是征服君士坦丁堡。击退卡拉曼军的穆罕默德二世在1452年3月回到奥斯曼帝国首都的途中决定转往君士坦丁堡方向。他开始在曾祖父巴耶塞特一世包围君士坦丁堡时构筑在博斯普鲁斯海峡亚洲侧的安纳托利亚（Anadolu）城堡对岸，也就是欧洲侧的拜占庭领地内，建造一座新的城堡——如梅利（Rumeli）城堡。穆罕默德无视拜占庭的抗议，持续进行着工程，他回了一趟埃迪尔内之后，又来到此地看着城堡直到完工。这一对分立于欧亚两岸的要塞都备有大炮，俨然形成封锁海峡的态势，穆罕默德因此满足地回到了埃迪尔内。

穆罕默德趁着1452年的冬季期间，拿着秘密取得的帝都地图，钻研起进攻君士坦丁堡的策略。

**俯瞰博斯普鲁斯海峡的如梅利城堡**

▲构筑于博斯普鲁斯海峡最狭窄处西岸的如梅利城堡，与东岸的安纳托利亚城堡一起扼守着海峡。两城在正面配置有大炮，使得拜占庭无法自北方获得支援。这座城堡建在紧邻海峡的山岳东侧山腹上，面对海峡的正面与山那边的落差极大，是座形状奇特的城堡

### 君士坦丁堡鸟瞰图

❶狄奥多西皇帝的三道城墙，是座固若金汤的城墙，为防御的关键 ❷黄金门（通往巴尔干的玄关） ❸军门 ❹佩格门 ❺雷吉乌姆门 ❻圣罗马努斯门（奥斯曼军就是突破此门冲入城内） ❼查理斯奥斯门（通往奥斯曼帝国首都埃迪尔内的出发点） ❽科克波塔小门（因为这座门忘记上锁，所以土耳其士兵就由此入侵） ❾宫殿（宫殿有部分是单层城墙） ❿浮桥（把木桶连接起来，然后在上面铺设木板形成的浮桥，部分设置有大炮） ⓫在湾内有几座像这种只有一半的浮桥，用以设置大炮 ⓬面海的单层城墙 ⓭加拉塔地区（热那亚人的居住区） ⓮加拉塔石塔 ⓯封锁金角湾用的铁链，使用舢板来让铁链不致沉入海中 ⓰圣索菲亚大教堂（查士丁尼大帝于6世纪重建的拜占庭式教堂，穆罕默德二世把它改造成清真寺） ⓱赛马场 ⓲大广场 ⓳水道桥（4世纪时由罗马皇帝瓦伦斯建造的罗马水道。可以引入场外的泉水） ⓴储水槽（君士坦丁堡没有大河流经，因此建有许多储水槽） ㉑君士坦丁大帝城墙（330年建造，于5世纪弃置） ㉒中央大道 ㉓海港 ㉔札卡诺斯·帕夏的部队 ㉕如梅利军（巴尔干地区的奥斯曼骑兵军） ㉖非正规军 ㉗穆罕默德二世的帐篷 ㉘新军军团 ㉙安纳托利亚军 ㉚奥斯曼舰队的穿山路线 ㉛奥斯曼帝国的军船 ㉜威尼斯舰队、拜占庭舰队

### 持续守护拜占庭帝国帝都长达千年的三道城墙

◀留至今日的大城墙，威容令人发古思幽情

▼位于都市西侧的大城墙绵延长达6.5公里，呈三道构造。最大的屏障是靠市区的内墙，高12米，宽5米，配置有96座高18米的塔楼。墙外有以土堆成的走道，走道高出地表，因此很难以挖掘坑道的方式入侵。外侧有高8.5米、宽2米的外墙，同样拥有96座塔楼。内墙与外墙的塔因考量到弓箭射程，会采错综方式配置。再往外又有一道走廊，走廊外有高2米左右的胸墙，最外侧则是一条宽20米、深10米的壕沟，壕沟有一部分可以在紧急时引入海水

帝都在其他有海洋屏障的三面建有单层城墙，由于奥斯曼的海军力量当时依旧很弱，就没有从这些地方进行大规模攻击

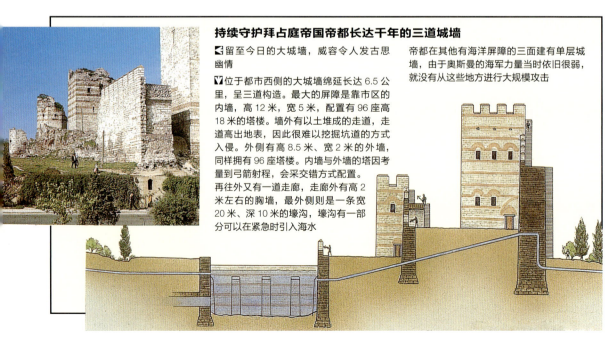

奥斯曼帝国 vs 拜占庭帝国

就采纳他的建议,并且支付其巨额报酬,要他赶紧着手制造巨炮。检查过完工的巨炮之后又经过一些改良,在冬季期间便完成了能够将600公斤以上的石制巨弹投射1600米以上的巨炮,发射实验也很成功。穆罕默德就此取得能够击穿巨墙的巨炮,他力压认为攻击君士坦丁堡会引来新十字军的老臣卡拉·哈利尔(Kara Halil)大宰相之意见,着手战争的准备工作,并发出物资与人员的动员命令。

## 攻防的日子

1453年3月,乌尔班巨炮搭载于串联的30辆车上,开始靠着60头牛牵引搬运。

为了保持左右平衡,两侧还各加上了200人,其他还有许多门大小火炮也一起出发。在海上方面,他们从达达尼尔海峡的盖利博卢(Gelibolu)派出了将近300艘船舰。3月23日,穆罕默德二世亲率大军从埃迪尔内出发,并于4月5日抵达大城墙跟前。他们首先依据伊斯兰律法发出劝降通告,拜占庭皇帝当然严加拒绝,因此便于6日开始进行包围,11日完成包围网。奥斯曼士兵以新军步兵为中心,有常备军1万—1.2万人,其他还有安纳托利亚与巴尔干的正规骑兵6.5万—7万,以及非正规骑兵2万—4万,总计达到10万—12万兵力。

穆罕默德的攻击焦点在大城墙上,他与新军步兵一起在中央的圣罗马努斯门后方摆阵,并于前方架起乌尔班巨炮。在北侧配置有巴尔干骑兵,南侧则是安纳托利亚正规骑兵军,并沿着大城墙配置许多大炮。预备兵力是摆在金角湾北岸的加拉塔(Galata)地区西部。

4月12日,炮击正式展开。虽然乌尔班巨炮一开始就因为爆炸而受损,不过却马上被修复,并渐渐发挥出威力。

拜占庭人民唯一能仰赖的这座大城墙兴建于5世纪,是远在大炮出现之前的旧时代遗产,不过依然能够顶住毫不间断的炮击。虽然拜占庭阵营的

对于这座北、东、南三面都有海洋守护的城市,若要从海上进攻,对当时实力依旧弱小的奥斯曼海军来说是不可能的事情。唯一可能入侵的路线就是连接着陆地的西部,不过该处耸立有三道大城墙,想要以当时的奥斯曼军大炮来突破可说是极为困难。穆罕默德此时最想要的东西,就是能击穿这些巨墙的巨炮。

此时有一个恰到好处的机会出现,有位来自匈牙利的大炮技师乌尔班(Urban)表示能够提供这种巨炮。他之前曾对拜占庭皇帝要求巨额的报酬以制造巨炮,却遭到拒绝且被软禁。穆罕默德一听马上

第6章 四座坚城的攻防记录  171

**穆罕默德二世命乌尔班制造的大炮**

▲ 这是乌尔班配合穆罕默德二世的需求而制作的巨炮，长度超过8米，重18吨左右，可将600公斤的石弹射至1600米远处。巨炮所发射的石弹还会发出凄厉的声响，让守军与市民感到恐惧。这尊青铜制的巨炮分成前后两个部分，在使用时必须接合起来

守军不到1万人，但他们还是凭借着大城墙奋力抵抗。而这座城墙终究还是大炮时代之前的产物，因此在巨炮的轰击之下，便陆续出现明显的损伤，不过这些损伤马上就被修补起来。4月20日，一支来自西欧，载着援军与物资的小舰队击退了尚属弱小的奥斯曼舰队后入港，为拜占庭带来了力量。

## 君士坦丁堡的沦陷

但这也只是短暂的喜悦而已，4月22日早晨，帝都的人们因为一件猝然发生的事情而震惊不已：屏障城市北方的金角湾里突然出现了奥斯曼舰队的踪影。由于金角湾的入口处有防护铁链封锁，湾内也有量小质精战力强的拜占庭舰队把守，奥斯曼舰队应该完全没有入侵的空隙才对。但因为之前奥斯曼舰队打败仗而震怒的穆罕默德，却想出了以人工搬运船舰，由陆路越过加拉塔地区北方山区的奇计。

其结果则导致金角湾方面也成为了奥斯曼军的攻击目标，奥斯曼军不只有舰队而已，他们也在北岸架设浮桥，然后在上面设置大炮，开始自该处攻击相对脆弱的金角湾单层城墙。为此，原本人数就已不多的守军，便要分派人手到这个地方来补强才行。另外，奥斯曼军也开始试着在西侧挖掘坑道，准备从地下入侵，守军为此还必须想办法对抗坑道。

但就在此时，害怕西欧介入的大宰相哈利尔等人则开始建议终止拖延过长的包围战，但穆罕默德二世依旧坚决主张继续攻城。在此期间，他们也不断向拜占庭皇帝派出使者传达投降劝告，不过拜占庭依旧坚决抗拒。虽然拜占庭阵营骁勇善战，且因为原本人数就少，损失也相对较少，不过的确是明显开始出现疲态了。赖以抗敌的大城墙损伤越来越严重，西欧又迟迟没有派遣正式的援军前来，而奥斯曼军的攻击却依旧毫不间断。

到了5月28日，穆罕默德终于下达了最后的总攻击命令。攻势于29日拂晓展开，大城墙两边再度爆发激烈攻防战。不过担纲守军主力的意大利人佣兵队长朱斯蒂尼亚尼（Giustiniani）却因负伤而乘船离开，几乎就在同时，奥斯曼士兵也从忘记关闭的科克波塔（Kerkoporta）门入侵，使守军更加陷入混乱。看准这个时机，奥斯曼军便从被巨炮打穿的城墙裂口窜入，终于将君士坦丁堡攻陷，最后的皇帝君士坦丁十一世也在乱战中消失无踪。

## 从拜占庭城市变成奥斯曼帝都

在一千余年中持续抵御外敌的大城墙，终究在巨大火炮这种新兵器以及奥斯曼军的压倒性体量面前屈服。征服者穆罕默德为了遵守以武力征服异教徒城市后必须执行的圣律，便消极地允许士兵们劫掠三天。不论是宫殿还是教堂，都成为醉心胜利的士兵们掠夺的目标，就连逃进圣索菲亚大教堂的人们也都被活捉。

虽然因遵守圣律的关系而必须允许掠夺，不过穆罕默德二世本来则是希望能取得没有损伤的大都市，所以他就宣布提早结束劫掠。穆罕默德与重臣们进入了市内，将圣索菲亚大教堂急速改造成清真寺并在里面举行了征服之后的首次礼拜，在礼拜之时，这座拜占庭千年帝都的新当家者穆罕默德之名被朗诵着，宣告这座城市已经从异教徒城市转变为伊斯兰城市。

这座城市原本就因为拜占庭的衰退而产生人口减少的现象，再经过将近两个月的攻防以及征服后的劫掠，便彻底陷入荒废。穆罕默德为了把这座刚到手的城市当成自己的帝都，便立刻着手城市的复兴。他首先保证逃过掠夺的人们生命与财产之安全，虽然经过了激烈的劫掠，不过市民却很少出现死者，

而是以俘虏为大多数。这是因为基于伊斯兰律法，俘虏必须成为战胜者的奴隶所致。

为了恢复遽减的城市人口，穆罕默德除了保障一部分旧居民的安全之外，也开始从帝国各地以任意或强制的方式让人们聚集至新帝都。因此不只是穆斯林，就连基督徒和犹太教徒也都聚集至此，帝都便在伊斯兰的秩序下重生成为一个多宗教共存的城市。大多数的教堂都被改造成清真寺，同时也建起了新的清真寺，将都市重新整顿，但由于在新体制之下有很多居民都是基督徒和犹太教徒，便仍保留一些基督教堂和犹太会堂。

就这样，此城急速被建设为奥斯曼帝国的新首都，并且逐渐被人改称为伊斯坦布尔。在新的伊斯兰秩序之下，形成一个各种民族、宗教居民共存的都市，且恢复到东西贸易一大中心的繁荣状态。

## 奥斯曼时代的伊斯坦布尔城墙

在穆罕默德二世的时代，奥斯曼帝国把过去拜占庭帝国的旧版图几乎全部接收。进入16世纪之后，甚至连当时伊斯兰世界的核心地区埃及、叙利亚，以及伊斯兰的两大圣城麦加与麦地那也纳入疆域。到了16世纪中叶，进入号称大帝的第十代苏丹——苏莱曼一世的时代后，地中海世界已有将近四分之三属于奥斯曼帝国，因此伊斯坦布尔也成为了伊斯兰世界帝国的帝都，可说是相当繁荣。

成为这座城市新统治者的历代苏丹，也有对拜占庭以来的城墙进行补修。另外，在接近大城墙南端的拜占庭时代黄金门周围，还新建了几座城堡，被称为七塔堡（Yedikule）。不过这其实算是例外，因为他们基本上只修复既存的城墙，而没有为奥斯曼的荣耀再去打造新的城墙。

## 人即石垣，人即城

话说回来，在征服之后将近470年的奥斯曼时代，帝都伊斯坦布尔完全没有被外敌包围过，奥斯曼军也没机会凭借大城墙据守该城。反过来说，至少在奥斯曼帝国的全盛时期，帝都不再是防卫的对象，而是向外出征的据点。对于这些发源于伊斯兰世界边境勇士集团，并持续对西欧世界发动战争的帝国人民来说，最值得依靠的并非大城墙，而是精壮的士兵。对于奥斯曼帝国的人们来说，靠这些精兵攻击就是最大的防御，开阔的原野便是他们的防线，这也反映了"人即石垣，人即城"这句话。

**奥斯曼帝国的精锐新军与拜占庭阵营的威尼斯佣兵**

◀拜占庭军采用中世纪以来的传统武装，以盔甲搭配锁子甲

▶新军被招来当作苏丹的奴隶，让他们改信伊斯兰教并施以特殊训练，是直属于苏丹的常备步兵禁军，拥有钢铁一般的纪律。他们身披轻装长袍，头戴白色的四角高帽，帽子后方的布会覆盖至肩膀以下，保护脖子不被烈日所伤。腰上带有半月刀与短剑，并使用手斧、弓、弩等武器。自15世纪开始则会使用火枪，就当时而言是最大且先进的无敌步兵军团

威尼斯佣兵　　　　土耳其新军

*Illustration by Kagawa Genturo*

# 1683 维也纳包围战
### ●挡住伊斯兰帝国侵略的近代要塞实力

**奥斯曼帝国 vs 哈布斯堡帝国**

奥斯曼帝国马不停蹄地持续往西方侵蚀
连神圣罗马帝国的帝都维也纳也遭到包围。不过近代要塞
却粉碎了他们的野心，击退大军与大炮的要塞时代就此来临

文／铃木董

## 解救帝都维也纳

将哈布斯堡帝都维也纳包围得水泄不通的奥斯曼军阵营中，此时惊传一大异变。在位于维也纳城区西南方的奥斯曼军本阵里，有一群基督教骑兵正朝着奥斯曼总帅——大宰相卡拉·穆斯塔法（Kara Mustafa）帕夏那镶着金色花纹的鲜红色大帐篷冲去。飘扬于奥斯曼军阵中的新月旗在乱中倒下，使得奥斯曼军更加躁动不安。

原本还主张应该展开反击，迂回突入敌军的卡拉·穆斯塔法，至此终于体悟到战机已经完全离他而去。他带着由苏丹穆罕默德四世授予的、据说先知穆罕默德也曾拿过的圣旗开始撤退。而就在转瞬之间，基督教骑兵便杀声震天地冲入了他的帐篷。支撑着一度将神圣罗马帝都逼入死角的奥斯曼大军的巨额军资，以及极尽奢华的大宰相日常用品，全部被留在帐篷当中。

此时，就连奥斯曼这支史无前例的大军，也都开始往南败逃。而前往追击的则是波兰国王约翰三世·索别斯基（Jan III Sobieski）所率领的援军。经过将近两个月的攻防之后，维也纳终于获得了解救，时为1683年9月12日。

维也纳的城塞成功挡住了过去曾经攻陷拜占庭千年帝都君士坦丁堡大城墙的奥斯曼帝国大军。而奥斯曼军被维也纳的城墙打败，也使得15世纪后半叶以来不断侵袭西欧的"奥斯曼威胁"自此退潮，成为历史的一大分水岭。

## 第一次维也纳包围

维也纳城墙在遭到卡拉·穆斯塔法攻击将近一个半世纪以前的1529年，首次面临了最初的奥斯曼攻击洗礼。

这座城市的历史最早可以追溯至古罗马帝国时代，15世纪中叶以后，哈布斯堡家族因独占神圣罗马帝国皇帝的宝座而崛起，重要性与日俱增。1519年，哈布斯堡家族出身的西班牙国王卡洛斯一世成为了神圣罗马帝国皇帝查理五世，维也纳因此兼备神圣罗马帝国的威信以及西班牙国王收集自新大陆的金银财宝，成为当时西欧世界最强盛的君主要城，具有与众不同的意义。

当时西欧国际政治的最大焦点之一，就是查理五世与法国瓦卢瓦家族的弗朗索瓦一世因争夺神圣罗马帝国帝位而对立。遭到查理自东西压迫的弗朗索瓦一世此时居然跨越宗教的鸿沟，向当时欧亚大陆西半部分的最强势力——伊斯兰国家奥斯曼帝国求援，而当时的苏丹苏莱曼大帝早已想向西欧发展，因此便欣然接受。

从此之后，地中海世界就变成苏莱曼与查理五世角逐的舞台。

意图挺进西欧的苏莱曼，在1521年从贝尔格莱德（Belgrade）出发，于1526年进入了匈牙利，并持续稳健北上。到了1529年4月，他率领大军从帝都伊斯坦布尔出发，并于同年9月27日包围了哈布斯堡家族的大本营维也纳。遭到奥斯曼军精兵的包围，对于此时只能靠规模不大的中世纪旧式城墙保护的维也纳来说，着实是一大危机。

遍地开花似的奥斯曼军帐篷把城外塞得水泄不通，维也纳市民也对穆斯林的攻击甚为恐惧。不过这一年的降雨特别多，使得奥斯曼军因为道路状况恶劣的关系无法运来攻城所需的巨炮，只能使用

中小型火炮射击。除了无法全力炮击之外，就连挖掘地下坑道攻击也因此成效有限。进入 10 月之后，维也纳的冬天提早来临。担心冬季会导致补给困难的苏莱曼，便于 10 月 14 日解围撤退。此时的维也纳是被阻挡巨炮的恶劣道路以及提早降临的冬天所救。

## "奥斯曼威胁"的背景

陷西欧世界最强君主哈布斯堡家族查理五世的大本营于危机的奥斯曼帝国苏丹苏莱曼，对于当时逐渐从中世纪转移至近代，并陷入宗教改革深渊的西欧世界来说，着实是最大的威胁。

奥斯曼帝国实力的秘密，在于就当时来说非常集权化的巨大统治组织，以及靠着从广大领土征收来的税金和东西贸易利益所支撑的财力。而这个国家由丰饶领地所支撑的巨大统治组织之核心，就是其强大的军队。奥斯曼帝国的军队原本是承袭游牧民族的传统，但他们在受封领地并于地方上定居之后，就分化为两大体系：在战时才会从军，以土耳其系为主的骑兵；以及将出身异教的异族土耳其化之后为其所用，直属于苏丹的常备军团。地方骑兵是善于使用刀枪弓矢的精锐骑兵，加上随从，规模可达十几万人，是奥斯曼军的核心。

但是那直属于苏丹的常备军团，特别是作为其核心的新军步兵军团，才是当时对西欧人来说最大的威胁。新军从少年时代就施以严格训练，拥有钢铁般的纪律。除此之外，他们还熟知火炮的使用。新军从 15 世纪前半叶开始运用大炮，甚至还有炮兵军团和炮车兵军团当作他们的辅助军团。到了 15 世纪后半叶，他们开始大量装备火枪，并致力于发展火枪兵。游牧骑兵再怎么勇猛也不敌火枪的威力，而大量使用大炮则可轻易攻城。在攻城战当中，辅助军团中的炮车兵军团还兼具工兵的角色，借此施展坑道战术。

在 1453 年征服君士坦丁堡之际，就已经证明旧时代城墙不论再怎么巨大，都还是得在巨炮面前屈服。奥斯曼军曾经以此攻下好几座城，不断扩大他们的征服范围。只靠中世纪城墙保护的维也纳之所以能侥幸逃过一劫，主要就是因为奥斯曼军没能运来巨炮。

在 16 世纪时，少数能挡下奥斯曼军的铜墙铁壁则来自十字军的医院骑士团。但就连他们自

**进攻罗德岛城塞的奥斯曼军**
*Illustration by Fujii Yuji*

▲控制爱琴海东南出口的罗德岛，是延续自十字军的医院骑士团对抗海盗活动的中心。1480 年击退奥斯曼的攻势之后，此岛便开始发展为要塞，在 1522 年苏莱曼大帝前来围攻时，已经变成一座坚固的近代要塞先驱。当时因为不敌奥斯曼军而撤退的骑士团，在 1530 年之后又取得了新的据点马耳他岛，并在该地建起了汇集当时筑城术精华的要塞，成为真正的近代要塞先驱案例

14世纪初以来努力构筑的罗德岛坚固城塞，最终还是屈服于奥斯曼帝国而被迫开城。只有集当时筑城技术精华为一身，为近代城塞先驱的医院骑士团马耳他岛城塞能够抵挡住奥斯曼的猛攻。

16世纪，中间夹着匈牙利的奥斯曼与哈布斯堡抗争，优势便因此往东方推移。

## 西欧的革新与奥斯曼的停滞

靠着因哈布斯堡帝国交纳贡税而暂时维持稳定的对哈布斯堡关系，在1593年时因为奥斯曼帝国再度受到压迫而破局。对此，奥斯曼军便着手对哈布斯堡作战。不过战事却在匈牙利西部陷入胶着，其中一个原因是奥斯曼几乎在与哈布斯堡交战的同时，也跟东邻的敌国——伊朗什叶派萨非王朝持续着冗长的交战，因此必须兼顾东西两面作战。另外一个原因则是哈布斯堡阵营的军事动员体制和兵器，以及卫戍东部边境的城塞着实有进步。这些远比以往城堡

**奥斯曼帝国的最大版图（16世纪）**

还要坚固的哈布斯堡边境要塞使奥斯曼军难以顺利推进，而从帝都伊斯坦布尔拉出的绵长行军路线更是加大了进军的困难度。再加上拖长之后的东西两面作战所产生的庞大军费负担已经让大本营安纳托利亚累积疲敝，因此发生了许多民众叛乱。

在这样的状况中，奥斯曼帝国便于1606年与哈布斯堡帝国缔结了《吉托瓦托洛克和约》（Peace of Zsitvatorok）。相对于以往的议和都是一面倒地任由奥斯曼阵营开条件，这次的条约虽然说不上是对西欧最早的平等条约，不过其中已经包含有许多让步在内。

就这样，对于西欧世界的"奥斯曼威胁"便逐渐退却。即便如此，在进入17世纪之后，对西欧诸国来说奥斯曼帝国依旧是个东方的异教徒强国。但在这期间，西欧的军事技术却有着急速进步，使得东西势力平衡因此产生迅速逆转，而奥斯曼帝国的人们也因为对帝国停止扩张而感到不安，开始尝试进行改革。

## 迈向第二次维也纳包围

17世纪后半叶，成为奥斯曼帝国全权大宰相的柯普律吕·穆罕默德（Köprülü Mehmed）与其子法齐尔·艾哈迈德（Fazil Ahmed）为了重振昔日荣光而着手柯普律吕改革，并获得了相当成果。但于1676年成为大宰相的柯普律吕·穆罕默德的女婿卡拉·穆斯塔法却是个有野心的人，他开始做着征服维也纳的大梦。对于想要继续维持和平的哈布斯堡皇帝利奥波德一世，穆斯塔法主动采取敌对态度。

1682年冬季，决定开战的卡拉·穆斯塔法迅速拥护苏丹穆罕默德四世前往西方的埃迪尔内，并于翌年4月1日一起朝贝尔格莱德前去。

卡拉·穆斯塔法把苏丹留在贝尔格莱德，自己则担任总司令，于5月24日伴随自前年夏天以来动员的士兵和物资一起北上。实际上苏丹赋予他的任务并非直接攻取维也纳，而是要征服位于维也纳西方的拉布与柯摩伦这两座要塞，不过他却暗自决定要打下维也纳。远征军是由以新军为核心的常备步兵军团和地方骑兵所构成的10万人以上大军，卡拉·穆斯塔法在征途中上书，并勉强取得苏丹许可，就此一路长驱维也纳。

## 包围与攻防

诸位沙场老将与属国克里米亚汗国的大汗都对他的冒险计划感到震惊，并主张要先攻下拉布等城，等到来年春季再去包围维也纳。不过卡拉·穆斯塔法却对自己的军队过度具有信心，他不仅跳过了拉布要塞，甚至在没有确保退路之下就急于赶往维也纳城外。7月14日，卡拉·穆斯塔法抵达维也纳城外，并依伊斯兰律法发出劝降通告，遭到拒绝之后便立刻包围了维也纳。

他避开了紧邻多瑙河水的都市北侧和东侧，将本阵置于西侧展开攻击。不过此处却也是城墙最强的部分，而且当初为了瞒过苏丹，对兵力过度自

信的卡拉·穆斯塔法并没有运来攻城用的关键巨炮，只能以中小型火炮攻击。强化之后的城墙相当坚固，无法轻易将之破坏，自地下坑道展开的爆破作战也迟迟没有进展。

相对于超过 12 万的包围军，防卫军只有 2 万人而已。不过他们拥有特别强化过的城墙，以及以 130 门大型火炮为主的 262 门大炮，守城士气也相当高昂。不过在包围经过一个月之后，城内便产生粮食不足的问题，炮击和坑道爆破也使城墙开始出现损伤。防卫军唯一能期待的，就剩下等待援军到来的渺茫希望而已。

## 援军到来

在此期间，人在城外的皇帝利奥波德与总司令官卡尔·冯·洛林（Karl von Lothringen）正向整个基督教世界诉说这场危机，并到处恳求援军。加上波兰国王索别斯基的约 3.5 万兵力一共凑出了将近 12 万的援军，并开始往维也纳进击。对此，卡拉·穆斯塔法于 9 月 9 日召开军事会议，决定在维持包围之下分派部分军力前往迎战援敌。

从西北方兵分两路进击的援军，于 9 月 12 日拂晓结束晨祷之后，便于山丘上竖起十字架旗帜，开始跨越与奥斯曼军之间的卡伦山往下进击。奥斯曼军在围攻之际并没有像西欧那样在阵营后方挖掘壕沟与设置防御设施，因此便直接面临敌袭。他们兵分三路展开迎击，并且爆发激烈战斗。同日下午 2 点左右，援军开始压迫奥斯曼军右翼，不过左翼依旧持续奋战着。

卡拉·穆斯塔法意图从左翼压倒敌军以控制整个战局，因此就从中央与右翼抽调士兵投入左翼。但此时援军主力却急速转向袭击奥斯曼军右翼，使得单薄的右翼抵抗不住，让援军追近奥斯曼军中央。在将近黄昏时，援军终于冲入敌将帐篷。原本想亲自再冲进去夺回阵地的卡拉·穆斯塔法被挡了下来，他只好带着先知穆罕默德的军旗黯然离开败象已彰的战场，就此宣布撤退。

撤退中的奥斯曼军因为遭到敌军炮击而蒙受重大损失，且继续进行包围战的奥斯曼军部队也遭到夹击而溃灭。打算立刻追击的冯·洛林被害怕招致反击的索别斯基挡了下来，使追击延缓了两天，奥斯曼军因此得以撤往布达佩斯。

## "奥斯曼威胁"的终焉

赌上柯普律吕改革成果的第二次维也纳包围，就这样以大败收场。改头换面的城墙挡住了没有巨炮的奥斯曼攻击，防卫军的优势火力也让围攻军伤透脑筋，而且奥斯曼军还不知道要巩固包围阵的后方，因此败给了援敌的攻击。

虽然回到贝尔格莱德的卡拉·穆斯塔法想于翌年再次挑战，但是却遭到处罚。从此之后，奥斯曼对哈布斯堡的优势便一去不复返，连战连败。于 1699 年签订的《卡尔洛夫奇条约》（Treaty of Karlowitz）使长期战事迈向完结，奥斯曼几乎失去了整个匈牙利，让"奥斯曼威胁"走向了终点。

虽然在第二次维也纳包围中，奥斯曼阵营并非没有胜算。但是以长远来看，这次的败北与"奥斯曼威胁"的结束，着实可以说是象征着自 16 世纪末以来因为西欧世界的急速发展，使奥斯曼社会在统治组织、军队、兵器与战术、筑城术以及于背后支撑的经济力等各项分野中都逐渐失去对西欧社会相对优势的过程。

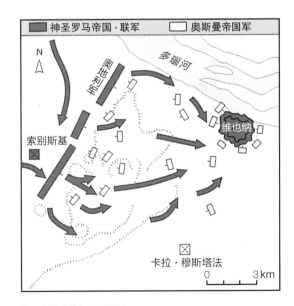

**第二次维也纳包围配置图**

▲奥斯曼军避开了有河水屏障的北面与东面，从西南部展开了攻击。救援军越过了西北方的卡伦山，兵分两路发出攻势。分成三股迎击的奥斯曼军首先在右翼被奥地利军压迫，虽然左翼仍与索别斯基军奋战，但在右翼军开始溃退时，中央、左翼也就随之败逃

**攻城炮出现之前的维也纳市区**

◁逐渐改造成近代要塞的维也纳市区。上为多瑙运河，左上角为北方，右下角为南方。这是座历史悠久的古都，直到16世纪初都是靠北方与东方的多瑙河水保护，并且只用大炮出现之前的中世纪城墙包围。1529年以火炮进行第一次维也纳包围的奥斯曼军让它陷入了空前危机，不过最后则因攻城方没有运来巨炮而幸免于难
（照片与上方插图的方向都是上南下北）

### 以棱堡防卫的 18 世纪维也纳

1529 年，好不容易击退奥斯曼帝国第一次包围的维也纳，在翌年便赶紧拆除前大炮时代的中世纪旧城墙，开始进行城墙的近代化。在改造为近代城塞的过程当中，维也纳市区的外周开始围上斜堤，在斜堤顶端铺设有覆道。内侧除了北面的一部分之外，沿着多瑙运河挖出护城河。在护城河围绕的市区边上则有坚固的壁垒保护，并在每个重要地点配置非常坚固的棱堡。另外，在棱堡与棱堡之间前方的护城河当中还备有三角堡，只要棱堡与三角堡上的火炮能够协同运用，就能毫无死角地炮击攻击军。且从覆道、配置于各处的凸角、凹角集合场都能以步枪射击爬上斜堤的敌军。这种设施在战斗中的运用状态，可以在本篇最前面插图中间的维也纳市区前方实际看见。就是因为改造成这种坚固的近代要塞，才有办法撑住奥斯曼大军将近两个月的猛攻。不过就连改成这种近代要塞的维也纳，也还是在围城期间因为奥斯曼军的坑道作战而损失了西南边的斜堤以及部分三角堡，使得棱堡面临直击。而此时如果奥斯曼军带来超级巨炮的话，在奥斯曼军的猛轰面前，维也纳的命运便有如风中残烛

*Illustration by Kagawa Gentaro*

### 17 世纪的维也纳要塞

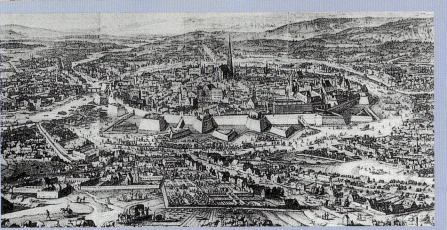

◀维也纳城挡住了奥斯曼军的两次攻击。第一次是因为严冬，第二次则是仰赖坚固的近代城郭与强大援军。1683 年，在包围被击退之后，这座哈布斯堡帝都就再也没有经历包围战，成为君临中东欧强国的繁荣首都

第 6 章 四座坚城的攻防记录　179